U0909183

福建省高校以马克思主义为指导的

哲学社会科学学科基础理论研究创新团队成果之一

福建師範大學 FUJIAN NORMAL UNIVERSITY | 史学文库

领先阁史学文萃 第四辑

信仰文化卷

叶青 主编

社会科学文献出版社
SOCIAL SCIENCES ACADEMIC PRESS (CHINA)

编委会

前言
PREFACE

社会历史学院历史学系是福建师范大学最早设立的院系之一，可追溯至1907年福建优级师范学堂开设的史地科。1952年，华南女子文理学院、福建协和大学和福建师范学院三校历史学系合并为一，承传至今。著名学者董作宾、卢兆荫、蔡维藩、傅衣凌、刘蕙孙、韩振华、陈增辉、陈矩孙、王文杰、熊德基、金云铭、朱维幹、陈贞寿、范传贤、林庆元等先后任教于此，积淀了厚重的学术传统。

在百余年的发展历程中，经过几代学人不懈的努力，福建师范大学历史学科紧紧围绕“立德树人”这一根本任务，在教学、科研、服务国家与地方需求、教育国际化拓展等方面，都取得了令人瞩目的成绩，得到社会各界的充分肯定。历史学本科教育是福建师范大学首批品牌专业，国家级特色专业，培养的学生在教育、科研及社会各界深受好评，毕业生遍布福建省内各中学，福建省中学历史特级教师、高级教师、省级骨干教师和教育硕士几乎全部毕业于我校历史学系。我系的研究生和本科生，在全国和全省的教育硕士、师范生教学技能大赛中，每年均能取得佳绩，荣获一二等奖。大批毕业生赴中国社会科学院、北京大学、复旦大学、南京大学、北京师范大学、南开大学、中山大学、武汉大学、厦门大学等著名学府及研究机构继续深造。历史学科现拥有中国史、世界史两个一级学科博士学位授权点和两个博士后科研流动站，拥有中国史、世界史一级学科硕士学位授权点，以及教育硕士学科教学（历史）专业学位研究生招生方向。世界史、中国史学科分别被确认为福建省一流学科建设的“高峰”“高原”

学科。世界史、中国史双双入选省级首批博士、硕士研究生导师团队。拥有国学研究中心、区域与国别研究院、印度尼西亚研究中心、闽台文化研究中心、华人华侨研究中心、中琉关系研究所、中外关系史研究中心、中国基督教研究中心、福建省闽台缘仿真项目实验中心、福建省传统文化研究基地等研究机构，形成了全日制本科教育、学术型和专业型硕士研究生教育、博士研究生教育以及博士后教育的完整人才培养体系。

福建师范大学历史学系科研成果丰硕。教师团队每年都会获得多项国家社科基金项目（含重大、重点）、教育部社会科学基金项目、省级社科规划办等课题，大批成果获教育部人文社会科学优秀成果、福建省人文社会科学优秀成果奖。学科还着眼于国家与地方发展需要，主动融入国家战略，服务地方经济发展，先后围绕中国—拉丁美洲国家人文交流与合作、钓鱼岛争端、闽台关系、福建与“海上丝绸之路”及福建侨乡侨务工作等问题积极建言献策，并与政府各级部门或民间机构展开专题合作研究。

改革开放已经走过了40多年的历程，新中国迎来了70周年华诞，为了更好地总结经验，面向未来，继续书写新的历史，我们有必要对历史学科的研究成果进行回顾。此次收录的论文，冠名“领先阁史学文萃”，主要是为感谢1978级系友贾小平先生捐赠学院“领先楼”的情怀和义举。新建的领先楼为广大教师提供了国内一流的学习、工作条件。领先阁系列文萃（首批）五辑，主要聚焦福建社会相关论题，涉及“名人与福建社会”“闽台与福建社会”“地方文化与福建社会”“民间信仰与福建社会”等方面的论文。今后，我们拟每年出版关于其他论题的文萃辑，推出学科团队新近的学术力作。

领先阁系列文萃所收录论文的作者都是对福建师范大学历史学科的建设付出了热情和心血的学者，其中有的现已荣退，收录他们的论文，是为了让我们铭记福建师范大学历史学科的源远流长，靠的是每一位历史学人的努力付出，后学者当感怀曾经为之贡献智慧和才智的前辈们。当然，我们也希望以此总结过去的成绩，进一步增进与学界同人之间的了解和交流，推动学术的进一步繁荣发展。

历史学是社会科学的基础，是人类文明的灯塔，是开辟未来的阶梯。我们清楚地意识到学科发展带给我们的压力和福建师范大学历史学建设一流学科的需求。我们会在现有的基础上孜孜不倦，砥砺前行，凝聚学科新一代骨干力量，继承老一辈开创的传统，并将其发扬光大，协力推进学科建设的蓬勃发展。

本文萃获得了福建省高校以马克思主义为指导的哲学社会科学学科基础理论研究创新团队项目的支持。“文化传承视野下福建社会史研究”创新团队，引进了一批毕业于北京大学、中国社会科学院研究生院、香港中文大学、南开大学、北京师范大学、中山大学等国内著名高校的新生代学者，他们在研究领域亦初露锋芒，创造了一批视野宽阔、理论深厚、特色突出的著述。团队中的陈友良、李永、陈晔、谢皆刚、江晓成五位博士在此次编辑系列文萃中，通力协作，审稿认真、严谨、专业，付出了艰辛劳动。系列文萃得以付梓，还得益于作者们特别是老先生们的鼎力支持，《领先阁史学文萃》工作委员会专家们具体的指导，以及学院党政领导的鼓励和鞭策。在此一并表示衷心的感谢！

编 者

2019 年 3 月 21 日

本辑内容提要

本卷收录论文 14 篇，反映的主要是闽台地区的宗教文化问题。

“佛教编”收录论文 2 篇。谢重光《惭愧祖师身世、法号、塔号、信仰性质诸问题及其在台湾传播的特点试析》，分析了惭愧祖师信仰由客家原乡辗转传至台湾时在身世、功能、神性、形象乃至信众族群方面发生的变化，探讨了民间信仰因环境转变而移易混化的现象，揭示了客家文化在台湾传承和变迁的某些规律。谢重光《怀海教规改革与禅宗对南方山区的开发》，就怀海教规改革的背景、内容和影响，以及教规改革之后禅宗对中国南方山区的开发活动进行了探讨，对怀海大师的事业进行了全面深入的研究。

“民间信俗编”收录论文 4 篇。林国平《关于中国民间信仰几个问题的思考》，探讨了民间信仰的定义和主要特征、如何看待民间信仰及在和谐社会构建中的价值，以期对中国民间信仰的一些理论和现实问题进行梳理，对民间信仰的保护及相关具体工作提供帮助。林国平《灵签兆象之研究》将灵签兆象分为原初兆象、扩展兆象和定性兆象三种形式，并探讨了三者之间的关系，分析了其取象来源和主要特征，以期对灵签兆象进行全面分析。陈文龙《妈祖信仰神圣化与正统化的实践路径——以几本妈祖经典为例》，结合史料，探讨了道教、儒家在妈祖信仰神圣化和正统化的实践路径中扮演的角色。陈文龙、郑衡泌《民间信仰地域分异的微观分析——泉州三个村庄神祇生态位宽度测量和比较》利用生态位理论及生态位宽度测度模型对泉州市东海镇三个村落（蟳埔、宝山和法石）的民间神祇信仰情况进行了微观分析，探讨了特定功能神祇的区域分异与自然地理环境之间的关系，并肯定了生态位理论在民间信仰神祇的区域研究中的可行性与价值。

“基督教编”收录论文8篇。林金水《艾儒略与福州书院》，在中外文献相互参照的基础上，考察了艾儒略在福州书院的活动，指出其在共学书院会讲是明末东西方文化——天学与儒学在福建的第一次正面交流，考证该书院为明末福州的共学书院。林金水《明清之际士大夫与中西礼仪之争》，在既往研究的基础上，根据罗马耶稣会档案馆珍藏的有关礼仪之争的中文资料，对礼仪之争进行了新的探索，对鲜为人知的中国士大夫在礼仪之争中的立场和观点以及礼仪之争的意义、影响、性质进行了分析与评价。谢必震《古田教案起因新探》，利用中外文档案史料、古田教案调查委员会的报告、同时期的报刊资料，以及20世纪50年代对古田教案有关人员的调查访问资料，对古田教案的起因进行了客观的评析。朱峰《基督教美以美会与近代福州乡村社群流动》，论述了基督教美以美会及其传教活动，指出美以美会作为近代西方文化来榕的典型代表，不仅与福州地区原有的文化传统进行了融合与转化，更冲击着旧有的乡村社群流动模式，提供了从边缘到中心的向上流动途径，也提供了向外横向发展的空间和可能，而其中的张力与冲击，构成近代福州特色文化的重要组成部分。朱峰《领事、教士及教徒：晚清美国驻闽领事与地方基督教关系初探》，梳理了晚清美国驻闽领事馆档案，分析了地方基督教与外交体制的相互渗透、传教利益与外交和商务利益的相互角力，以及领事对待华人教徒的矛盾心态，探讨了晚清美国驻华外交官与基督教之间的互动关系。朱峰《宗教与外交：近代美国驻华公使柔克义的个案研究》，将美国驻华外交官柔克义选为宗教与外交复杂关系的典型案例，通过个案研究，探讨宗教与外交的相互交织与碰撞摩擦，认为外交人员对宗教的学养和认知，很大程度上影响着当局运用宗教因素处理外交事务的水平。谢皆刚《种瓜得豆：清季福州鹤龄英华书院的学生运动》，梳理了福州美以美会创办的鹤龄英华书院在20世纪初拒美约、争选举、闹革命等事件的前因后果，认为福州鹤龄英华书院种瓜得豆，既展现了教会学校的多重面相，又诠释了近代中国历史的丰富与复杂。谢皆刚《中西之间：第二代基督徒倪文修》，论述了在清季中西新旧并立的大势之下，第二代基督徒倪文修，既进行中式启蒙，走科举之路，又在福州鹤龄英华书院接受西式教育。倪文修中秀才获得入仕资格后，又因精通英语得以进入外人掌控、待遇优厚的海关供事。辛亥军兴，倪氏夫妻积极参加革命。福建光复后，倪被军政府委任为闽海关委员，又两度兼任厦门关委员。随着时局的变动，1914年5月倪离职，加入与海关极有关系的船业公会。察其一生的观念与行事，介乎中西之间。

以上为本辑内容之要略，希望对读者有所帮助。

目录
CONTENTS

佛教编

民间信俗编

基督教编

佛教编

惭愧祖师身世、法号、塔号、信仰性质诸问题及其在台湾传播的特点试析

谢重光

惭愧祖师信仰是海峡两岸颇有影响的一种民间信仰。其神祇在粤东、闽西南广受崇奉，祖庙灵光寺坐落在梅县、大埔交界的阴那山上，信仰范围在粤东主要包括梅县、大埔、兴宁等县，在闽西南包括永定、南靖、平和等县，而在台湾，则以中部南投县为中心，稍稍扩及台中县等地。比起妈祖、关圣帝君、保生大帝等大众信仰，惭愧祖师信仰属于小众信仰。有关惭愧祖师的研究也比较薄弱，至今还有一些问题晦而不明，歧义迭出。本文在充分吸收和借鉴已有研究成果的基础上，裒辑史料，梳理剖析，就这尊神祇的身世、法号、塔号及信仰性质诸问题，及其在台湾传播的特点，做一探析，以这个个案，说明客家民间信仰在不同时空背景下的发展演变，特别是在台湾的承传和变迁，借以透视客家文化传播过程中某些带有规律性的问题。

一　惭愧祖师身世、法号、塔号及信仰性质新说

关于惭愧祖师的身世和名号，流行的说法是：祖师乃唐代福建沙县人，俗姓潘，生于唐宪宗元和十二年（817），“了拳”之名乃祖师初生时所得，是俗名，而“惭愧”是弟子们根据祖师遗命为其起的塔号。溯其渊

源，盖本于明末清初程乡县（今梅县）人李士淳的《阴那山志·惭愧祖师传》，其文略曰：

> 惭愧，为阴那开山第一祖。俗姓潘，名了拳，别号惭愧。闽之延平沙县人。……生之夕，有祥云盖其家。时唐宪宗元和十二年三月二十五日也。初生，左拳曲，父因名拳。越三日，一僧至家，父抱儿出示僧。僧问儿取名否，父曰："已名拳矣。"僧以笔书了字于拳，指忽自伸，因名曰了拳。①

《阴那山志·惭愧祖师传》还记载，了拳十几岁时父母双亡，辗转至粤东阴那山结庵修道，行化三十余年后圆寂，临终嘱门徒曰："从前佛祖皆弘演法乘，自度度人。了此宏愿，予未能也，心甚愧之。吾今当寂，汝等可守吾清规。"因此，门人把祖师的藏骸塔号为"惭愧"，信众称祖师为惭愧祖师。

李士淳此文刊行之后，传播甚广，其后之记述大多以之为本，故乾隆朝之后关于惭愧祖师的记述渐渐趋于固定。今日所见关于惭愧祖师名号的解释，以及其他种种传说，大多源于李文，并在此基础上添枝加叶、增益附会而已。

实际上，在李士淳前后，粤东不少方志（如嘉靖年间撰成的戴璟《广东通志初稿》、郭春震《潮州府志》，顺治年间撰成的吴颖《潮州府志》，雍正年间撰成的郝玉麟《广东通志》，乾隆年间撰成的周硕勋《潮州府志》、王之正《嘉应州志》，嘉庆年间撰成的洪先寿《大埔县志》等）对惭愧祖师的事迹多有记载，所记与李士淳之文不尽相同。尤其是洪先寿《大埔县志》所收明末大埔举人饶墱所撰《重建赤蕨岭灵觉寺记》一文，对惭愧名号之由来，提出了完全不同的解释：

> 师号惭愧，意义深远，世鲜其解。自海觉详阅诸经，而揭惭藏、愧藏之旨，今始觉立号之有据也。②

---

① 李士淳撰，程志远辑《阴那山志》，广东旅游出版社，1994，第 11～15 页。程志远辑《程乡县志》卷 7《艺文志》（广东省中山图书馆印行，第 225 页）亦收入此文，唯"闽之延平沙县人"作"闽之连平县人"，误。

② 洪先寿：《大埔县志》卷 18《艺文志》，天津古籍出版社，1990，第 36 页。

据此文，饶墱曾到西安海觉寺详阅佛经，发现“惭愧”之号有佛经的典据，即《大般涅槃经·圣行品》所言：“有七圣财，所谓信、戒、多闻、惭、愧、智慧、舍离，故名圣人。”又《大宝积经》卷42《菩萨藏会第十二之八》对圣财也有解释：“所谓圣财，云何圣财，谓信、戒、闻、惭、愧、舍、慧，如是等法是谓圣财。”同卷又载世尊对此说颂：“若善自在柔和者，于师教诲无倒轨。自然最胜为开示，本境所学解脱门。净信尸罗与惭愧，正闻舍施般罗若。为彼分别广敷显，无尽七财之法藏。”[①] 对于七圣财中惭、愧二财的含义，佛教史家解释说：“惭者，惭天。愧者，愧人。谓既能惭愧，则不造诸恶业，以为成佛之资。”[②]

据台湾学者张志相的研究，僧人的塔号，大多取义于佛经。据饶墱之文，祖师惭天愧人，以为修证成佛之资，寓意深刻而合乎佛的教化，祖师生前取其义作为自己的塔号，典据分明，应可采信。而世俗所传祖师临终说偈而弟子以为其塔号的说法，没有佛典依据，附会成分明显，是不可信的。又饶墱此文，撰于崇祯十四年（1641），稍后于李士淳万历年间所撰《阴那山志》，说明其记载与《阴那山志》有不同的史料来源。其所谓“世鲜其解”云云，或许含有对李士淳解释惭愧之义的委婉批评，亦未可知。

由此再回头来审视俗传了拳一名的缘起，也是有问题的。按清代以前广东、福建两省方志，对于祖师之名，只书了拳，均未说明得名缘由。而佛教文献所载僧人之名，一般仅书法名，不书俗名。故“了拳”一名亦应是法名，而非俗名。既然祖师的塔号是祖师生前自取，取义于佛经，则其法名取义于佛经的可能性甚高。检视佛经，恰有“黄叶空拳”之说。如《大智度论》载佛说云：“我坐道场时，智慧不可得。空拳诳小儿，以度于一切。”[③]《大宝积经》卷90《优波离会第二十四》亦载世尊说偈云：“如以空拳诱小儿，是言有物令欢喜，开手拳空无所见，小儿于此复号啼。如是诸佛难思议，善巧调伏众生类，了知无法无所有，假名安立示世间。”[④]

---

① 菩提流志译《大宝积经》，《大正藏》第11册，第248~249页。

② 丁福保：《佛学大辞典·七法财》，文物出版社，2002，第58页。

③ 龙树菩萨著，鸠摩罗什译《大智度论》卷20，《大正藏》第25册，第211页。

④ 菩提流志译《大宝积经》，《大正藏》第11册，第519页。

原来，空拳止啼是佛教教化众生的一种方法，是要用这种方法使众生明白法性空的佛理。“了拳”取义于佛经，意思是明了“空拳止啼”之教。“惭愧”之义与“了拳”之义都见于《大宝积经》，两者同取义于这一经典的可能性极大。而所谓祖师初生拳曲不能伸展，僧书“了”字而手指自开之说，李士淳可能采自灵光寺寺僧的传说，而有些寺僧文化水平和佛学素养俱不高，在辗转相传中难免失真走样。“了拳”“惭愧”之源，出自佛经，较之《阴那山志》的说法，更为合理。

关于惭愧祖师信仰的性质，张志相认为，阴那山主祀惭愧祖师的三座寺院（灵光寺、圣寿寺、西竺寺）“同源异流”，康熙《程乡县志》，总称其为“阴那教寺”。按明代制度，寺院分为三种：禅、讲、教。《释氏稽古略续集》称教寺的职能是“演佛利济之法，消一切现造之业，涤死者宿作之愆，以训世人”，即教寺僧人日常从事消灾、祈福、荐亡等各项功德法事，俗称瑜伽僧或赴应僧。阴那山主祀惭愧祖师的三座寺院既属于教寺，其僧人属于瑜伽僧，自无疑义。明清之际灵光寺主持僧正瑛三十岁才受具足戒，其后勤奋向学，苦修悟道，归宗临济，足见灵光寺僧平时于佛学素养不甚重视，正合瑜伽僧的特点。明亡后，灵光寺“因世变，圣寿、西竺主持各募佛灯神会，遂忘源自立门户，致使乡宄生心混占，冒为粮山，横抽畲税。”[①] 说明灵光寺与明代瑜伽教的发展趋势一致，寺院僧侣的世俗化趋势不断加强，该寺院也就兼具佛教寺院与民间庙宇的性质，而日益趋近于民间庙宇。就信众心目中的惭愧祖师事迹来说，多为生前神异和死后显化之类，前一类如枯鱼复生、石莲开花渡河、卓锡泉等，后一类如江西立券塑像、蓬辣滩救难、避寇、除疾疫、降雨救旱等，都是祖师的神奇法术，而鲜少涉及祖师的佛学修行。明清以来惭愧祖师信仰的发展，主要是依赖官绅民众口碑和诗文中反复出现的祖师灵验事迹。[②] 所以惭愧祖师信仰的性质，佛教的成分很少，民间信仰的成分很浓厚，是披着佛教外衣而骨子里以巫术、道法和密宗法术为内容的祖师信仰。

---

① 《审断佛山全案》，程志远辑《阴那山志》卷 6《引、案、碑、告示等》，广东旅游出版社，1994，第 302 页。

② 张志相：《闽粤志书所见惭愧祖师寺庙与信仰探考》，《逢甲人文社会学报》2009 年第 18 期。

按李士淳《阴那山志》的说法，惭愧祖师的本籍是沙县。该说为其后粤省各方志沿用。但乾隆《汀州府志》出现了新的说法，称："了拳，永定人。"[①] 此说为其后的闽西相关方志袭用。民国《永定县志》甚至确指其为永定县天德乡山羊窠人士。但乾隆《汀州府志》于历史人物的籍贯，常有滥收误载现象，如闽学鼻祖杨时、罗从彦等皆指为汀州人，与旧志抵牾而不能举出确证，故不能轻易采信。况且唐代尚无永定县，也无上杭县，今永定县的境域，当时还属于龙岩县或长汀县的上杭场。而乾隆《汀州府志》直书了拳为永定人，其谬误自不待言。但了拳从闽入粤的路径，倒恰是经由今永定县境到今大埔县境，故大埔县成为惭愧祖师寺庙最多的县份。因此，了拳本籍沙县之说既无由证明，本籍永定之说亦无从遽加否定。在无从确断的情况下，毋宁两存之。

重要的是，了拳无论出生于唐代的沙县或上杭场，都属于汀州[②]，也就是说，都属于日后形成的客家民系的核心区域。所以从族群属性来看，了拳应属于客家先民。而他日后弘化的地区，如明代的程乡县、大埔县、兴宁县，都是后来的客家核心区域。所以，宋元以降，惭愧祖师乃客家人的区域守护神，其信仰属于客家祖师崇拜或禅师崇拜。其信仰的传播范围，也就沿着客家人的分布区域，东向扩展到与大埔县毗邻的福建永定、平和等地。康熙《福建通志》记述永定县有"掷鱼潭"，"旧传惭愧大师幼牧牛，嫂饷以焦鱼，师不食，放潭中，鱼遂活，至今产鱼，一体而半焦半润"。[③] 同书又有"圣教石"一条记事云："石一阴一阳，旧传仙人驱至，见有掌迹。"而乾隆《汀州府志》卷三《山川》记永定县的阳岩、阴岩条曰："俱在丰田里，潘道人修真处。"两相比对，所记应为同一对象。潘道人指姓潘的修道之人，应即惭愧祖师。这些关于惭愧祖师的遗迹，都反映出清初以来惭愧祖师信仰传至永定县的事实。乾隆《汀州府志》、民国《永定县志》等方志关于了拳籍贯永定的记载，应来源于修撰者采访所

---

① 同治《汀州府志》卷36《方外志》，《中国方志丛书》华南地方第75号，（台北）成文出版社，1967，第386页。

② 李吉甫：《元和郡县图志》卷29《江南道五·福建观察使·汀州》，中华书局，1983，第723页；《新唐书》卷41《地理五江南道汀州临汀郡》，中华书局，1975，第1065页。

③ 康熙《福建通志》卷62《古迹》，书目文献出版社，1993，第2646页。

得，此类采访材料虽然真真假假，以讹传讹，但也说明惭愧祖师的传说在永定民间广泛流布的情况。

沙县关于惭愧祖师的传说，应相当晚出。2000 年新修的《三明市志》关于名僧之记载，新增“了拳”一条，宣称“潘了拳，沙县夏茂镇洋元村人”。[①] 接着还有关于了拳身世及出家修行的种种记载，多有不合史实之处，显然是得自民间传说。值得注意的是夏茂镇周边恰好分布着好几个客家方言岛，洋元村即其中之一，居民是近百年来由汀州迁到沙县造纸的客家族群。[②] 在客家族群散布的地方出现关于惭愧祖师信仰的传说，说明惭愧祖师崇拜这一客家族群独特的民间信仰，在闽粤往往是经由客家族群的迁徙而传到移民新居地的。

概括上述，永定县、沙县两地的惭愧祖师信仰和传说，都是因地缘相近或族群一致而传入，但在传播过程中，都增加了乡土化的内容，表明惭愧祖师信仰在新传播地已然产生本土化的演变，不过就祖师的形象、神功而言，基本维持原貌，变化不致太大。[③]

二　惭愧祖师信仰在台湾的传播及传播过程中形象、神性、神功的演变原因试析

惭愧祖师信仰在台湾的传播范围，主要集中在中部丘陵地带的南投县，其中又以鹿谷乡最为兴盛。有学者通过田野调查，提出台湾供奉惭愧祖师的地方公庙、部分民宅公神及私人神坛约有 85 处，其中南投县一地占

---

① 三明市地方志编纂委员会编《三明市志·民俗·宗教·名僧》，方志出版社，2002，第 2718 页。

② 沙县地方志编纂委员会编《沙县志·方言》，中国科学技术出版社，1992，第 703～704 页。

③ 张志相于 2008 年、2009 年先后发表《惭愧祖师生卒年、名号与本籍考论》（载《逢甲人文社会学报》2008 年第 16 期）、《闽粤志书所见惭愧祖师寺庙与信仰探考》（载《逢甲人文社会学报》2009 年第 18 期），发前人未发之覆，多有新见，对惭愧祖师信仰的研究推进颇大。本文吸收了这两篇论文的研究成果，进而就惭愧祖师信仰在台湾的传播及台湾惭愧祖师特殊的形象及神性、神功，提出新解。

了 67 座。[①] 学者对台湾惭愧祖师信仰进行了很多探讨，但至今尚不能确定惭愧祖师信仰传入台湾的初始时间，以及从大陆何地传来。一般认为，建立时间最早的祖师公庙，是位于南投县鹿谷乡鹿谷村的灵凤庙。灵凤庙内张挂的《恩主邱国顺功绩事录》有云："渡台开垦恩主邱国顺于乾隆廿二年来台，并奉请惭愧祖师金像。……在小半天开垦时，亦奉请惭愧祖师金像供奉。"但鹿谷乡凤凰村凤凰山寺却说其庙的香火是康熙年间传来："清康熙年间，庄姓先祖率其同伙数十人，由福建渡海来台至顶城庄……故乃结草为庐，开荒垦拓，并安奉随队携带之惭愧祖师香火以为守护神，设座礼拜。"[②] 如果凤凰山寺的说法可靠，则惭愧祖师信仰在清初就传到南投一带了。

上述两庙的建庙缘起，一由原乡奉请惭愧祖师金像而建，一由原乡携带惭愧祖师香火而建。奉迎金像和分香，是台湾南投等地惭愧祖师信仰传播的两种基本形式。分灵的方式虽有不同，都是由前来拓垦的移民自原乡传来。原乡在哪里？凤凰村凤凰山寺说是"由福建渡海来台"，鹿谷村灵凤庙的《恩主邱国顺功绩事录》虽未明言从何处奉金像而来，但其来台开基恩主邱国顺祖籍福建南靖是明确的。又中寮乡中寮村长安寺："（本寺惭愧祖师）嘉庆元年，由本村曾姓先祖宗传公自福建省永定县恭迓来台，落扎本县鹿谷乡新寮，护佑信徒拓荒斩棘。"[③] 就目前掌握的资料来看，南投县其他惭愧祖师庙宇，都是早期拓垦移民自原乡传来，移民的原乡都是福建，而且集中在福建西南部南靖、平和、永定等县。台湾惭愧祖师庙的移民原乡不在福建的，目前所见唯有恒春祖师公庙一处，是"光绪元年，潮州客民建"[④]，但其庙在台湾南部，是有较多粤东客家人聚集之地，与南投的情况迥然不同。还有一点很重要，即清初粤东客家人移至台湾，大都取道厦门港，而从粤东至厦门，一般是先取水路至平和县

---

① 林翠凤：《台湾惭愧祖师神格论》，海峡两岸宗教与区域文化暨梅山宗教文化研讨会论文，长沙，2010。

② 《鹿谷凤凰山寺农民历》（凤凰山寺，2010），转引自林翠凤《台湾惭愧祖师神格论》。

③ 中寮乡中寮村长安寺壁面"沿革"碑文，转引自林翠凤《台湾惭愧祖师神格论》。

④ 屠继善：《恒春县志》卷 11《祠庙》，《台湾文献丛刊》第 75 种，台湾银行经济研究室，1960。

抵漳州府，然后赴厦门。[①] 这一路线也经过永定县和南靖县。因此，即使是从粤东迁台的客家移民，也都熟悉永定、平和、南靖的情况。

惭愧祖师在台湾的形象，与粤东阴那山祖庙的形象迥异。阴那山祖庙的惭愧祖师像只有一尊，是僧人打扮，与福建、广东其他祖师形象如定光古佛的造型差不多。但在台湾，惭愧祖师像却有三尊，都是头戴王冠，着文武装，跣足，手持七星剑，与粤东原乡的情形大异其趣。台湾这三尊祖师像，信众相传，倒仍旧姓潘，但名字变了，长达礼，次达德，三达明，三人中没有一位名了拳。身世也变了，传说他们的父亲名达，母亲葛氏，三人自幼练武习医，各有专长。他们常年奔走于山区，行医采药，济世救人。而《阴那山志》所载了拳的身世和生平梗概是：了拳少时父母双亡，往依叔婶，年十七离开故乡，到粤东行脚，曾依嫠妇游氏，以耕牧为生，后来在阴那山结庐修行，“住山三十余载，日与乡人及四众说法，众多不解。所著录偈颇多，皆已遗失，今仅存一二而已”。[②] 完全没有台湾传说中“自幼练武习医，各有专长”之类的情节。两相对照，原乡的惭愧祖师原型，比较符合僧人的身份，台湾传说中的惭愧祖师则道法的色彩重。如南投祝生庙及其分香诸宫庙所传，祖师三兄弟分别擅长堪舆术数、斩妖法术和医术，基本上是法术高明的道士形象。

何以惭愧祖师信仰从大陆传到台湾后，祖师的形象和神功、神格会发生如此巨大的变化？这与民间信仰的特质相关，也与台湾惭愧祖师信众在原乡的环境及新居地的环境相关。

就民间信仰的特质来说，其最显著的特点就是模糊性、实用性和包容性。模糊性，就是信众并不讲究神明的来源，也不太理会其是佛教还是道教还是其他什么教，只要灵验，就加以膜拜，所谓“有烧香有保庇，有吃补有行气”，所以把不同神明的功能和属性叠加在某一神明身上，是常见的事。实用性，就是信众都希望神明能够神通广大，能够帮助自己解决生产生活中面临的种种困难，满足自己的种种需求。包容性，就是不排斥异

---

① 林文龙：《淡兰资料杂录・广东嘉应州义民监生古吉龙陈台湾事宜十二则》，《台湾风物》1978 年第 12 期；邱维藩汇集《六堆忠义文献》，邱炳华抄录，第 67～68 页。两份文件之文字略有出入。

② 李士淳：《阴那山志》，广东旅游出版社，1994，第 13 页。

教，佛教、道教相安无事，佛教或道教中的不同宗派如禅宗、密宗及道教中的各教门都可和平共处。

就台湾惭愧祖师信众在原乡的地域与环境来说，南靖、平和等地特殊的人文环境，包括当地多数居民属于福佬族群、讲闽南话，与惭愧祖师祖庙和核心信仰圈所在的粤东讲客家话的客家族群有相当的隔阂和差异，这对于我们理解台湾南投惭愧祖师的形象和神功变化具有至关重要的意义。这是因为：一方面，台湾的惭愧祖师庙多数由平和、南靖等县的移民建立；另一方面，粤东移民迁台时大多途经永定、平和、南靖等县，熟悉这三县的情况，包括熟悉其民间信仰的情况，他们原有的惭愧祖师信仰，很容易受到这三县民间信仰的影响。这在由粤东移民建立的惭愧祖师庙中有所体现。

在南靖、平和等地，最具影响力的地方神祇，乃是三平祖师、保生大帝，又因该地与永定县和大埔县毗邻，来自粤东的三山国王和惭愧祖师信仰也有一定程度的流行。相比起来，当地人们对三平祖师、保生大帝乃至三山国王了解较多，而对惭愧祖师了解较少。在惭愧祖师信仰的流传过程中，尤其是传到台湾南投等地之后，三平祖师、保生大帝、三山国王等原乡神祇的神功和形象，分别不同程度地投射到惭愧祖师身上，是很有可能的，甚至是不可避免的。

首先看三平祖师的情况。三平祖师的原型本是唐代高僧义中，其人禅、律、密三宗兼修，而在民间传说中，却偏重其密法的高强，奉为祖师，演绎出祖师降妖伏鬼，驱使蛇虎以为使者，精通医术、善于治病逐疫等许多故事。传说平和县三平寺的药签甚为灵验，就是义中所作。三平寺旁的使者公庙，奉祀的是被三平祖师降服的蛇虺，也因三平祖师精通医术之故而被赋予善医的神性、神功，很多信众到使者公庙刮取香灰冲服，据说也能药到病除。[①] 从平和、南靖一带迁移到南投拓垦的三平祖师信众，也曾恭奉三平祖师香火到南投开基建庙，例如林屺埔下福户的祖师庙，本来就是三平祖师庙。光绪年间倪赞元所撰《云林县采访册》，在《沙连堡·寺观》一节中记载："祖师庙：在林屺埔下福户，祀三坪（平）祖师。街众于每年十一月初六日演剧祀寿。前为里人公建。"其附近的另一祖师庙，才是祀奉

① 颜亚玉：《闽南三平祖师信仰的形成与发展演变》，《中国民间宗教研究》2001年第3期。

惭愧祖师的。倪赞元在同书同节紧接着记载道："一在大坪顶漳雅庄，祀阴林山祖师。"[①] 这里所记祀阴林山祖师的大坪顶漳雅庄，即今鹿谷乡大坪顶漳雅庄，庙名今称"祝生庙"。如今"祝生庙"香火独盛，而林屺埔（今竹山街）下福户的三平祖师庙却已湮没无闻。据当地学者林文龙称，他在"硕士论文研究期间，考察竹山街（旧称林屺埔街）最古老聚落竹围子庄的庄庙'三元宫'，该庙亦主祀大陆原乡奉请来台的'惭愧祖师'"[②]，可证原有的三平祖师庙已被惭愧祖师庙所取代。三平祖师的某些神性、神功，如降妖伏鬼、治病逐疫之类，就相应地叠加到惭愧祖师身上了。

其次看保生大帝的情况。保生大帝是闽南盛行的医神，本名吴夲（音"滔"），宋代同安县白礁（今属龙海县角美镇）人。传说他精于医术，医德极好，救人无数，死后被奉为医神，有吴真人、大道公、吴真君、大道真人、真人仙师、吴公真仙等称号，受到历代朝廷敕封，一直封到保生大帝之尊。关于保生大帝妙手回春的故事极多，最著名的是他丝线过脉救皇后的故事。故事梗概是：明仁孝皇后乳房肿痛不已，明成祖请来各地名医，都无法医治。吴夲得知，主动入宫，自称可以医治皇后的乳疾。成祖抱着试一试的念头让他诊脉。吴夲不敢触到皇后的金玉之躯，就请内侍带他到皇后寝宫的邻室，拿来一根丝线，一端绑在皇后的手腕上，一端拿在自己手上，居然得出很合理的诊断，治好了皇后的痼疾。于是，他受到成祖的封赏。而南投信众崇奉的惭愧祖师，也有类似的传说，如《南投县风俗志宗教篇稿》关于惭愧祖师生平的记载，便有"自幼练武习医，曾经治愈皇太后的痼疾，灵医有功"一事。[③] 竹山镇云林里三元宫也宣称祖师有这一神迹，还把惭愧师号的来源解释为祖师临终自愧未能医好更多的信众："祖师公自幼精通医理……在生前虽曾治愈皇太后有功，但将归仙时，仍有众多信众之病，未克诊治救度，而自感惭愧，于是得名惭愧祖师。"[④] 两相对照，信众把保生大帝的神功神迹投射到惭愧祖师身上，是显而易见

---

① 倪赞元：《云林县采访册·沙连堡·寺观》，载《台湾文献丛刊》第37种，台湾银行经济研究室，1959。

② 陈良安：《鹿谷"惭愧祖师"有源流》，台湾正声新闻网，2008年7月28日，http://www.rvn.com.tw/?www=info&info=view&view=17473，最后访问日期：2019年1月17日。

③ 刘枝万：《南投县风俗志宗教篇稿》，南投县文献委员会，1953，第3页。

④ 竹山镇云林里三元宫壁面"沿革"碑文，转引自林翠凤《台湾惭愧祖师神格论》。

的。其他关于惭愧祖师医病灵验的种种传说，应该都是把惭愧祖师混同于保生大帝而来。

最后，看三山国王的情况。三山国王是粤东巾山、明山、独山三座高山的山神，传说因为助宋太宗平北汉有功（也有的说是助宋太祖或保护宋末帝），分别被敕封为清化威德报国王、助政明肃宁国王、惠威弘应丰国王。三位国王武功高强，随粤东移民传到台湾后，落脚于中南部偏东的丘陵和山区。这些山区瘴疠肆虐，谋生不易，又有严重的“番害”——山地原住民与入垦汉人的严重冲突，所以移民们很自然地要借助武功高强且原本就是山神的三山国王的神威，让他们发挥抵御番害、保护乡民的神功。这样，三山国王就顺理成章地成为台湾粤东移民（主要是客家人）重要的守护神。平和、南靖等县移民入垦南投一带，所处的环境和遇到的困难与前述粤东移民的情况差不多，当然也需要三山国王那样的神明来抵御番害，保护乡民。但他们所奉神明不是三山国王，而是惭愧祖师。如何让惭愧祖师也有如三山国王那样的神威、神功，是摆在他们面前的迫切问题。凑巧的是，三山国王来自粤东，惭愧祖师也来自粤东，祖庙还是在粤东的山上。于是，出于迫切的需求，也因为当时交通不便，传闻不实，信众就把三山国王的神威、神功叠加到来自粤东阴那山的惭愧祖师身上。至于阴那山具体是何山，他们并不清楚，用闽南话辗转相传，便讹为阴林山。在闽南方言中，“阴那山”与“阴林山”音近，“那”字鼻音重一点，就变成“林”。将“阴那山”讹为“阴林山”，使信众觉得很有道理，因为山上树木成林，称“阴林山”顺理成章，而“阴那山”之“那”不知何意，反而使人觉得可能是错的。

由于三山国王的影子被投射到惭愧祖师身上，祖师由一尊变为三尊也就得到了合理的解释。因为三山国王是三尊，分别称为大王、二王、三王，富于想象、善于创造的惭愧祖师信众，相应地就想象祖师也应有三尊，分别称为大公、二公、三公。类似的情况，我们在别的地方神明身上也可看到。例如闽西定光佛，本是一尊，其原型是北宋高僧郑自严。但在定光佛信仰流传过程中，信众也创造出五尊定光佛，分别称为大古佛、二古佛、三古佛、四古佛和五古佛。妈祖也出现了头妈、二妈乃至五妈、六妈的情况。临水夫人则衍化出陈、林、李三位夫人。

至于南投惭愧祖师的王冠、戎装（或称文武装）、带剑造型，也容易理解。因为融进了三山国王的神功、神性，强调祖师武功高强，善于御番破敌，就不能保留阴那山祖庙祖师的僧装形象，而要让他威猛起来；在清代拓垦时期，族群关系紧张，各族群的守护神都有“王”的称号，如泉州族群的开闽圣王、开台圣王，漳州龙溪、漳浦等地族群的开漳圣王，粤东客家移民的三山国王，来自平和、南靖的族群也不能示弱，也要使自己的守护神具有王者之尊。所以，他们就塑造出王冠、戎装（或称文武装）、带剑的祖师形象。

在以上的叙述中，其实已经隐含了平和、南靖等地垦民在南投新居地的现实需要。先民到南投县拓垦之初，榛莽未辟，瘴疠肆虐，生番为祸，毒蛇、猛兽横行，缺医少药，缺乏安全保障，所以诸如御番、保生、降服毒蛇猛兽和一切妖魔鬼怪之类，都是垦民生产生活中迫切需要解决的大问题。他们希望有神灵保护。他们奉迎而来的是惭愧祖师。惭愧祖师本无这些功能，他们就把原乡流行的三平祖师、保生大帝、三山国王等神祇的功能叠加到惭愧祖师身上。这样的叠加，既与垦民原乡的自然和社会环境相关，又与垦民新居地的自然和社会环境有关。

综上所述，惭愧祖师信仰在台湾发生的种种变化，实基于民间信仰素有模糊性、实用性、包容性的特质，且一种信仰的传入，必须适应新居地的现实需要，由此而发生各种神明的神性、神功交叉浸染、移易混化所致。这样的变化，正体现了客家文化在由原乡传至台湾的过程中，既有承传，又有变异的规律。

原载《世界宗教研究》2012 年第 4 期

怀海教规改革与禅宗对南方山区的开发

谢重光

在中国佛教史上，唐代中叶是一个重要的转折时期。唐中叶以前，佛教诸宗争强竞胜，各自展示出鼎盛的面貌。唐中叶后，三论宗、法相宗、华严宗、天台宗等宗派纷纷衰歇，出现禅宗一枝独秀的局面。唐中叶以前，城市佛教居于主流地位，城市中数量众多、规模宏大、富丽堂皇的寺院，还有享誉远近、地位崇高的僧人，代表着佛教的基本形象。唐中叶后，山林佛教得到迅猛的发展，那些僻处山区、屋宇简陋的禅院，衣着朴素、自耕自食的禅僧，日益成为佛教发展的主导形式。

佛教发展史上的这一重要变化，自慧能创立禅宗南宗时已经奠定基础。但这种变化的最后形成，却应归功于被称为中土禅宗九祖的百丈山怀海大师。怀海大师制定的《丛林规式》（又称《百丈清规》），总结了自慧能以来佛教发展的积极成果，使之理论化、制度化，从而使佛教山林化、平民化的变革成为不可逆转的方向。因此，笔者认为，怀海大师的事业，不仅仅是一次教规改革，而是一次影响巨大、意义深远的佛教改革。对于这场伟大的佛教改革，应该进行全面深入的研究。本文仅就怀海教规改革的背景、内容和影响，以及教规改革之后禅宗对我国南方山区的开发进行初步探讨。

一　怀海教规改革的历史背景

（一）唐中叶前后社会结构的深刻变化

唐中叶前后佛教宗派的兴衰消长，以及教团风貌的巨大变化，根源于同一时期社会结构的深刻变化。要言之，魏晋南北朝至唐中叶，本质上是门阀士族（或称世族）起支配作用的社会。那时士族拥有多种政治和经济特权，占有大量土地和具有较强人身依附关系的生产劳动者，由此建立的庄园经济是魏晋至唐前期占主导地位的封建经济形态。至于没有特权的庶族阶层，哪怕具有较强的经济实力，还是备受歧视和排斥，无法与士族阶层抗衡。

在门阀士族占支配地位的时期，士族是佛教的主要社会基础。一部分士族子弟出家，成为高僧大德或各级僧官，居于教团上层；未出家的信佛士族，则给予佛教政治和经济的支持，使教团能够长期保持世外之宾的身份，不礼君亲，抗衡王侯；通过大量的经常性施舍（施地、施金银、舍宅、舍奴婢、舍家客、舍佃户），保证各大寺院有充足的财力，建造壮丽辉煌的殿阁堂宇，并建立起类似于士族庄园的寺院庄园。许多寺院还有足够的财力供养大批学问僧，以研究经典、著书立说、开宗立派。南北朝至唐初佛教诸宗的兴盛，便是在这样的基础上形成的。

但是，随着社会生产力的进步，劳动者的人身依附关系逐渐淡化，社会经济结构逐渐发生了变化，人身依附较强的佃客农奴制生产关系让位于人身依附关系较松弛的租佃契约制生产关系。与此相应，士族地主也逐步式微，新兴的庶族地主逐步取得社会的支配地位。

社会经济结构变了，佛教与世俗社会的关系不能不随之变化。其中重要的内容，就世俗地主阶级方面来说，是新兴的庶族地主不能容忍佛教教团的政治特权和经济特权，强烈反对教团过分占有土地和劳动力。就佛教方面来说，主要应对方式就是积极调整自身的形态，寻求新的生存之道。

（二）朝廷和士大夫的限佛和反佛潮流

在唐代朝廷和士大夫中，一直存在一股限佛和反佛的潮流。唐高祖的“沙汰僧尼”，是这股潮流的先声；唐武宗的废佛，则使这股潮流达到高峰。唐代君臣限佛、反佛的动机各有不同，但反对佛教对土地和劳动力的过分占夺，则是大部分反佛人士共同的目的。唐建中元年（780）实行两税法，改变征税原则，把按户按丁征税改为按土地和财产纳税，“以资产为宗，不以丁身为本”[①]，又取消各种特权者的免税特权，使“天下庄产未有不税”[②]。这么一来，就使佛教寺院和僧尼的免税特权基本被剥夺。在这个意义上，实行两税法也是唐代君臣反佛潮流中很关键的一步。

关于两税法对佛教经济特权的剥夺或限制，以及随之而来的僧尼不礼君亲等政治和法律特权的终结，这里仅就唐代君臣在反对佛教教团过量占有土地和劳动力方面的努力，做一简要的回顾和总结。

唐高祖整顿佛教的方针，因为玄武门之变而被打断。此后，唐太宗、唐高宗时仍有一些限佛的议论和措施，影响比较大的是开元年间名相姚崇的限佛言论，以及随后采取的措施。史载：

> 开元二年正月，中书令姚崇奏言：“自神龙以来，公主及外戚皆奏请度人，亦出私财造寺者。每一出敕，则因为奸滥。富户强丁皆经营避役，远近充满，损污精蓝。且佛不在外，近求于心。但发心慈悲，行事利益，使苍生安乐，即是佛身。何用妄度奸人，令坏正法？”上乃令有司精加铨择，天下僧尼伪滥还俗者三万余人。[③]

很明显，姚崇限佛的出发点是维护国计民生。其沙汰伪滥僧尼三万余人，在一定程度上达到了限制寺院、僧尼占有大量土地和劳动力的目的。但教团总的规模还很庞大。安史之乱中，以出卖度牒的办法筹措军需，又使教团伪滥更甚。于是，大历十三年（778）四月，东川节度使李叔明上书要求澄汰佛道，得到都官员外郎彭偃的支持。彭偃在上书中激烈地攻击僧尼游行浮食，祸国害民，明确提出让僧尼纳税服役的设想。他说：

> 僧尼颇为秽杂……臣闻天生烝民，必将有职。游行浮食，王制所禁。故有才者受爵禄，不肖者出租税，此古之常道也。今天下僧道，不耕而食，不织而衣，广作危言险语，以惑愚者。一僧衣食，岁计约三万有余，五丁所出，不能致此。举一僧以计天下，其费可知。陛下

① 陆贽：《均节赋税恤百姓》，《苑翰集》卷22，《四部丛刊》影宋本。

② 孙光宪：《北梦琐言》卷1《郑光免税》，林艾园校点，上海古籍出版社，1981，第2页。

③ 王溥：《唐会要》卷47《议释教上》，上海古籍出版社，1991，第980~981页。

日旰忧勤，将去人害，此而不救，奚其为政？臣伏请僧道未满五十者，每年输绢四匹；尼及女道士未满五十者，输绢二匹。其杂色役与百姓同。有才智者令入仕，请还俗为平人者听。但令就役输课，为僧何伤？臣窃料其所出，不下今之租赋三分之一。然则陛下之国富矣，苍生之害除矣。其年过五十者，请皆免之。夫子曰："五十而知天命"。列子曰："不斑白，不知道"。人年五十岁，嗜欲已衰，纵不出家，心已近道，况戒律检其性情哉！臣以为此令既行，僧尼规避还俗者，固已大半。其年老精修者，必尽为人师。则道、释二教益重，明矣。

彭偃的上书虽未被采纳，但"上深嘉之"，说明皇帝也认识到佛教广占土地和劳动力对国家财政的严重分割，有意采取措施解决这个问题。两年之后实行两税法，取缔僧尼道士的免税特权，可以视为对李叔明、彭偃建议的一种回应。

但两税法并未能遏制佛教泛滥的势头，朝野的佞佛风气也不因部分君臣的限佛、反佛而转移，相反，元和十三年（818），唐宪宗的迎佛骨之举激起了朝野佞佛的新高潮。为此，韩愈上疏谏迎佛骨，对"王公士庶瞻礼舍施如恐不及，百姓有废业竭产烧顶灼臂而云供养者"，"农人多废东作奔走京城"表示无限忧虑。他主张极大地限制佛教，要"人其人，火其书，庐其居"①，就是要让僧尼像一般人那样遵守礼教，服役纳税，还要把寺院变为民居，或收归官府利用。可见，僧尼不劳而获对国计民生的危害，以及官、民佞佛、奉佛造成的财富严重耗费，是促使他反佛的重要因素。

武宗会昌五年的废佛事件，是唐代部分君臣认为佛教有害国计民生这一思想持续发展之必然结果，也是世俗地主与寺院、僧侣地主争夺土地、劳动力的矛盾激化的一种表现形式。武宗废佛制说：

汉魏之后，象法浸兴……洎乎九州山原、两京城阙，僧徒日广，

---

① 《韩昌黎文集校注》，马茂元整理、马其昶校注，上海古籍出版社，1984，第20页。

> 佛寺日崇。劳人力于土木之功，夺人利于金宝之饰；遗君亲于师资之际，违配偶于戒律之间。坏法害人，无逾此道。且一夫不田，有受其饥者；一妇不蚕，有受其寒者。今天下僧尼，不可胜数，皆待农而食，待蚕而衣。寺宇招提，莫知纪极，皆云构藻饰，僭拟宫居。晋宋齐梁，物力凋瘵，风俗浇诈，莫不由是而致也。

唐武宗的废佛措施很大胆，很坚决，“天下所拆寺四千六百余所，还俗僧尼二十六万五百人，收充两税户；拆招提、兰若四万余所，收膏腴上田数千万顷，收奴婢为两税户十五万人”①。由此也可看出，此次废佛最重要的动机，是要增加国家财赋收入，其最大的收获也是使国家一下子增加了数十万的两税户，数十万顷良田，以及数不清的屋舍和金铜财宝。此举带给佛教的最大教训，则是再也不能循着“不耕而食、不织而衣”的“游行浮食”老路走下去了，必须改弦更张，实行变革，才能求得生存和发展。

（三）教规改革：禅宗从自发适应社会到自觉适应社会的转变

佛教的戒律和规制，是规范僧尼宗教生活和日常生活的准绳。自佛教初传中国以迄唐中叶，教团实行的戒律和规制，如《五分律》《十诵律》《四分律》和各寺自订的寺规，都沿袭了印度佛教轻视生产劳动、反对僧尼参加生产劳动的精神。在这样的规制统治下，僧尼不得不“不耕而食、不织而衣”，不得不成为一个“游行浮食”的寄生阶层。

要使僧团走出“游行浮食”的困境，变成一个自食其力的阶层，就一定要冲破旧教规的束缚，大胆地实行教规改革，走一条佛教中国化的道路。在这个方面，禅宗是比较早迈出改革步伐的一个宗派。

禅宗对于变化中的社会结构、社会条件的适应，至少可以追溯到中土

---

① 刘昫等撰《旧唐书》卷18上《武宗纪》，会昌五年八月制。按：关于会昌五年废佛毁寺汰僧尼奴婢的具体数字，各书记载略有出入。杜牧《樊川文集》卷7《杭州新造南亭子记》记述废佛的情况说：“出四御史缕行天下以督之。御史乘驿未出关，天下寺至于屋基耕而刓之。凡除寺四千六百，僧尼笄冠二十六万五百，其奴婢十五万，良人枝附使令者倍笄冠之数。良田数千万顷，奴婢口率与百亩，编入农籍。其余钱取民直归于有司，材州县得以恣新其公署、传舍。”从没收的寺田按每人百亩配给没入寺奴婢耕种的情况来看，没收的寺田应是数十万顷较接近实际。

四祖道信。道信所创东山法门，以山林为聚徒传授的基地，而且四祖道信、五祖弘忍都参加劳作，“役力以申供养”。到了六祖慧能时，更强化了这一特点。慧能本身是一位出身贫苦、不识文字的“獦獠”，投到五祖门下之后，“随众作务”，入碓房“踏碓八个月余”。得法南归之后，又“混农商于劳侣”① 积十六载之久。自东山至曹溪，诸祖师一贯重视山居、重视劳作之作风，于此可见。

慧能的佛学思想，包括“直指人心”，“见性成佛”，“不立文字，教外别传”。这就使学佛的形式大大简化了，不需要高广的殿堂，不需要繁多的经像法物，把修行对物质条件的依赖降到最低限度。无疑，这也极有利于适应士族社会解体之后，财力、物力不易靠施舍和赐予得到的新的社会条件。

不过，自道信到慧能的所作所为，虽然代表着佛教努力适应社会变化、进行自身变革的趋势，但是他们的行事还带有自发性和局部性，还没有成为制度，并且缺乏明确的理论指导。

例如，在山林中修行、传教的做法，就未被普遍接受。不但北宗的许多僧人仍与帝王卿相关系密切，不少人仍居住在城市的宏丽寺院中；就连慧能派下的南宗僧人，也有耐不住山林的寂寞而向大小城市发展的。据唐代陈诩所撰《洪州百丈山故怀海禅师塔铭并序》②，马祖道一的门徒，也就是怀海禅师的师兄弟中，就有人“或名闻万乘，入依京辇，或化洽一方，各安郡国”。他们纷纷到京城或地区性都会中去求发展。如何把佛教山林化的方向坚持下去、普及开来，仍是一个亟待解决的问题。

又如僧侣参加生产劳动的问题，虽然已有许多僧人实际参加了各种劳作，但就佛教戒律来说，这些行为都是违律犯戒的。如道宣律师的著作《四分律删繁补阙行事钞》是唐前期教团中流行的重要律典，其卷中二《僧残篇·蓄宝戒》规定：

> 宝是八不净财……一，田宅园林；二，种植生种；三，贮积谷帛；四，畜养人仆；五，养繁禽兽；六，钱宝贵物；七，毡褥釜镬；

① 董诰等编《全唐文》卷327《六祖能禅师碑铭》，上海古籍出版社，1990，第1465页。

② 董诰等编《全唐文》卷446《洪州百丈山故怀海禅师塔铭并序》，上海古籍出版社，1990，第2014页。

八，像金饰床及诸重物。

当时流行的另一部戒律著作《佛遗教经诸疏节要》也重申了《十诵律》的规定：

> 持净戒者不得贩卖贸易，安置田宅，畜养人民、奴婢、畜生；一切种植及诸财宝皆当远离，如避火坑；不得斩伐草木，垦土掘地。

这说明，直到唐前期，佛教界仍恪守着印度佛教的传统，把一切生产劳动和一切经济活动都视为“不净”的行为，禁止僧侣从事这些“不净”业。若不从理论上彻底否定这些不切实际的戒律，僧侣要走劳动生产自给的道路，将是困难重重的。

解决上述问题的重任，历史地落到百丈怀海大师身上。怀海大师俗姓王，福州长乐人。早年博览群籍，“三学该练”，有较深的儒学和诸子百家文化基础。出家后又曾到庐江浮槎寺阅读经藏多年，对大小乘佛教各宗各派的理论有较全面的了解和认识。后来投到马祖道一门下，潜心修习禅法，历时六年，升堂入室，得其精华。马祖圆寂后，怀海大师先驻石门，后驻洪州新吴县百丈山，人称百丈禅师。

广博的学识和对禅宗根本旨趣的深刻领会，使怀海大师具备了承担佛教改革重任的条件。首先，他真正看破了尘世的一切荣华利禄，主张“先歇诸缘，休息万事”，“放舍身心，全令自在”[①]。基于这一理念，他在许多同学奔竞于帝王、诸侯之侧寻求闻达时，独能“好尚幽隐，栖止云松”，“意在遐深”[②]，坚持了在幽僻山林进行禅修的方针，为以后禅宗的发展指明了方向。

其次，他学问深博，故见识高远。他看到六祖慧能禅师开创的禅宗顿门已为广大禅徒归心，发展前途很大，可是禅徒“自曹溪以来，多居律寺，虽创别院，然于说法住持，未合规度”，而且旧有的戒律属于“诸部阿笈摩教”，即印度早期的小乘教派，所奉行的乞食为主、轻视劳动、不事生业的

① 普济：《五灯会元》卷3《百丈怀海禅师》，苏渊雷点校，中华书局，1984，第133页。

② 董诰等编《全唐文》卷446《洪州百丈山故怀海禅师塔铭并序》，上海古籍出版社，1990，第2014页。

律条，已不适应中国社会的实际，成为佛教发展的障碍；而《瑜伽论》《缨络经》等大乘戒律也不尽适合当时的情况，不能生搬硬套。为了促进禅宗的发展，他以极大的勇气，决心从改订教规入手，进行佛教改革。

二　怀海佛教改革的基本内容

怀海改革佛教的指导思想是适应国情、适应时代。他说："吾所宗，非局大小乘，非异大小乘，当博约折中，设于制范，务其宜也。"① 也就是打破大小乘的界限，从全部佛教思想资源中提取精华，结合唐中叶后中国社会的实际，制定切于实用的新规章、新制度。

怀海为禅门制定的新规章，当时称为《丛林规式》，或称《百丈清规》。原文至宋代已经散佚，但据陈诩《洪州百丈山故怀海禅师塔铭并序》、杨亿《百丈清规原序》及《宋高僧传》《景德传灯录》等资料，尚可见其要点有如下诸端。

（1）创意别立禅居。即创设独立的禅院、禅寺，使禅徒不再寄居律寺，与其他宗派僧徒混杂。由此形成了单纯的禅宗教团，称为丛林，盖以禅宗教团多在山林中聚众而居之故。

关于禅院、禅寺或丛林的组织办法，怀海在新规中也进行了明确规定。如设立"长老"一职，推选"具道眼""有可尊之德"者担任，略仿古印度佛教教团中把道高腊长（僧龄长）者称为须菩提之意。"长老"的主要职责是教化徒众，所以又称为"化主"。特为之安排一所清净住处，称为"方丈"。"方丈"是长老修行授徒之处，不是私人寝室。这一措施，是针对旧时寺院的"三纲"制度而定的。旧时寺院的"三纲"，包括上座、寺主、都维那三职，分别负责一寺的教化、行政、监察等，是寺院的最高权威。"三纲"由地方僧官任命，有的则直接由朝廷或皇帝委任，因而多少带了点"官"的性质，故有的文献干脆把"三纲"称为"三官"，把由"三纲"组成的寺院管理机构称为"寺衙"。② 于此也可看出，寺院"三

① 杨亿：《百丈清规原序》，曾枣庄、刘琳主编《全宋文》卷 295，上海辞书出版社，1990，第 727 页。

② 谢重光：《晋—唐僧官制度考略》，《世界宗教研究》1986 年第 3 期。

纲”有代表官府统治寺众的一面。而禅寺、禅院或丛林的“长老”则纯粹是禅众的精神领袖，完全代表禅众的利益。寺院“三纲”与丛林“长老”之间，不是简单的名称之别，而是寓有佛教改革的深刻内容。怀海通过这项变革，革除了过去佛教与政治权力关系过密之弊，使教团更加平民化、民主化了。

教团的民主化还体现在教团的管理制度上。在怀海的新规体制下，“所裒学众无多少、无高下，尽入僧堂，依夏次安排，设长连床，施椸架挂搭道具”。这里摒除了职位高低和贵贱、贫富的区别，所讲究的唯有各人的“夏次”，即僧龄长短，长者为尊；生活待遇也一律平等，都到僧堂里睡长连床，取消了一切特殊优待。这样的僧团，是一个相当民主、平等的宗教共同体，体现了怀海试图恢复早期佛教民主、平等风貌的改革思想。

（2）不立佛殿，唯树法堂。这是通过寺院殿堂配置的调整，保证慧能南宗“佛在心中，不假旁求”，“明心见性，顿悟成佛”的宗风能得到真正彻底的贯彻。实际上，这样的安排，也含有禅门学佛重在理性的探求，具有反对偶像崇拜的意味。不过，怀海对这层意思没有明说。他对配置改变的解释是：“表佛祖亲嘱授，当代为尊也。”也就是说，南宗禅法是由释迦牟尼传授给大迦叶，大迦叶授阿难，阿难授末田地……菩提达摩授惠可，惠可授僧璨，僧璨授道信，道信授弘忍，弘忍授慧能，慧能授怀让，怀让授道一，道一授怀海。由此一代一代递相传授，每代祖师得到的都是佛祖的真传，是佛教的正宗。因此，尊重祖师、尊重长老，等于尊重佛祖。说穿了，就是要提高禅门长老的权威，强调悟法重于拜佛的宗旨。

（3）阖院大众朝参夕聚，长老上堂升座主事，徒众雁立侧聆，宾主问酬，激扬宗要。这是强调修行要有一定的规矩和仪式，反对全无规矩、放任自流的颓废虚无倾向。当时，禅徒中有些人把不立文字、不滞经教、以心传心的宗风引向片面极端，出现了呵佛骂祖乃至反对一切学佛形式、诋毁一切佛教传统的做法，造成了很多负面的影响。若是任由这种偏颇倾向发展下去，很可能陷入取消佛教的泥潭中。故怀海一方面强调学佛重在心的体悟，反对乞灵于偶像崇拜；另一方面又为禅徒每日修行制定了必要的功课和仪式，借以恢复佛法的威信，增强禅徒对法及法的象征“长老”的向心力和凝聚力。与此相配合，还在禅林中“置十务”，各指定专人“管多人营事”；又制定了若干惩处条例，惩罚各种违规犯戒行为，并把违规犯戒事件的影响严格限制在教团内部，防止“家丑外扬”。其后佛教的发展史表明，怀海的这些规制是及时而有效的。

（4）行普请法，上下均力。这是公开破除以往各种律典禁止僧人劳作的教条，树立劳作是每位禅徒应尽的义务的思想，并把禅徒不分尊卑长幼都应尽己所能参加劳作写进新规中去。为了贯彻执行这一新规，怀海以身作则，“凡作务执劳，必先于众”。有位管事僧看见“长老”那么大年纪了，还勉力参加劳作，于心不忍，偷偷把怀海的劳动工具藏了起来。怀海到处找不到工具，说：“我对人并无恩德，怎好意思让人代劳，自己不劳而获呢?”这一天，他竟然不吃饭，以示自责。从此以后，怀海大师“一日不作、一日不食”的格言广为流传。禅林中重视劳作、农禅结合的风气于焉形成。

此外，还有一些生活方面的规定，如“斋粥随宜，二时均遍”，务从节俭等，不能备举。

三　怀海佛教改革对中国佛教的深远影响

百丈怀海对佛教的改革，在中国禅宗史和中国佛教史上的影响都是至巨至深的。可以说，慧能只是在思想体系上奠定了禅宗南宗的基础，至于禅宗教团的组织形式和生活、生产方式，则是由怀海确立的。僧史认为，怀海《百丈清规》一出，“天下禅宗如风偃草。禅门独行，由海之始也”[①]。又有人说：“佛之道以达摩而明，佛之事以百丈而备。”[②] 这些说法，从总体上概括了怀海教规改革在禅宗史和佛教史上的重大意义和深远影响。下面试对此进行具体申述。

（一）关于奠立禅林组织形式

所谓禅林组织形式，包括禅寺独立，禅寺最高领导的长老（或称化主、

① 《南怀瑾选集》卷6，复旦大学出版社，2006，第149页。

② 释德辉：《百丈山大智圣寿禅寺天下师表阁记》，杨宪萍主编《宜春禅宗志》，中国文史出版社，2007，第264页（此文或题有“承直郎国子博士黄溍记”，应是释德辉口授，黄溍笔录）。

方丈、住持）制、执事僧的两序制和分寮分务的分工负责制；宗教修持方面的朝参夕聚、宾主问酬、激扬宗要等形式。这些制度和形式，在百丈《丛林规式》中的原貌，略如前引杨亿的《百丈清规原序》所述。在前引文字中，对长老制和朝参夕聚等修持形式已经说得很清楚，无须赘述。唯于执事僧的两序制和分寮分务分工负责制，所引过于简略，还要略加说明。

杨亿《百丈清规原序》说："长老上堂升座主事，徒众雁立侧聆"；又说："置十务，谓之寮舍，每用首领一人，管多人营事，令各司其局也。"十务各司其局，这就是分工负责制。十务所管的是哪些具体内容，现已难以详考，但揆诸常理，不外乎宗教修持和生活、生产两大门类。联系到徒众上法堂时"雁立"即分两行整齐排列的情形，可以设想，徒众分行排列的原则是依据在寺中职司之不同，管宗教修持的站一列，管生活、生产的另站一列。后世东、西两序之分职任事，应即滥觞于怀海之设置十务。

怀海之后的禅宗历史表明，怀海确立的禅林模式，很快就风行于全国各地。我们知道，唐末五代时禅宗成为佛教主流，而禅宗内部则有"五家"之分。"五家"即五大派别，包括沩山灵佑和仰山慧寂所代表的"沩仰宗"，临济义玄开创的"临济宗"，洞山良价和曹山本寂所代表的"曹洞宗"，云门文偃所代表的"云门宗"，金陵清凉院文益所代表的"法眼宗"。其中沩山灵佑是怀海的及门弟子，仰山慧寂和临济义玄是怀海的再传弟子。他们所创"沩仰""临济"二宗在禅林组织和行事上一依百丈山模式，自无疑义。另外三宗虽非出于怀海门下，然而其禅院组织与行事亦不能外于百丈《丛林规式》的内容。所以，正如元代德辉所言，禅宗之传，"派别为五，而出于禅师者二（临济、沩仰）。他师所倡殊宗异旨，虽各名其家，至于安处徒众，未有不取法于禅师者。然则天下师表之言，良可证不诬也"①。

（二）关于"农禅结合"的方针

怀海把"普请法"写进清规，又以模范带头行动大力推行之，遂使其所领导的寺院树立了人人必须参加生产劳动、以劳作为荣的风气。禅徒们都把修行

① 释德辉：《百丈山大智寿圣禅寺天下师表阁记》，杨宪萍主编《宜春禅宗志》，中国文史出版社，2007，第264页。

贯彻到劳作中，形成了“农禅结合”的方针。这一方针很快被全国各地的寺院接受。例如怀海的同学普愿禅师，挂锡于安徽池阳南泉山，“堙谷刊木，以构禅宇，蓑笠饭牛，溷于牧童。斫山畲田，种食以饶。足不下南泉三十年矣”。[①]又如唐文宗开成年间，日本国入唐求法僧园仁等在山东半岛文登县赤山寺院看到如下情形：“始当院收蔓菁、萝卜，院中上座等尽出拣叶。如库头无柴时，院中僧等不论老少，尽出担柴去。”[②] 可见不仅在禅宗南宗盛行的南方各地，就连南宗势力比较薄弱的北方地区，也走上了“农禅结合”的道路。

“农禅结合”的方针，帮助佛教克服了会昌法难之厄，迎来了自力更生求发展的新时期。其在佛教发展史上的重大而深远的意义，的确是值得大书特书的。

（三）关于因时制宜的创新精神

怀海大胆革除不合时宜的旧律，另创适合时代条件的新规，这本身就倡导了一种注重实际、勇于革新的精神。这一精神后来在禅林成为传统。宋元以降各地禅林对《百丈清规》的增损，就是这一传统的具体表现。

纵观怀海古规散佚后，历代涌现的新清规，比较重要的有北宋崇宁年间宗颐禅师撰集的《禅苑清规》，其后有据《禅苑清规》删节而成的《丛林日用清规》；南宋咸淳间又有后湖比丘惟勉编成的《丛林校定清规总要》（俗称《咸淳清规》），以及大川和笑翁二禅师编撰的《日用规则》；元代则有《至大清规》和德辉的《敕修百丈清规》。上述诸清规对先前流行的清规折衷取舍、增删损益的原则，就是因时制宜。后湖比丘惟勉在所修《丛林校定清规总要》的序言中说：“吾氏之有清规，犹儒家之有礼经。礼者从宜，因时损益，此书（指《咸淳清规》）之所以继大智（怀海禅师）而作也。”他的话就道出了这一原则。《至大清规》的作者弌咸说得更明确：“自唐抵今殆五百载，风俗屡变，人情不同，则沿革损益之说可得已哉！”[③] 这些僧人皆祖述怀海，又不拘泥于怀海古清规的条文，而是大胆增

① 赞宁：《宋高僧传》卷11《南泉普愿传》，中华书局，1987，第256页。

② 园仁：《入唐求法巡礼行记》卷2，上海古籍出版社，1986，第72页。

③ 弌咸：《至大清规序》，德辉编，李继武校点《敕修百丈清规》，中州古籍出版社，2011，第228页。

删改订，以期符合实际，服务于实际。其实这正是继承怀海改革精神的最好表现，也是怀海的佛教改革对后世有着巨大而深远影响的表现。

四　怀海佛教改革后禅宗僧侣对南方山区的开发

怀海教规改革后，各地禅林都以“农禅合一”为旗帜，把修行与生产自给有机地结合起来。而恰恰在这一时期，世俗社会因均田制崩溃、土地兼并无所限制，很多农民失去土地，成为游民，其中有不少人便如潮水般投进禅林，在一袭缁衣的保护下，通过“农禅合一”实行生产自救。其时南方还有不少浅山区尚未开发，以南方为基地的禅宗南宗，在湘、赣、闽、浙、苏、皖、川、鄂等地披荆斩棘，诛茅建屋，创立丛林，同时垦殖丛林周遭的山地，为南方山区的开发做出了巨大贡献。

在唐末五代，禅宗各派中发展得最好的是青原行思和南岳怀让两系。他们的主要基地在湖南和江西。因此，这两地禅林密布，海拔 200 米以上 500 米以下的浅山区得到最彻底的开发。

适应南方山区的特点，禅林生产的主要项目是垦田种稻，同时也很重视经营园林，种植果、茶、菜等经济作物，有的还养鱼、放牧，发展各种副业。龙泉禅院就是很好的例子。该禅院是在一所破败荒芜的禅院基础上发展起来的。唐乾宁初，顺懃禅师自西蜀振锡东游，见到这所破败禅院，遂发心重创，他“披荆榛而通过路，啜薇蕨以事晨飧”，吸引了许多徒众，勠力同心，艰苦劳动，盖起屋宇 70 余间。又开凿池塘，种莲养鱼，并“植弱柳……莳修篁……长小松为乔松，接山果为家果”[①]，辛勤经营园林。在徒众们齐心协力劳作的基础上，又争取到当地官员的支持，遂使禅院更新而增崇。柳州大云寺的情况也是如此。大云寺本来也已破败不堪，柳宗元在柳州刺史任上，帮助修复了故大云寺，招徕僧徒，“凡辟地南北东西若干亩，凡树木若干本，竹三万竿，圃百畦，田若干塍”。[②] 这样一来，大云寺就有了规模不小的产业，竹树森繁，田园齐备，实行农副业多种

① 周绍良主编《全唐文新编》卷 856《龙泉禅院记》，吉林文史出版社，2000，第 10792 页。
② 《柳河东集》，朱玉麒、杨义、倪培翔、谢秉洪今译，北京燕山出版社，1996，第 629 页。

经营。

疏山匡仁禅师是青原下五世法裔，他在江西辗转创立疏山白云禅院的事迹，很能体现唐末五代禅宗丛林艰苦创业的过程，以及丛林生产经营的情况。兹将时人写的《疏山白云禅院记》摘引如下：

> 且夫疏山者……襟带七闽，奇分五岭……至大顺元年，我大师领徒而至。太守危公（即危全讽）见而深加敬仰，乃令都押衙前江州刺史曾公（曰徒）阜郭山林佥居。曾公遂骤驷而巡到兹山，对曰，此去六十里有山曰书山，是周迪王匡霸之地，古儒读书之场，因而俗号也。极而胜概，堪作禅居。汝南危公坚请而住，大师允而居焉。后改为疏山也。师则庐陵郡淦阳人也，俗陇西李氏……至乾符岁属庚子，闻庐陵有山号严田，遂往开辟。时禅侣相依，乃告檀越李公曰：众既聚而山又薄，居必难乎？吾闻巴山耸峻，贯属临川，可往而游乎？至中和三年，方开巴山白云禅院。檀越朱公为遏边使，师又告曰：山深地冷，时植不收，僧众渐多，难为供馈。遂出山见太守危公，公乃延请而住兹山矣。……遂以芟薙蒿芜，基平峙渎，翦擘云之杞梓，斫嶰谷之琅玕，重檐将凤翅而齐飞，叠石与龙头而并举，峥嵘宝殿，疑从兜率飞来，精粹金容，真似天宫降下……名花异草，四季长存，高节禅流，五湖并集。汲用既广，事有阙缘，水磨山泉，久销人力。众议取备，乃就其工，鹅管流通，走归皂栈，灵材筑险，势截秋江……诸缘且置，馇馈尚微。师曰：秋稼如云，自乏东皋之分。故知水月相映，啐啄同时。乾宁甲寅岁，春，乃有上饶郡太守汝南危公（曰昌），公即临川刺史之季子也……乃心舍禄下水田庄一所，并火幕牛犊等，永充常住，为供众僧之斋粥矣。……后乃有敕下，赐为疏山白云禅院额，并隶僧一七人……又浔阳太守颍川陈公（曰卓）……并舍俸禄之财，于江之西南隅，去院各十里，置庄两所，一曰西庄，南号佐俄是也。后以风俗所谈，闻而益敬，乃有军事押衙李勋，常来请问……后忽言：弟子有小庄，近院之北，愿舍入常住。师乃受矣。至天祐六年……自郡城部属淮南，除替官资不停，周至孙，孙至刘，刘至陇西李公，尽申虔敬，并为外护。檀产李公曰德诚，舍俸禄之财，于山之

东置庄一所，永充常住之斋粥矣。师期年七十有三，化缘将盛，僧匡七百众矣。……①

这篇文章记述了匡仁禅师自乾符末年（880）至天祐六年（909）三十年间在赣中、赣东一带辗转开山弘法的事迹。现将其行事梗概列举如下。

乾符庚子岁（880），往庐陵（即吉州）严田开辟，有禅侣来相依。

中和三年（883），以众聚山薄，难以久居，遂舍弃严田山，转往临川（即抚州）巴山，开辟白云禅院；时危全讽割据临川，政宽得众，赋税薄施，社会较安定。

大顺元年（890），以巴山山深地冷，时植不收，僧众渐多，难为供馈，遂出山见刺史危全讽，求得去郡六十里之疏山，率徒创业，披荆斩棘，芟薙蒿芜，填土整基，叠石建房，进而修筑水渠，建置水磨，使山中出现欣欣向荣景象。

乾宁甲寅岁（894），上饶郡太守危昌舍水田庄一所及火（伙）幕（徒众在外干活时用的帐篷）牛犊等永充常住；朝廷敕赐寺额，仍以白云禅院为名，隶僧十七人。

其后，陆续有浔阳太守陈卓舍俸禄，去院各十里置庄两所，一为西庄，一号佐俄；军事押衙李勋舍小庄入寺，在院北。

天祐六年（909），临川并入淮南（即吴国）版图，先后官司皆充当寺院外护，其中檀越李德诚于山之东置庄一所，永充常住。是年匡仁师73岁，疏山白云禅院至此已发展到领徒七百众，丛林的基业包括处于寺院东西南北的多所庄田，并修建了水渠、水磨、伙幕等设施，制备了一应耕畜、农具，还有名花异草装点环境。可见匡仁师徒经过长期艰苦的努力，在建立大型丛林的同时，也开发了赣中、赣东的严田山、巴山、疏山等山区，对这些地区环境的美化也做出了贡献。

在湖南，则有大沩山的开发情况，可以作为禅林发展和禅宗开发山区的典型。大沩山在长沙郡西北。禅僧到此创立丛林之前，其环境极为荒凉险恶："蟠林穹谷，不知其变，几千百里，为罴豹虎兕之封，虺蜮蚺蟒之

---

① 董诰等编《全唐文》卷920《疏山白云禅院记》，上海古籍出版社，1990，第4252页。

宅，虽夷人射猎，虞迹樵氓不敢从也。”唐元和间，怀海大师的弟子福州人僧灵佑，“背闽来游，庵于翳荟，非食时不出。凄凄风雨，默坐而已。恬然昼夕，物不能害”。经过五七年的坐禅修行，终于以其高尚的宗教修养，获得了百姓的信奉，“其徒稍稍知其徙从之，则与之结构庐室，与之代去阴黑，以至于千有余人”。[①] 唐武宗废佛时，大沩山丛林也在沙汰之列。宣宗复佛，灵佑受到湖南观察使故相国裴休的礼重[②]，迎归丛林，奏准朝廷，赐号为同庆寺，徒众也渐渐回归寺院，恢复了旧日的繁盛。五代时，更进一步发展成为“僧多而地广，佃户千余家”的大丛林。丛林中分工细致，制度严密，生产有寺司加以管理。著名诗僧齐己就是同庆寺“佃户胡氏之子，七岁与诸童子为寺司牧牛”[③]。丛林除了大田耕种水稻外，也有栀子园等园林[④]，显然也实行农、牧、副业多种经营。大沩山由满目荒凉的野兽窟穴，一变而为拥有千余名禅徒、千余家佃户的大丛林，其在经济、社会方面的巨大进步，正是唐末五代禅宗开发南方山区的生动缩影。

在南方其他地区，禅宗对山区的开发也有突出的表现。如福建闽侯的雪峰山，在福州府之西二百里，环控四邑，峭拔万仞，猛兽横行，人迹罕至。因为海拔较高，所以山之半顶之上，先冬而雪，盛夏而寒，是个非常寒冷荒僻的地方。唐咸通十一年（870），著名禅僧义存来到这里。经过五年的艰苦创业，至僖宗乾符二年（875），此山有了名气，僧徒不远千里而来，地方官也重视起来：“师以山而道侔，山以师而名出，天下之释子，不计华夏，趋之如赴召。乾符中观察使京兆韦公、中和中司空颍川陈公，每渴醍醐而不克就饮，交使驰恳。师为之入府，从人愿也。”随之而来的当然是雪峰山的迅速开发。由此又经过四十年的努力，雪峰山成了名闻四海的大丛林，全国各地慕名来学的僧徒络绎不绝，常住僧人超过1500人：“东西南北之夏往秋适者不可胜纪，而常不减一千五百徒之环足。”[⑤] 这样

① 姚铉编《唐文粹》卷63《潭州大沩山同庆寺大圆禅师碑铭并序》。

② 赞宁：《宋高僧传》卷11《灵佑传》，载《高僧传合集》，上海古籍出版社，1991，第451页。灵佑在武宗废佛前受到达官显贵李景让、裴休的礼重，同庆寺额是由李景让奏请赐予的。宣宗复佛，灵佑又受到故相国崔慎由的礼重。

③ 陶岳：《五代史补》卷3《僧齐己》。

④ 灵佑即终于同庆寺山之右栀子园。赞宁：《宋高僧传》卷11《灵佑传》，第451页。

⑤ 黄滔：《黄御史集》卷5《福州雪峰山故真觉大师碑铭》。

一个大僧团，固然有地方官（先是福州刺史，后来是闽王王审知）支持一些钱物，但主要还是靠僧人生产自给。由此不难推知，义存门下的僧徒开辟了大量的田地山林，为闽侯山区的开发做出了巨大贡献。

禅宗在开发山区的时候，非常注重植树造林，不但发展了经济，也美化和保护了环境。这在前引关于江西疏山和湖南大沩山的内容中已有所体现。下面再引几则史料，以见其概。

江西宜丰黄檗寺，义玄在希运禅师道场，在山上栽松树。黄檗曰："深山里栽许多松作什么?"义玄曰："一与山门作境致，二与后人作标榜。"① 禅僧师徒之间的对话常含机锋，但义玄这段话，倒是很实在地反映了禅僧植树造林的目的：既为美化和保护环境，又为后人树立榜样。②

禅僧注重保护、美化环境的观念和事迹，随处可见。如元和中，智闲禅师建鄂州唐年县净刹寺，"于山前种松二百章，谓之'清凉世界'"③。在下面的两则材料中，禅僧的环境保护观念则有更深刻、透彻的表现。

其一，唐元和间泗州开元寺僧明远的事例。本来"淮泗间地卑，多雨潦，岁有水害"。元和间，为了解决这个问题，开元寺大和尚明远大师"与郡守苏遇等谋于沙湖西隙地创避水僧坊"，"植松、杉、楠、柽、桧一万本，由是僧与民无垫溺患"。④

其二，青原下五世南岳玄泰禅师，五代初居衡山时，尝以衡山植被多被山民斩伐烧畲，为害滋甚，乃作《畲山谣》曰：

> 畲山儿，畲山儿，无所知。年年斫断青山嵋。就中最好衡山色，杉松利斧摧贞枝。灵禽野鹤无因依，白云回避青烟飞。猿猱路绝岩崖出，芝术失根茆草肥。年年斫罢仍再锄，千秋终是难复初。又道今年种不多，来年更斫向阳坡。国家寿岳尚如此，不知此理如之何。⑤

---

① 普济：《五灯会元》卷11《临济义玄禅师》，苏渊雷点校，中华书局，1984，第644页。

② 张弓：《汉唐佛寺文化史》下册，中国社会科学出版社，1997，第1041页。

③ 光绪《湖北通志》卷15《舆地志十五》，1921，第36页。

④ 董诰等编《全唐文》卷678《大唐泗州开元寺临坛律德徐、泗、濠三州僧正明远大师碑铭并序》，上海古籍出版社，1990，第3073页。

⑤ 普济：《五灯会元》卷6《南岳玄泰禅师》，苏渊雷点校，中华书局，1984。

这篇《畲山谣》，揭露了山民在衡山乱砍滥伐造成的严重危害，表现了禅僧对保护环境的高度觉悟，可说是中国古代自觉的环境保护宣言，也表明了唐五代禅宗在开发山区的同时对环境保护和环境美化的高度重视。

有些禅僧还对公共水利工程做出了贡献。唐宪宗元和间，有位名叫坚公的和尚，怀着济物之心、开河之志，在沁河枋口河水险急处，“招樊哙之徒，召五丁之类”，克服了重重困难，堰流作坝，建成广济渠，“溉数百万顷之田”，消除了这一带的水患，确保了受溉田地肥沃丰产，“由是河内之人无饥年之虑”。在公共建设取得成就的基础上，坚公才营造自己的修道场所。他在群峰环抱的大山中找到数顷平地，结茅创立一所兰若，号为“天城山兰若”。①

怀海新规遍行各地后，由于新型禅寺的强劲发展，不少律寺和甲乙寺、子孙寺被改造为禅寺，这是唐末以至宋代禅宗丛林发展的一个新途径。南宋初年，浙江嘉兴法喜寺改为十方丛林，就是这种情况的典型事例。李正民在绍兴年间写的《法喜寺改十方记》② 中记述道：怀海创意别立禅居后，“由是名山胜地，列刹相望，建方外之丛林，萃苾蒭之游处。历时滋久，其流益盛矣”。降及宋代，“圣朝袭前代旧章，为佛法外护，广设度门，崇信般若。凡大迦蓝，辟律为禅者多矣。且著令云：应甲乙寺宇，其待众有罪，听改作十方住持。所以澄汰冗流，肃清海众者也”。大势所趋，加以朝廷政策的引导，就造成了许多大迦蓝辟律为禅的结果。法喜寺历史悠久，“自梁及唐，题榜屡易”，但都属于律寺或教寺，到南宋初也扛不住改律为禅的潮流，终于改为十方丛林了。禅僧接手此类转型的寺院后，无论在寺院建筑方面还是在扩大寺院田产、改善经营、垦辟荒地方面都大有建树，因而这也是唐末以后禅宗开发南方山区的一个新途径。

载郑炳林、樊锦诗、杨富学主编《敦煌佛教与禅宗学术讨论会论文集》，三秦出版社，2007

① 陆心源辑《全唐文·唐文续拾》卷10《沁河枋口广济渠天城山兰若记》，上海古籍出版社，1990，第45页。

② 单庆修、徐硕编《至元嘉禾志》卷23，载曾枣庄、刘琳主编《全宋文》第163册，上海辞书出版社、安徽教育出版社，2006，第12页。

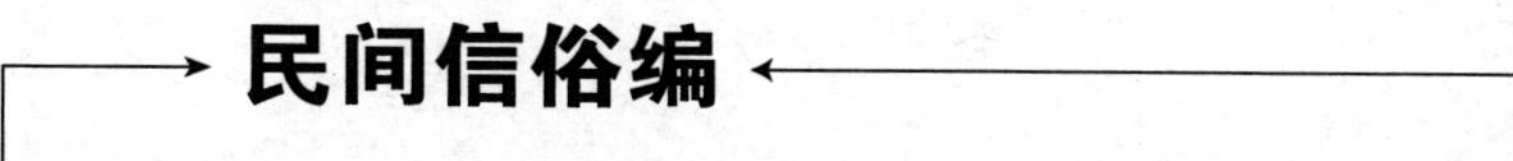

民间信俗编

关于中国民间信仰几个问题的思考

林国平

民间信仰自古以来不为政府所承认，经常处于受官方压制、打击甚至被禁止的境地。在古代，民间信仰被视为“淫祀”。《礼记·曲礼》云：“非其所祭而祭之，名曰淫祀。”① 那么何谓“非其所祭而祭之”？《汉书·郊祀志上》认为，天子以至庶人的祭祀，都有相应的典礼制度，不合典礼的各类祭祀，即为应当禁止的淫祀，所谓“各有典礼，而淫祀有禁”。② 直至今日，民间信仰的处境虽有所改善，但仍然未明确列入相关法律的保护范围。还有一些人把民间信仰视为洪水猛兽，甚至把“民间信仰”与“封建迷信”画上等号，恨不得一夜之间把民间信仰清除出历史舞台。更多的人，包括宗教工作管理人员，虽然也有加强民间信仰管理的愿望，但在具体的工作中，由于对民间信仰知识缺乏必要的了解，不知从何下手。因此，有必要对中国民间信仰的一些理论和现实问题进行探讨。

一　民间信仰的定义和主要特征

民间信仰这一概念，源于 19 世纪末的欧洲。荷兰籍汉学家德格如特在《中国宗教体系》（1892）中最早提出这一概念，1897 年由日本学者姉崎正治介绍到亚洲，并于 20 世纪初传入中国。然而，在相当长时期内，民间信仰在中国一直是比较敏感的话题，一些权威的辞典在这方面采取了回避的态度，如

① 孙希旦：《礼记集解》上卷六《曲礼》，中华书局，1989，第 152~153 页。

② 班固：《汉书·郊祀志上》，中华书局，1962，第 1194 页。

《宗教百科全书》《中国大百科全书》《宗教大辞典》《宗教词典》《宗教工作手册》《中国神秘文化辞典》《中国各民族宗教与神话大词典》等大型工具书中都无民间信仰词条。笔者仅在《辞海》（1989、1999彩图珍藏本）、《中国民间信仰风俗辞典》和《中国原始宗教百科全书》等不多的辞典中找到了相关的词条。不过，近年来，学术界则围绕民间信仰展开热烈的讨论[①]，有关“民间信仰”的定义也众说纷纭，不下20种，归纳起来，大致有三种观点。

第一种观点，认为民间信仰不是宗教，而是一种信仰形态。此说以1989、1999彩图珍藏本《辞海》为代表。《辞海》“民间信仰”条：

> 民间流行的对某种精神观念、某种有形物体信奉敬仰的心理和行为。包括民间普遍的俗信以至一般的迷信。它不像宗教信仰有明确的传人、严格的教义、严密的组织等，也不像宗教信仰更多地强调自我修行，它的思想基础主要是万物有灵论，故信奉的对象较为庞杂，所体现的主要是唯心主义，但也含有唯物主义和科学的成分，特别是民间流行的天地日月等自然信仰。[②]

宋兆麟、乌丙安、贾二强、赵匡为、王健、姜义镇、樱井德太郎、掘一郎等也持类似的观点。[③] 此说强调民间信仰的自发性和民俗性，否定其宗教的本质属性。

---

① 王健：《近年来民间信仰问题研究的回顾与思考：社会史角度的考察》，《史学月刊》2005年第1期。

② 夏征农主编《辞海》，上海辞书出版社，1989，第5120页。

③ 王景琳、徐匋主编《中国民间信仰风俗辞典》“民间信仰”条：“民间存在的对某种精神体、某种宗教等信奉和尊重。它包括原始宗教在民间的传承、人为宗教在民间的渗透、民间普遍的俗信以及一般的迷信。”（中国文联出版公司，1997，第11页）宋兆麟：“民俗信仰又称民间信仰，是在长期的历史发展过程中，在民众中自发产生的一套神灵崇拜观念、行为和相应的仪式制度。”（钟敬文主编《民俗学概论》，上海文艺出版社，1998，第187页）乌丙安：中国的民间信仰是“多民族的‘万灵崇拜’与‘多神崇拜’”（《中国民间信仰》，上海人民出版社，1996，第4页）。贾二强：“所谓民间信仰，是相对于正式的宗教或得到官方认定的某些信仰，在一定时期广泛流传于民间或者说为多数社会下层民众崇信的某些观念。”他认为：“中国民间传统的神鬼观是民间信仰的基本内容。”（《唐宋民间信仰》，福建人民出版社，2003，第1~5页）赵匡为说：“何谓民间信仰？其含意十分宽泛，它是相对传统宗教和占有社会主导地位的宗教而言的一种 （转下页注）

第二种观点，认为民间信仰本质上是宗教。此说以台湾学者李亦园为代表，他把民间信仰称为“普化宗教”（diffused religion）：

> 所谓普化宗教又称为扩散的宗教，亦即其信仰、仪式及宗教活动都与日常生活密切混合，而扩散为日常生活的一部分，所以其教义也常与日常生活相结合，也就缺少有系统化的经典，更没有具体组织的教会系统。①

金泽、王铭铭、渡边欣雄等也持这一观点。② 此说强调民间信仰的本

（接上页注③）群众性的信仰现象。主要是指多民族、多宗教的国家中，那些存在于民间又不同于传统宗教信仰的一切其他信仰现象，有的有相对较固定的组织，表现为人们的一种较鲜明色彩的习俗，而被某一民族、某一群体或某一地区的相当多数群众所信仰和遵从。”（《新世纪中国的民间信仰问题探析》，《福建宗教》2004 年第 3 期）王健认为：“所谓民间信仰就是指与制度化宗教相比，没有系统的仪式、经典、组织与领导，以草根性为其基本特征，同时又有着内在体系性与自身运作逻辑的一种信仰形态。”（《近年来民间信仰问题研究的回顾与思考：社会史角度的考察》，《史学月刊》2005 年第 1 期）台湾学者姜义镇认为：“中国的民间信仰，从古代的自然崇拜、庶物崇拜、灵魂崇拜等原始宗教到后代的道教和通俗佛教等多神教都包括在内，也受到儒家思想的影响。这些宗教和思想累积混合以后，就构成了巨大民间信仰体系。”（《台湾的民间信仰》，武陵出版社，2001，第 3 页）日本学者樱井德太郎认为：“不属于宗教领域，而产生和成长于一般民众之间的日常性的庶民信仰。”（〔日〕宫家准：《宗教民俗学》，东京大学出版会，1995，第 5 页）日本学者掘一郎：“民间信仰是由古代的、非宗教性的自然宗教的遗留和继承现象，和正式宗教的调和而成的复合性的信仰形态”（〔日〕宫家准：《宗教民俗学》，东京大学出版会，1995，第 5 页）。

① 李亦园：《文化的图像》下卷，台湾允晨文化实业股份有限公司，1992，第 180 页。

② 金泽认为“中国民间信仰是深植于中国老百姓当中的宗教信仰及其宗教的行为表现”（《中国民间信仰》，浙江教育出版社，1995，第 1 页）。王铭铭称民间信仰为“民间宗教”，认为民间宗教“指的是流行在中国一般民众尤其是农民中间的（1）神、祖先、鬼的信仰；（2）庙祭、年度祭祀和生命周期仪式；（3）血缘性的家族和地域性庙宇的仪式组织；（4）世界观（worldviews）和宇宙观（cosmology）的象征体系”（《社会人类学与中国研究》，生活·读书·新知三联书店，1997，第 156 页）。日本学者渡边欣雄称民间信仰为“民俗宗教”，认为：“乃是沿着人们的生活脉络来编成，并被利用于生活之中的宗教，它服务于生活总体的目的。……所谓民俗宗教构成了人们的惯例行为和生活信条，而不是基于教祖的教导，也没有教理、教典和教义的规定。其组织不是具有单一的宗教目的的团体，而是以家庭、宗族、亲族和地域社会等既存的生活组织为母本才形成的；其信条根据生活禁忌、传说、神话等上述共同体所共有的规范、观念而形成并得到维持。民俗宗教乃是通过上述组织而得以传承和创造的极具地方性和乡土性的宗教”（《汉族的民俗宗教：社会人类学的研究》，天津人民出版社，1998，第 3、18 页）。

质属性，同时充分注意到民间信仰与其他宗教、民间宗教的区别和联系。

第三种观点，认为对民间信仰的界定不必太精确，相反，模糊一点还更有利于研究的进行。此说以叶涛为代表。2005 年 5 月他在由山东大学历史文化学院主办的“民间信仰与中国社会研究”学术研讨会上说：

> 我想如何界定民间信仰，如何认识它与儒释道的互动关系，有一个偷懒的做法，就是正统宗教以外的都是可以拿进来，包括民间宗教、秘密教门、老百姓的习俗等。模糊一点比精确一点好，因为无法精确，水至清则无鱼。①

上述学者从历史学、宗教学、人类学、社会学、民俗学的角度对民间信仰进行定义，有不少精辟见解。笔者认为，民间信仰确实具有一般宗教的内在特征，即信仰某种或某些超自然的力量，但又不同于一般宗教。它不是以彼岸世界的幸福而是以现实利益为基本要求。民间信仰也有祭祀仪式、活动场所、禁忌等宗教元素，但又没有完备的教义、教规、戒律、教阶制度、教团组织等一般宗教的外在特征。因此，无论是主张民间信仰是信仰形态还是主张民间信仰是宗教形态，均有不够周密的地方。笔者认为，民间信仰介于一般宗教和一般信仰形态之间，权且称民间信仰为“准宗教”也许比较准确些。民间信仰是指信仰并崇拜某种或某些超自然力量（以万物有灵为基础，以鬼神信仰为主体），以祈福禳灾等现实利益为基本要求，自发在民间流传的、非制度化、非组织化的准宗教。

关于民间信仰的特点，学界也做了不少的研究。如乌丙安认为其主要特点是多样性、多功利性和多神秘性。② 贾二强又在乌丙安的基础上增加了自发性、多变性。③ 郑立勇认为，中国的民间信仰具有群众性、低层次

---

① 陈进国认同此说，认为：“不能用静止的眼光来看中国的民间信仰问题，而是应用动态的、辩证的眼光来看。特别是考虑到中国历史上的民间信仰与其他制度化的宗教形态有着非常密切的互动关系，目前很难给民间信仰一个精确的界定，最好还是采取模糊一点、宽泛点的办法。……这种相对模糊的界定办法也许更能开阔我们的研究视野。”（路遥等：《民间信仰与中国社会研究的若干学术视角》，《山东社会科学》2006 年第 5 期）

② 乌丙安：《中国民间信仰》，上海人民出版社，1996，第 4 页。

③ 贾二强：《唐宋民间信仰》，福建人民出版社，2003，第 1～5 页。

性、功利性、民俗性、海外性诸特点。[①] 金泽认为民间信仰具有五个特点：①属于“潜文化”或“隐文化”的范畴，它的基本信众是生活在社会下层的老百姓；②它的神祇十分庞杂；③它与原始的氏族宗教有着千丝万缕的联系；④不是“正统”的宗教，也不同于活跃于明清时代的民间宗教；⑤禁忌（“讲究”或“避讳”）特别多，与此相关的禳解之法也是任何一种“正统”宗教所无法比拟的。[②]

对于民间信仰特点的认识，有利于从整体上把握民间信仰的实质。笔者认为，民间信仰具有十大特征。

一是自发性。民间信仰可以追溯到原始社会的自然崇拜、鬼魂崇拜等。自古以来，民间信仰没有得到官方承认，被历代统治者视为“淫祀”，一直处在自生自灭的状态中。

二是功利性。百姓信仰某种超自然力量，主要不是为了寻求精神或灵魂的解脱，也不是为了解决人生的终极关怀，而是出于功利性的现实利益要求，希冀通过祈求神灵的保佑，来达到祈福禳灾的目的，“有灵必求”和“有应必酬”是民间信仰的普遍心态。

三是任意性。民间信仰在神灵的塑造上，带有很大的任意性，需要什么就创造什么，并没有一定的规则。一句话，只要需要，可以把任何人物、事物塑造为崇拜的偶像。民间信仰的祭祀祈禳方式也是五花八门，带有很大的任意性。

四是庞杂性。在一般信徒看来，多一个神灵就多一层保护，神灵越多就可以得到越多的保佑。民间信仰有自然崇拜、图腾崇拜、祖先崇拜、鬼魂崇拜、行业祖师崇拜、功臣圣贤崇拜、医药神崇拜、道教佛教俗神崇拜、天神地祇崇拜等，充斥着天上、人间、地府，构成了十分庞杂的神鬼体系。

五是融合性。民间信仰与一般的宗教不同，不具有排他性。在大多数信众的观念中，神灵不分彼此亲疏，只要“灵验”，尽管烧香磕头便是。不同宗教教派的神灵被供奉在同一处民间信仰的活动场所中，共享百姓香

① 郑立勇：《关于民间信仰特性的几点思考》，《福建省社会主义学院学报》1999年第4期。

② 金泽：《中国民间信仰》，浙江教育出版社，1995，第1~6页。

火的现象相当普遍。

六是民俗性。民间信仰经常与民俗活动结合在一起，特别是经常与岁时节庆的民俗活动融为一体。许多村庄的男女老少几乎都参与游神或祭祀神灵活动，分不清哪些是民俗活动，哪些是民间信仰活动。所以在新编的《民俗志》中，经常可以见到民间信仰的内容。

七是区域性。由于受到自然环境、经济生活、社会历史等影响，中国民间信仰具有强烈的区域性特征，沿海、平原、山区、草原的民间信仰各不相同，形态各异。这种区域性特征，大到一个地区，小到一个县、一个乡镇甚至一个自然村，民间信仰都存在明显的差异性。

八是民族性。中国是多民族的国家，不同的民族拥有符合各自民族文化特色的民间信仰，少数民族的民间信仰种类之多，恐怕不亚于汉族。

九是草根性。民间信仰的信众主要是下层百姓，农村的信仰者占多数，其中老人、妇女更是民间信仰的主力军。

十是顽强性。民间信仰起源于原始社会，经历了不同社会形态的洗礼，也经历了各种各样的政治磨难，至今仍然在民间顽强地生存下来，并得到广大民众的崇信，用“野火烧不尽，春风吹又生”来形容民间信仰的顽强生命力，恐不为过。

二　应该如何看待民间信仰

民间信仰具有悠久的历史，是历史的产物，但它绝不是逝去的历史，而是一种活态的、具有顽强生命力和广泛影响的文化。有人说：“中国的民间信仰是一片汪洋大海。千百年间，极其庞大而又不断扩充的神灵队伍驻守在遍布村镇城乡的各色神庙，深入到各行各业、千家万户，普通百姓时时与‘有形’的神灵同在，也与‘无形’的神秘力量同在，对它们的崇信渗透到风俗、习惯、礼仪、禁忌当中，影响到社会生活的方方面面。”① 我们以福建省为例，看看民间信仰的影响到底有多大。据 2003 年调查结果，福建省民间信仰活动场所数以十万计，面积 10 平方米以上的民间信仰

① 辛之声：《中国民间信仰事象随想》，《中国民族报》2006 年 5 月 23 日。

活动场所共有26130座，其中10~100平方米的有8962座，500平方米以上的有1032座；10平方米以下的民间信仰活动场所估计超过10万座。在福建农村，每个村子都有宫庙，不少村子有几座甚至几十座宫庙。近年来，城市的宫庙数量增长较快。福建省民族宗教厅的人士表示，不仅中华人民共和国成立初期已有的宫庙大部分得到恢复，还有不少近年新建的宫庙，整体数量远远超过现有的五大宗教。

对于影响如此广泛的民间信仰，我们应该如何看待它？

首先，从“大宗教观”看，应该把民间信仰纳入宗教信仰自由的保护范围。笔者认为，民间信仰是“准宗教”，它虽然与一般的宗教有些差别[①]，但本质上是宗教。所以，民间信仰也应该受到法律的保护。因此，我们必须更新观念，纠正长期以来形成的两个错误认识：一是用西方的宗教概念来界定中国的宗教信仰，结果把具有浓厚中国文化特色的民间信仰排除在宗教的范畴之外；二是混淆宗教信仰与封建迷信的关系，特别是经常把民间信仰与封建迷信等同起来，甚至加以取缔。我们应该汲取惨痛的历史教训，充分尊重中国宗教信仰的特色，从法律的层面给民间信仰提供生存和发展的空间，全面落实宗教信仰自由的政策。这既是广大信众的迫切愿望，也符合中国法制化的历史进程。

其次，从多元信仰的角度看，民间信仰是宗教文化生态系统中不可或缺的重要部分。中国是一个多宗教的国家，不同宗教信仰的相互依存构成特有的生态文化系统，影响着不同的信众。在这种宗教信仰文化生态系统中，民间信仰以其简易、通俗的特色，吸引着众多的信众，对民间社会产生了不可低估的影响，发挥了其他宗教信仰无法取代的社会历史作用。因此，民间信仰是宗教信仰生态文化系统的重要组成部分。如果禁止民间信仰，人为地破坏这种固有的宗教信仰生态文化系统，就有可能导致某些真正的邪教乘虚而入，从而产生更严重的社会问题。

---

① 乌丙安曾对民间信仰与宗教进行过全面的比较，认为民间信仰表现出十大“没有”，即民间信仰没有像宗教那样固定的组织机构、没有特定的至高无上的崇拜对象、没有创教祖师等最高权威、没有形成任何宗派、没有形成完整的伦理的哲学的体系、没有专司神职教职的执事人员队伍、没有规约或戒律、没有特定的法衣法器仪仗仪礼、没有进行活动的固定场所、没有宗教信徒那样的自觉的宗教意识（《中国民俗学》，辽宁大学出版社，1985，第242~245页）。

最后，从传统文化的构成看，民间信仰属于俗文化，是传统文化的重要方面。张新鹰教授对民间宗教信仰与传统文化的关系有过精辟的分析。他认为："真正形象地、彻底地表明了儒、道、释三家殊途同归的历史走向，造成了三家在理论和实践上的全面合流的，是下层民众出于现实的宗教抚慰需求而逐渐确立起来的民间宗教信仰。……站在这个角度上，民间宗教不是被'正统'宗教所指斥的'邪门歪道'，也不是被上流社会所蔑视的低俗迷信，而是在不断吸收、改造其他观念形态过程中愈加宏富的中国传统文化体系'普化'于下层民间的缩影。儒家的道德信条、道教的修炼方技、佛教的果报思想，在民间宗教那里有机地结合在一起。中国传统文化不但通过别处，也通过民间宗教，展示了它'海纳百川''有容乃大'的品格。"① 张先生这段论述的主要内容是民间宗教的文化价值。笔者认为，民间信仰又何尝不是如此，甚至有过之而无不及。传统文化的传承主要依赖三种方式，一是文字的记载，二是口头传承，三是习俗包括民间宗教信仰的传承。民间信仰的重要特点之一就是具有浓厚的民俗性，因此也就具有相对的稳定性。中国传统文化的许多内容在文献中没有记载或语焉不详，但在民间信仰中却得到比较完整的保存。如果我们因为民间信仰中有一些"封建迷信"的糟粕，而不加区别地禁止，就有可能连民间信仰中的精华也一并抛弃，造成不可挽回的损失。

三　民间信仰在和谐社会构建过程中的价值

在现阶段，民间信仰有着相当深厚的社会基础和广泛的群众基础。第一，科学技术还不能穷尽大自然和社会的一切奥秘。第二，百姓的思想觉悟和科学文化水平总体上还远未达到消除宗教信仰的程度。第三，民间信仰与各民族特别是少数民族的民俗活动融为一体。因此，民间信仰将在社会中长期存在。历史经验告诉我们，民间信仰作为一种特殊的意识形态，不能通过政治的、强制的手段来取缔，而只能通过长期的引导，使之与社会相适应。民间信仰中包含着传统文化的精华和封建迷信的糟粕，对社会

① 张新鹰：《台湾"新兴民间宗教"存在意义片论》，《世界宗教文化》1996 年第 3 期。

既有正面的、积极的作用，也有负面的、消极的因素。因此，对于民间信仰在当今社会中的作用，必须要有正确的判断。我们只有对民间信仰加以引导，继承和发扬其积极、向上、健康的内容和形式，淡化和摒弃其消极、不健康的内容和形式，注入时代的气息，才能使之更好地为建构和谐社会服务。

那么，民间信仰在构建和谐社会过程中的价值何在？

首先，民间信仰与其他宗教一样具有社会教化的职能，发挥着宣传中国传统伦理道德的作用。民间信仰虽然没有系统的宗教理论和严密的组织，但却有着融合儒道释三教的内容丰富的宗教道德，以儒家的忠孝为主，兼收并蓄佛教的因果轮回、道教的承负报应等宗教伦理，并且加以渲染，对百姓的教化作用不可低估。一方面，民间信仰宣传忠孝节义、积善积德、安分守己、和睦相处、和气生财、不要倚势欺人等，无疑有利于社会稳定。这些道德说教非常通俗易懂，经常以百姓身边发生的故事甚至传说故事的形式出现，很容易得到百姓的共鸣，深入民心。另一方面，民间信仰中所供奉的神灵大多是历史上的忠良义士、民族英雄、爱国将领、功臣圣贤、仁人志士，还有一些扶危济困、热心公益事业的历史人物或神话传说人物，这些神灵的高尚道德情操，往往被编成生动的神话传说，教育着一代又一代信仰者，对百姓的思想起着潜移默化的作用，可以在构建和谐社会过程中发挥积极作用。

其次，民间信仰具有整合乡族力量、融洽乡里、维系社区秩序的作用。前面谈过，民间信仰具有强烈的区域性特征。在福建广大农村，民间宫庙有的为某一村社或数个村社所有，有的为某一家族所有。在庙宇所在的地域范围内，有共同的祭祀组织和活动，有的还有共有的庙产。庙宇所在的地域范围内的所有成员都有义务对宫庙的修建、宫庙的正常运转做出贡献，同时也有权利参与宫庙的各种活动。共同的神灵崇拜和祭祀活动，有效地把分散的乡族力量整合起来，形成了祭祀共同体。一旦形成祭祀共同体，村社成员的命运往往就被一条无形的纽带联系在一起，宫庙就是这条纽带的中心。宫庙也通过各种宗教活动来密切村社成员之间的关系，增进村社成员之间的团结，化解各种矛盾，维系村社的安定秩序。许多宫庙设有董事会或管委会等机构，对宫庙进行管理。由于董事会或管委会基本上是由在地方有威信的社会贤达组成，往往能得到所在地域民众的信赖。宫庙虽然不是行政组织，但经常成为处理争端、维系村社秩序的场所，发挥着政府基层组织所不能取代的作用。在构建和谐社会过程中，应该充分发挥宫庙的这种作用。当然，庙际之间有时也会发生矛盾，甚至村社之间也会发生械斗，但毕竟不常见，是支流。

再次，民间信仰参与社会公益和慈善事业，有利于社会风气的改善和社会矛盾的缓解。笔者在福建调研时发现，随着宫庙修建工程的完成，一些经济实力比较雄厚的宫庙，开始热心参与社会公益和慈善事业，或资助贫困学生，或扶贫济困，或赠药义诊，或修桥铺路，做了不少善事。如泉州花桥宫 120 多年来赠药义诊从不间断，受到百姓的高度赞扬。近年来，漳州龙海市民间信仰宫庙捐献给社会慈善公益事业的资金就超过千万元。晋江的镇海宫、宝泉庵，同安池王庙，龙海扶瑶关帝庙，芗城西街王爷庙，诏安县四都镇马城村开山圣侯庙等都捐助几十万甚至上百万元，用于社会福利和慈善事业。有的宫庙虽然经济不宽裕，但也热心于社会公益和慈善事业。只要政府有关部门加以引导，有关媒体适度宣传，这方面的潜力很大。这对于缓解社会矛盾、建构和谐社会也是有积极作用的。

最后，民间信仰起着联系台胞、侨胞的桥梁和纽带作用。由于台湾的民间信仰多由福建、广东传入，改革开放以后，真正在海峡两岸起到“破冰”作用的是民间信仰，其中妈祖信仰发挥着不可磨灭的历史作用。所谓“官不通民通，民不通以妈祖先行”是当时两岸民间往来的真实写照。据统计，1987~2002 年，台湾直航湄洲进香的船只有 1400 多艘，信徒 50000 多人次；1984~2000 年，到湄洲进香的台湾妈祖庙共有 1275 座次；1986~2004 年，台湾同胞到湄洲进香者达 1278000 人次。在妈祖信仰的推动下，闽台宗教文化的交流非常频繁，其中最活跃的还是民间信仰，诸如观音信仰的祖庙晋江龙山寺，保生大帝的祖庙白礁慈济宫、青礁慈济宫，关帝的祖庙泉州关帝庙、东山关帝庙，清水祖师的祖庙安溪清水岩，开漳圣王的祖庙漳州的北庙、漳浦的西庙和云霄的威惠庙，临水夫人的祖庙古田临水宫、福州临水宫，王爷信仰的祖庙泉州富美宫，广泽尊王的祖庙南安凤山寺，田公元帅的祖庙南安坑口宫、莆田城厢瑞云庙，法主公祖庙德化石牛山、永春石壶寺等，玄天上帝的祖庙泉州法石庙等，城隍信仰的祖庙石狮永宁城隍、安溪城隍庙、福州城隍祖庙等，均成为台湾信众进香谒祖的圣地。[①] 台湾学者张珣认为："这项由台湾妈祖信徒自发的宗教交流活动，表现出台湾与大陆，原本一家的至亲关系，成为两岸宗教交流最密切和固定的活动模式。"[②] "'湄洲进香'因此不只是表面的往湄洲一地，向'妈祖'瞻礼，而更可说台湾汉人对祖先所来自的乡土及文化的回归与瞻仰。"[③] 闽台民间信仰作为中国传统文化的重要组成部分，超越时空，为两岸同胞所认同。共同民间信仰的进一步升华，就会发展为文化的认同，而文化的认同则是中国走向最终统一的重要基础。

原载《民俗研究》2007 年第 1 期

---

① 林国平：《闽台宫庙间的分灵、进香、巡游及其文化意义》，《世界宗教研究》2002 年第 3 期；林国平：《闽台民间信仰与两岸关系的互动》，《江西师范大学学报》（哲学社会科学版）2003 年第 4 期。

② 张珣：《湄洲妈祖权威的理论反省》，《两岸文化交流简讯》1997 年 7 月 1 日。

③ 张珣：《分香与进香：妈祖信仰与人群整合》，《思与言》1995 年第 33 卷第 4 期。

灵签兆象之研究

林国平

所谓灵签兆象，是指签诗所蕴含的征兆或迹象。诗歌原来是一种高雅的文学形式，当诗歌中所描写的物象或意境被作为传达事情发生前的征兆或迹象的信息载体，并用于占卜吉凶祸福活动时，诗歌就演变为签诗了。对于占卜者来说，签诗艺术性的高低无关紧要，他们关心的是签诗包含的兆象是吉还是凶。从符号学的角度看，签诗兆象是一种人工符号，也包含着符号学上的所谓“能指”和“所指”两部分。签诗中所描写的物象或意境就是“能指”，而这些物象或意境所预示的征兆或迹象就是“所指”。从诗歌的“能指”转化为签诗的“所指”，有神论和宿命论是其桥梁和动力。抽签者大多相信有超自然的力量存在，相信任何事情发生前都有与之相应的征兆或迹象，签诗就是这些征兆或迹象的信息载体，通过虔诚地占卜灵签，用心揣测灵签中的兆象，就有可能窥视“天机”，趋吉避灾。[①]

一　灵签兆象的主要形式

灵签的种类繁多，仅笔者搜集到的签谱就有近千套。体现在灵签中的兆象更是千奇百怪，十分复杂，大致可以归结为原初兆象、扩展兆象和定性兆象三种形式。

---

① 关于灵签的渊源、流变、在海内外的影响等，参见林国平《〈道藏〉中的籤谱考释》，《福建论坛》（人文社会科学版）2005 年第 12 期；《灵籤渊源考》，《东南学术》2006 年第 2 期；《论灵籤的产生与演变》，《世界宗教研究》2006 年第 4 期；《签谱在海外的传播和影响》，《海交史研究》2006 年第 1 期。

（一）原初兆象

原初兆象是指与签诗同时产生的每首签诗固有的最初形态的兆象。无论签诗的制作者是否有意去编造灵签兆象，抽签者都会把签诗所描写的种种物象视为兆象。由于原初兆象包含在诗句中，它与扩展兆象、定性兆象相比，比较朦胧，不容易判断。如福建福安市下白石林公忠平王宫签谱第三首：

长长短短短长长，吉吉凶凶凶吉吉。
下下高高高下下，来来去去去变亭。

此签诗简直是一种文字游戏，尽管“来来去去”读了好多遍，但还是怎么也弄不明白其中的奥秘。又如福建漳浦县三王公庙签谱的第三首：

卯木原属震，方位是正东。
戌来成六合，壬癸贵人宫。

此签诗将天干地支、易经的卦象以及方位、十二宫等合为一体，也很难看出其主兆象是什么。又如“诸葛 384 灵签”第六首曰：

非玄非奥，非浅非深。
一个妙道，着意搜寻。

此签诗很像禅语，给人以高深莫测的感觉，尽管“着意搜寻”了，其兆象也未必能找到。再如香港新界青松观吕祖灵签第五十九首：

去的去，来的来。
东南一方，自迩遂依。
切莫又猜疑。

第六十首：

> 苦而甘，甘而苦。
> 一子一午，送喜不送忧。
> 也要自栽生。

相信大多数人读了上述二首签诗，会如堕五里雾中，不能不产生种种“猜疑”，确实分不清是“甘”还是“苦”。类似的例子可以举出很多。

通常，一首签诗描写的物象是一种，所以其包含的原初兆象也只有一种。但也有相当多签诗描写的物象不止一种，其所包含的原初兆象也就有多种。以香港青山古寺斗姥签为例，如第五首：

> 暖风和气艳阳天，桃李芬菲柳自妍。
> 更放一舟随绿水，满船风月乐安然。

这首签诗描写的物象有和煦的春风，有艳阳天，有桃李芬菲，有柳叶青青，还有一叶扁舟在绿波荡漾的江湖中悠然自得地漂流。从占卜的角度看，这些物象有可能共同构成一种兆象，但也有可能各自传达某种兆象。再如第二十八首：

> 鹏程西风志欲坚，扶摇直上九重天。
> 沙溪雁叫芦花白，明月沧江下钓船。

这首签诗至少描写了五种物象，一是大鹏鸟乘风扶摇直上九重天；二是沙溪旁一片白茫茫的芦花；三是一群大雁从沙溪上空飞过，发出鸣叫声；四是一轮明月高挂在天空；五是沧江中有只垂钓的小船。这些物象是共同构成一种兆象还是各有所主？在诸多的兆象中，哪一种是主兆象（或称中心兆象）？哪一种（或几种）是辅兆象（或称关联兆象）？主兆象与辅兆象之间是什么关系？诸如此类的问题，都不容易判断。类似的例子随处可见，在签诗中带有某种普遍性。

有一部分签诗是以典故或传奇故事、历史演义故事、神话传说等作为原初兆象，常见的形式有两种，一种是在诗句中描写故事情节，有时还点明主人翁。如长汀县城隍庙签末首：

> 周郎用计假招亲，要害刘备命归阴。
> 幸得孔明巧施计，龙凤妙配假成真。

此签诗的诗句比较通俗明白，源于《三国演义》中刘备东吴招亲的故事，大多数人都知道其故事梗概。另一种以典故或传奇故事、历史演义故事、神话传说等作为原初兆象的签诗却不那么直白，甚至相当隐晦。如同样是以刘备东吴招亲的故事为原初兆象，福州东岳庙的签谱第十首这样描写：

> 栋梁材栋梁，大器非寻常。
> 栽培需雨露，龙凤巧姻缘。

就总体而言，其原初兆象比较隐晦，不容易看清楚，特别是在主兆象与辅兆象并存的签诗中，更不容易分辨。所以，有些签谱用一定的文字点明原初兆象中的主兆象，如在民间流传很广的观世音灵签（100首）、玄天上帝签谱、八卦六十四灵签以及福州盖山八部元帅庙签谱、安溪威镇庙广泽尊王签谱等均属于此种类型。

（二）扩展兆象

扩展兆象是指对灵签的原初兆象加以扩展，使之更加明晰的兆象。前面说过，原初兆象比较朦胧，一般人不容易看清其中的奥妙。因此，后世的宗教家或文人特意对某些签谱进行再加工，在原初兆象的基础上增加一些新的兆象，以帮助人们更好地理解原初兆象。当然，也有些签谱自产生以来一直保留着原貌，并没有对原初兆象进行任何扩展。所以，与原初兆象不同，只有部分签谱具备扩展兆象。灵签产生后，一直沿着世俗化和简易化的方向演化，所以，灵签扩展兆象的形式很多，常见的有以下几种。

1. 增加若干组诗歌作为扩展兆象

通常，一首灵签只有一首诗歌，但也有一首灵签由多组诗歌构成的情况。其中，有的诗歌是传达原初兆象的，有的则属于扩展兆象。以香港新界青松观吕祖灵签为例，该签谱的每签有三组甚至四组诗歌，第一组诗歌传达原初兆象，第二、第三、第四组诗歌描写的是扩展兆象。如第二十签由三组诗歌组成，第一组诗歌：

猪鼠相合，卯酉相同。
满船满载，载载不空。
得心应手，只在三四五成功。

第二组诗歌：

欲行还又止，徘徊不已时。
动摇莫强求，得止宜且止。

第三组诗歌：

寅午戌年多阻滞，亥子丑月渐亨通。
更逢玉兔金鸡会，枯木逢春自放花。

一般说来，第一组签诗所传达的原初兆象比较朦胧，而传达扩展兆象的其他各组签诗所描写的物象相对来说比较清晰。

2. 借用《易经》卦象作为扩展兆象

《易经》卦象也是一种人工符号系统，与灵签兆象的符号系统有某种相通之处，所以，《易经》经常被宗教家借用，作为灵签扩展兆象的重要材料。在民间流传的签谱中，《易经》卦象的影子随处可见，有的签诗与卦象的结合相当密切。福建晋江青阳《顺正大王签谱》和台湾台北黄帝神宫的《黄帝归藏易占》均为六十四首，在每首签诗之前，均有卦名或卦象。《顺正大王签谱》在每首签诗之后增设有“卦德”一项，对卦象作进一步解释。如首签的“卦德”对“乾”卦有这样的解释：“乾者，健也，纯阳之象，刚强之义。此百阳之卦，千命之学，行健而用刚道也。修健之道如御龙也，变化不测，各随其时，能隐能显，能上能下，能大能小，见群龙无首者吉。”在理解原初兆象时，应该结合《易经》卦象。易言之，扩展兆象与原初兆象的关系相当密切。

3. 借用五行作为扩展兆象

五行学说产生于周代，是一种朴素的唯物主义思想。后世术数家利用五行特性、五行生克的关系，并进一步编造出五行相侮、五行旺相休囚死等来推算人生休咎。术数家认为，五行的特性各自不同，“木”有生发、条达的特性，“火”有炎热、向上的特性，“土”有长养、化育的特性，“金”有清静、收杀的特性，“水”有寒冷、向下的特性。术数家采取取象比类的办法，把自然界中具有相同或相似属性的事物或现象分别归纳到五行之中。一些签谱借用五行学说扩展兆象，如澳门妈祖阁签谱一百首（缺第27、28首），加上顶魁、亚魁、都魁，共一百零一首，每首都标明此签在五行中属于哪一行。从其排列的先后次序看，没有什么规律，带有明显的随意性。

4. 借用天干地支作为扩展兆象

天干地支最初用来纪年，后来又被古人用来纪月日。天干地支取义于树木，术数家把它与阴阳学说相附会，所谓“干”犹如树干，属于阳，象征刚强；“支”犹如树枝，象征柔弱，属于阴。他们还认为每种具体的天干地支都有自己的特性，如“甲”象征草木破土而萌，阳在内而被阴包裹之状；“乙”象征草木初生，枝叶柔软屈曲之状，等等。在民间流传的签谱中，把天干地支作为扩展兆象者占有相当大的比例，特别是数量为六十首的签谱更普遍与六十甲子相联系。不仅如此，一些签谱还把六十甲子纳音取象作为扩展兆象。所谓六十甲子纳音取象是以六十甲子分属五行，再按阴阳、盛衰、轻重，分别取物以象之。福建云霄县碧湖岩、平和县大溪镇灵通岩所使用的是六十首的观音签谱，就是把六十甲子纳音取象，作为扩展兆象。

5. 借用十二宫作为扩展兆象

十二宫原是天文学上的名词，指太阳与月亮沿黄道运行一周，每年会合十二次，每次会合于一定的部位。天文学家将黄道周天三百六十度划分为十二段，每段三十度，故称十二宫。后世术数家把人的一生分为绝、胎、养、长生、沐浴、冠带、临官、帝旺、衰、病、死、墓等十二阶段，分别与十二宫配合，并进而与五行、干支等相联系，以此来推测人生的吉凶祸福。

在民间流传的签谱中，少数签谱把十二宫作为扩展兆象，如流传最广的《观世音灵签（100首）》就以十二宫为扩展兆象，其排列顺序是有一定规律可循的：一是前五十首签诗和后五十首各与十二宫搭配一个轮次；二是各宫名出现的总次数比较平均，除卯宫出现 11 次外，其余都在 7~9 次；三是各宫名的出现不是插花式的，而是连续出现 3~5 次。《观世音100灵签精解》还专门列有条目对十二宫所传达的实际含义的详细解释，每一宫分家宅、自身、求财、交易、婚姻、六甲、行人、田蚕、六畜、寻人、公讼、移徙、失物、疾病、山坟等项目，各有签诗一首，共一百八十首，实际上与分类签诗完全相同。

6. 借用典故等作为扩展兆象

历史故事、传奇故事、历史演义故事、神话传说、戏剧故事、宗教故事、民间故事等不但被作为灵签的原初兆象，而且被更广泛地作为扩展兆象。在《正统道藏》收入的签谱中，还没有发现以典故等作为扩展兆象的例子，说明这种现象大概出现在明代中期之后。当时，随着资本主义萌芽的出现，市民文学勃兴，小说、戏剧等文学创作非常繁荣，相关作品在民间广为流传。为了吸引更多的信仰者，同时也为了使灵签更加通俗，一些灵签的制作者或庙祝开始把百姓熟悉的和喜闻乐见的典故等引入灵签中。至今在民间流传的签谱中，借用典故等作为扩展兆象的相当多。

作为扩展兆象的历史故事、传奇故事、历史演义故事、神话传说、戏剧故事、宗教故事、民间故事等，一般会以精练的语言高度概括成短语，置于签诗之前，每首灵签配以一个故事。如《观世音灵签（100首）》的第一首所配的典故是“钟离成道”，源于“八仙故事”；第二首所配的典故是“苏秦不第”，源于《金印记》传奇，等等。也有每首灵签配以两个故事的签谱，如福建平和县三平寺签谱的第一、二签所配的典故分别是“姜太公在天水宫学道”“姜太公在渭水河钓鱼”和“苏东坡赤壁游舟”“韩信钩于城下”；台湾台南市西区海安宫签谱的第一、二签所配的典故分别是“包公请雷惊仁宗”“包公极审张世真”和“包公暗访白袍将”“尉迟恭挂帅”。福建仙游县枫亭镇会元寺的签谱所配的典故是以四句诗的形式出现的，如第一、二首所配的典故分别是：“龙图忠义救仁宗，陈林救主大有功，打风得遇李俊臣，尽忠报国八贤王”和“狄青取珠旗，奸臣谋害伊，定贵路认错，公主结亲期”。莆田城郊石室岩签谱与仙游枫亭会元寺的签谱类似，典故不但以诗歌形式出现，诗歌前还有短语加以点明，如第一首：“洪将收五德，陈高产麟儿：陈家世代有善心，喜哉天赐玉麒麟，夫妻庭前祈祷祝，五福自然庆来临。”第二首：“陈琳救主：释迦出世牟尼心，老君抱送玉麒麟，仁宗祈祷生太子，两月逃难求神明。”

7. 以图画作为扩展兆象

现存最早的签谱是南宋的《天竺灵签》，以签诗配上图画作为扩展兆象。图画描绘的物象除了用来诠释签诗外，往往还增加了若干兆象。如第十二首的签诗曰：“手把太阳辉，东君发几枝。稼苗方欲秀，犹更上云梯。”图画描绘的物象有：右侧一文人手捧“职”字，“职”字上方有“日”字，表示官运显达之象；左下角有一株盛开的鲜花，左上角有一梯子直上云霄，表现“东君发几枝，稼苗方欲秀，犹更上云梯”的兆象。图案中间有一妇女，手持燃烧的火把，暗示黑暗中见光明，当遇贵人提携。显然，图案中包含着若干签诗中所没有的扩展兆象。

《天竺灵签》中所描绘的物象，象征意义十分强烈，而且有一定的规律可循。画面上经常出现梅花鹿、蛇、鸟、鱼、书籍、文书、财宝、火球、花木、车子、太阳、月亮、云、水、船等，各自表现一定的兆象，如梅花鹿表示吉祥，“鹿”与“禄”同音，往往预示官运亨通。如果梅花鹿断头缺腿，则预示仕途坎坷。又如图案中有两本文书交叉摆放，兆示运途不好。如果是单本文书摆放在地上或升在半空中，则兆示要交好运。画有蛇的图案兆示家宅不宁，画有车子的图案表示变化无常，画有火球的兆示蒸蒸日上，画有财宝的兆示财运亨通，画有鲜花的兆示运途好。这些内容反映出南宋的一些俗文化。

（三）定性兆象

定性兆象是在原初兆象、扩展兆象的基础上产生的。定性兆象就是对灵签的吉凶兆象进行定性，即对某一灵签所包含的兆象是吉还是凶进行明确或比较明确的判断。常见的有以下两种形式。

1. 总体定性兆象

总体定性兆象就是对灵签的吉凶进行总体判断，具体又有两种情形。一是用短语加以概括，如《观音神课三十二卦》签谱在序号之后分别标上“星震卦”“从革卦”“曲直卦”等卦名，作为总体定性兆象。《玄真灵应宝签》也属于这种类型。这种以短语作为总体定性兆象的情况在签谱中所占的比例很小，其特点之一是有时并不是非常明确，仍要去猜测揣摩，如上面提到的星震卦、从革卦、曲直卦以及润下卦、炎上卦等就是典型的例子。二是有时还会指出实现总体定性兆象的途径，如《玄真灵应宝签》中有“待时必捷”“守否方泰”“更改则吉”“劳心事成”“无欺有望”等提法。

最常见的总体定性兆象是以吉、凶，或上、中、下不同等级来表示，吉有时又分为大吉、上吉、吉、中吉、小吉、不吉等，上、中、下有时又分为上上、上中、上下、中上、中中、中下、下上、下中、下下九个等级。签谱在标明总体定性兆象时以上、中、下三级制最为常见。也有吉凶和上中下交叉使用的签谱，如《四圣真君灵签》分大吉、上上、中平、下下四个等级；《观音神课三十二卦》分大吉、上吉、吉、平吉、中吉、不吉、上上、上平、中平、小平、下中、下下、凶、下凶等十四个等级。

2. 具体定性兆象

具体定性兆象是指对具体占卜事项的吉凶进行判断，签谱中往往会使用“断曰”或“解曰”等词语来引导，其主要特点是定性用语明确，毫不含糊。具体定性兆象至迟在南宋的签谱中就已出现。《天竺灵签》的图案上方就有“求官迟、公事宜和、求财无、孕生女、婚不成、蚕损、忌移动出往、不利行人”这样的断语，即具体定性兆象。宋代以后，签谱增设具体定性兆象已经相当普遍，其具体内容涵盖人类生产、生活的各个方面。

二 灵签兆象之间的关系

从原初兆象到扩展兆象以及定性兆象的发展演变过程，集中地反映了灵签不断走向简明通俗的演化进程。在灵签的兆象体系中，原初兆象、扩展兆象、定性兆象的关系是结构性的，即后一种兆象形式的产生，并不是否定前一种兆象形式，而是与前一种兆象形式一道构成更为丰富、更加清晰的兆象。特别是定性兆象，既是灵签通俗化的最终形态，也是术数家对原初兆象所蕴藏的“天机”的“破解”。

每一首灵签都具备原初兆象，而不一定都有扩展兆象、定性兆象。一首签诗有多少种扩展兆象、多少种定性兆象与之相配，也无定规。在原初兆象、扩展兆象、定性兆象俱全的签谱中，三者之间的关系相当复杂，或密切相连，或若即若离，或毫不相干。仍以《观世音灵签（100首）》为例：

第六十九中签　古人：梅开二度		
诗曰：	冬来岭上一枝梅，叶落枝枯总不摧。 但得阳春消息至，依然还我作花魁。	辰宫
解曰：	一箭射空，当空不空。 待等春来，彩在其中。	此卦梅花占魁之象 凡事宜迟则吉也。
此签家宅欠利，自身作福，求财谨慎，交易待时，婚姻迟成，行人迟至，六甲春实秋虚，寻人见，田蚕六畜旺，讼亏，失物东方，病虚惊，坟宜改。		

第六十九签的原初兆象的主兆象是所谓“梅花占魁”，扩展兆象包括“梅开二度”的传奇故事和“解曰”的内容及“辰宫”等，定性兆象包括“中签”和最后的“此签家宅……”两部分。

首先来看扩展兆象与原初兆象的关系。“梅开二度”的故事源于《二度梅》传奇，故事梗概如下。唐代，梅魁被奸臣害死，其子梅良玉获救，改名换姓，住在梅魁生前好友陈日升家。一日，梅花盛开，陈公借祭梅花来祭祀梅魁，祈求上天保佑梅家的后代能报仇雪恨。不料，当晚梅花被狂风吹得七零八落。陈公和女儿杏元及梅良玉以为预兆不好，觉得报仇恐怕没有多大希望，十分伤心，遂对天许愿：若日后真能报仇雪恨，就让一片狼藉的梅花再一次盛开。不久，果然梅开二度。后来，梅良玉考取状元，报了家仇，并与陈杏元结为连理，成为千古佳话。显然，“梅开二度”的故事与原初兆象的“梅花占魁之象”有比较密切的联系。“解曰”增加了“一箭射空，当空不空”的兆象，在这里也属于扩展兆象，比较含蓄。但“待到春来，彩在其中”的兆象与原初兆象的“但得阳春消息至，依然还我作花魁”相似。所以，二者还是有一定内在联系的。至于“辰宫”，相对独立，对家宅、自身、求财、交易、婚姻、六甲、行人、田蚕、六畜、寻人、公讼、移徙、失物、疾病、山坟等的吉凶兆象又有详细的解释，与原初兆象没有太大的联系。其次，看定性兆象与原初兆象的关系。原初兆象是先凶后吉，与之相应，总体定性兆象为“中”，具体定性兆象也打上了“中”的烙印。

在以历史故事、传奇故事、历史演义故事、章回小说、神话传说、戏剧故事、宗教故事、民间故事等为扩展兆象的签谱中，原初兆象与扩展兆象之间的关系，有的相互呼应，有的却毫不相干。原初兆象与扩展兆象相互呼应的，均是把历史故事、传奇故事、历史演义故事、章回小说、神话传说、戏剧故事、宗教故事、民间故事等化解在诗句中描述，同时又在签诗之前明确点明典故的名称（也可以视之为对原初兆象的主兆象的点明），二者浑然一体。如福建永定县下洋镇西觉寺签谱：

> 第九　上仟　　郭巨埋儿
> 郭巨本是忠孝人，孝母埋儿慈天神。
> 舍得埋儿救活母，哪知得着天赐金。

原初兆象与扩展兆象毫不相干的签谱也常见，如福建石狮双龙寺签谱：

> 第十九　　唐僧取经
> 云行雨施正春深，谋望求财总遂心。
> 事讼见官皆得理，贵人喜庆自相寻。

最值得注意的是，不同的庙宇虽然使用同一种签诗，但与签诗相对应的历史故事、传奇故事、历史演义故事、章回小说、神话传说、戏剧故事、宗教故事、民间故事等却往往不尽相同，甚至完全不同。这说明作为原初兆象的签诗与作为扩展兆象的历史故事、传奇故事、历史演义故事、章回小说、神话传说、戏剧故事、宗教故事、民间故事之间的关系，带有一定的随意性，是由签谱的编造者的知识结构和所在地区的文化传统所决定的。

原初兆象与扩展兆象的关系既有相互呼应也有完全分离的情况，而历史故事、传奇故事、历史演义故事、章回小说、神话传说、戏剧故事、宗教故事、民间故事等作为扩展兆象，与总体定性兆象之间的关系总体来说是相吻合的，“上”“中”“下”的定性兆象通常与故事结局的好、中、坏相对应。如“苏秦六国封相”的典故出现于许多签谱中，其总体定性兆象均为“上”或“上上”。当然也有一些例外，如同样是“桃园结义”的典故，在福建长汀城关城隍庙、莆田城东石室岩、仙游城关承三书院、龙海县镇海城隍庙、清水祖师庙、建瓯县芝城黄花山庙的签谱中，总体定性兆象为“上”或“上上”，而在仙游枫亭会元寺、福州盖山八部元帅庙、南靖县山城碧阳宫的签谱中则为“中”或“中中”“平平”。类似的例子还有很多。

三　灵签兆象的取象来源

灵签的兆象并非灵签的制造者凭空捏造出来的，而是客观世界在他们头脑中的反映。仍以《观世音灵签（100首）》为例，灵签原初兆象对客观事物的选择十分广泛，主要包括以下几个方面：一是神话传说故事，如首签“盘古初开天地”；二是典故，如第十七首“画饼充饥”等；三是日常生活情形，如第十首“持灯觅火”等；四是植物，如第八首“松柏茂林”等；五是动物，如第二首“鲸鱼未变”等；六是自然现象，如第二十首“久雨初晴”等；七是人与自然的关系，如第五十首“顺风撑船”等；八是人与人之间的关系，如第四十三首“棋逢敌手”等；九是劝诫格言，如末首“守常勿动”等；十是神佛，如第六十二首“神佛保佑”等。

扩展兆象对客观事物的选择面与原初兆象相比有过之而无不及，如历史故事、传奇故事、历史演义故事、章回小说、神话传说、戏剧故事、宗教故事、民间故事等不但被作为灵签的原初兆象，而且被更广泛地作为扩展兆象，内容十分丰富。在一种签谱中，所涉及的各种故事往往有数十个甚至上百个。这些故事都是百姓熟悉且喜闻乐见的，大多来源于戏剧小说和传奇故事。

就所有签谱而言，灵签兆象所描述的物象几乎是无所不包的，而对于具体签谱而言，灵签兆象的取象范围则要受到某些限制。这些限制主要来自三个方面。

一是受当地自然条件和社会历史条件的限制。如产生于沿海地区的签谱，所描述的物象自然以大海、行舟为多，而内陆山区的签谱则多描述山林野兽；商业比较发达的地区涉及经商贸易签谱相对多些，而文化比较发达的地区的签谱则多以官运科举为描写对象。以台湾彰化南瑶宫签谱为例。该签谱共二十八首，其中以海洋行舟为描写物象的至少有八首，如“箕字”签（第五首）：“潮生自有时，帆起即如飞。风送舟行便，无云月正辉。”“毕字”签（第十九首）：“行舟莫嫌迟，风急对头时。举棹应难得，扬帆云雾迷。”如果不是生活在沿海地区，很难编写出这样内容的签诗。闽西山区建阳里心镇禅福寺签谱，描写山区物象的就相对多些，如第十首形象地描述了山区人民的劳动场面，实际上就是一幅风俗画：“山上层层李桃花，人间烟火是人家。银剑金钗来车水，长刀短笠去烧畲。”

二是受签诗编造者知识结构的制约。福州裴仙宫的《仙爷灵签》多取象于日常生活、生产用品，每一首签诗实际上也是一首谜语，如第七签：“指挥如意，舒卷三军。”谜底为“令箭”。第七十六首：“与水浮沉，不折其角。”谜底为“菱”。第七十九首：“逐浪随波，命也如何。”谜底为“萍”。第一百零七首：“满腹经纶，用之不穷。”谜底为“蜘蛛网”。显然作者精于谜语之道。又如晋江县《顺正大王签谱》多借用《易经》卦象，其作者自然精于《易经》之道。

三是受宫庙神灵职能的限制。在百姓看来，神灵是无所不能的，所有的神灵都有满足百姓日常生产和生活需要的具体职能，诸如降福消灾、御盗弥寇、镇妖降魔、驱邪治病等，人们向其祈求风调雨顺、祈求平安、祈求子嗣、祈求升官发财，等等。与此相应，签诗的兆象无所不包，传递神灵旨意的灵签自然能满足信奉者各个方面的要求。另一方面，每个神灵又往往有一种主要职能，同时兼掌其他多种职能。因此，有的灵签是根据神灵的主要职能来编写的，带有专业化的色彩。如收入《道藏》的《大慈好生九天卫房圣母元君灵应宝签》和《灵济真君注生堂灵签》就是专门为求嗣、生育而设的。又如临水夫人陈靖姑信仰在闽东、浙南等地有较大的影响。临水夫人的主要职能，除了保护妇女儿童之外，还包括降雨。所以，在这一带流传的签谱中，常常见到有关这方面的描述。福州市长乐区文岭镇九天府签谱第二十一首："靖姑为兄祈甘霖，滂沱大雨救万民。可恨白蛇长坑鬼，残灰磨上见分明。"长乐区玉田镇永瑞寺签谱第十八首："久旱望甘霖，去请陈夫人。靖姑祛法雨，救济众黎民。"

四　签诗兆象的主要特征

（一）朦胧性

签诗的朦胧性特征在灵签的原初兆象中体现得比较突出。原初兆象通常是以诗歌作为载体的。诗歌创作的基本要求是语言精练，意境深远，含而不露，这就为签诗的朦胧性特征的形成提供了可能。从宗教信仰的角度来说，签诗是神灵对祈求者的"应答"和"点化"，传达的是至高无上的神灵的"旨意"和不可泄露的神秘的"天机"。所以，只有用精微玄妙甚至晦涩朦胧的语言才能体现神灵"旨意"的玄妙。

关于签诗的朦胧性特征，本文在探讨原初兆象时曾举出数首签诗，说明形成原初兆象朦胧性特征的原因，一方面是签诗所使用的语言往往精微玄妙甚至晦涩朦胧，另一方面是一首签诗往往会描写多种物象，不容易找出主兆象，也很难看清楚主兆象与辅兆象之间的关系。在这里，我们通过文献记载中的一些相关传说故事来观察签诗的朦胧性特征。

故事一：

长州韩慕庐宗伯未第时，尝祈签于灵岩山寺，有"功名须到五门知"之句，不解所谓。后入乡闱，第三场，与一友同号舍，宗伯戏将策题五“问”字，俱书作“门”，以试其友，友夸其条对之鲜明，议论之剀切，赞叹不绝。而题中误字，曾不加察。宗伯亦遂妄之，缴卷而出。是科领乡荐，癸丑会状联元，历官至礼部尚书，颇存纶阁之想。会直省解乡试卷至部，见各举子策论，多抄袭陈腐，不知己作何状，召书吏检阅，见策题五门字，不觉汗流浃背。回忆签语，知官阶已止于此，不复望宰辅矣。①

故事二：

秦状元大士，将散馆，求关庙签，得“静来好把此心扪”之句，意郁郁不乐，以为神嗤其有亏心事也。已而试《松柏有心赋》，限“心”字为韵，终篇忘点“心”字，阅卷者仍以高等上。上阅之，问心字韵何以不明押？秦俯首谢罪，而阅卷者亦俱拜谢。上笑曰：“状元有无心之赋，主司无有眼之人。”②

故事三：

李若农侍郎文田当咸丰己未科，来京会试，祷于正阳门关帝庙。签语有“名在孙山外”，自以为此次必落第耳。及发榜，中进士高第，此签实不灵验。至殿试，状元为孙家鼐，榜眼名孙念祖，李氏得探花实列二孙之后，与签语真巧合也。③

类似的故事很多。这些传说故事有一个共同点，即抽签者对抽到的签诗所要传达的“天机”感到惘然，不知作何解释或解释错误。对于这些传说故事所宣传的“应验”性，我们不必信以为真，但透过这些传说故事，

① 陆长春：《香饮楼宾谈》卷1，载钱泳等编《笔记小说大观》第18册，江苏广陵古籍刻印社，1983，第382页。

② 袁枚：《子不语》卷21，载钱泳等编《笔记小说大观》第20册，江苏广陵古籍刻印社，1983，第138页。

③ 崇彝：《道咸以来朝野杂记》，转引自常人春《老北京的风俗》，北京燕山出版社，1990，第44~46页。

也许可以窥见签诗兆象的朦胧性特征。

（二）不确定性

签诗的不确定性与签诗的朦胧性是相辅相成的。如果说签诗的朦胧性特征在原初兆象中体现得比较明显的话，那么，签诗的不确定特征则不但在原初兆象中有所反映，在扩展兆象中也随处可见。

签诗的不确定性特征在原初兆象中主要表现为充分利用汉文字所特有的双关、多义、歧义、拆字、隐语等，使签诗更加扑朔迷离，既为签诗披上神秘的外衣，也为日后解释附会签诗的应验性创造广阔的回旋空间。如《天竺灵签》第六十一首有“要逢十一口”，“十一口”既可作“吉”字解，也可以拼凑成“田”字；第七十四首“牛生二尾多”，暗示“失”字，也可拼凑成“朱”字；第六十六首所配的图画中，在水边有一条长带子，乃“滞”字，等等。关帝签谱中也大量运用歧义、双关、拆字、隐语等手法，尽可能使原初兆象难以确定。如第十首中：“病患时时命蹇衰，何须打瓦共钻龟。直教重见一阳复，始可求神仗佛持。”“一阳”是十一月，签诗中“重见一阳复”可以理解为有“等到十一月才会病愈”，也可以理解为“要重复见到十一月（即二十二个月时间）才会病愈”，还可以理解为“要等到阳气重新恢复之后才会病愈”。又如第十二首中有“直遇清江贵公子，一生活计始安全”句，既可以理解为“要一直等到遇上名叫清江的贵公子，才能使自己的一生平安”，也可以理解为“要一直等到遇上住在清江这个地方的贵公子，才能使自己的一生平安”，还可以理解为“要一直等到遇上住在清澈江水边的贵公子，才能使自己的一生平安”。再如第九十八首首句为：“五十功名心已灰”，既可以理解为“到了五十岁，对追求功名富贵已经心灰意冷”，也可以理解为“五十岁虽然取得功名，但却病了（心已灰）”，还可以结合第二句“那知富贵逼人来”，解释为“到了五十岁，追求功名富贵之心虽然已经丧失，哪知道荣华富贵接踵而来”，等等。

类似的例子在许多签谱中都可以见到。各个宫庙都有许多与之相关的传说故事，透过这些传说故事也能看出签诗的不确定性特征。仍以在古代有较大影响的关帝签的传说故事为例。关帝签谱第十三首：“君今庚甲未亨通，且向江头作钓翁。玉兔重生应发迹，万人头上逞英雄。”清代王世祯曾抽得此签，“尔时殊不解。是年十月，得扬州推官，以明年庚子春之任。在广陵五年，以甲辰十月，内迁礼部郎。所谓庚甲者，盖合始终而言之。”① 在这里，“庚甲”被理解为取“庚子”和“甲辰”的头两个字结合而成。又如清初宁波史大成，乡赋杭州，于万安桥西之关帝庙抽得上述签诗，“心怏怏，谓一第今无分耳。是科为顺治甲午，榜发中举人。明年乙未，大魁天下，始解神谓‘亨通在甲、未’也”。② 康熙甲午年，慈溪殷玉琏七十一岁时，亦在正阳门关帝庙求得此签，遂中举，“明年乙未联捷，读中秘书。”③《关圣帝君灵签诗集》“应验”项记载：“一生甲午年入秋闱，断曰：‘必中。今年甲午必连捷。’后果如其言。应在‘甲、未亨通’四字。”在这里，“君今庚甲未亨通”均被断句成“君今庚，甲、未亨通”，“甲”被理解为“甲午”年，“未”被理解为“乙未”年。再如，毕秋帆于乾隆庚辰会试前，诣正阳门关帝庙求得此签后，“颇不悦，然竟以第一人及第。盖‘君今庚甲’四字，已示先机也。”④ 当然，由于签诗可以有不同解释，所以抽到此签的人不都会交好运。《关圣帝君灵签诗集》还记载了这样一件事：有一举人参加会试前占得此签，解签人断曰：“‘不获大喜，必遭奇祸，以万人头上决之。’已而就试，人众挤倒仆，践而死。”又如，关帝签谱第十三首：“曩时败北且图南，筋力虽衰尚一堪。欲识生前君大数，前三三与后三三。”签诗中的“前三三与后三三”句，其数字可以单独使用，也可以前后一起使用，可以进行相加、相乘、相除等多种运算，有许多种解释。清代酆小山为诸生时，“尝祈得之。乾隆癸卯乡试，中三名。阅十年，为癸丑，会试，中九名。毛养梧主政绣虎亦于嘉庆己酉乡试祈得之，是科中三十三名。道光壬午会试中式，亦三十三名。未几，殁于京邸，年三十三。又一士子祈得是签，则中六十六名。”⑤《关圣帝君灵签诗集》“应验”部分也有类似的记载：“一贡生家事逗留十年，赴京适

① 王世祯：《池北偶谈》卷22，载钱泳等编《笔记小说大观》第16册，江苏广陵古籍刻印社，1983，第208页。

② 金埴：《不下带编·巾箱说》，中华书局，1982，第85页。

③ 金埴：《不下带编·巾箱说》，中华书局，1982，第86页。

④ 徐珂编《清稗类钞·方伎类》第10册，中华书局，1986，第4667页。

⑤ 徐珂编《清稗类钞·方伎类》第10册，中华书局，1986，第4667页。

遇试期，亲友劝其应试，求得此签。乃复温习应试，中六十六名，应‘前三三与后三三’之数。旋即就官，授辰州节准，一任而罢，应至‘一勘’”。这里所说的“一勘”被理解为“磨勘”。

在关帝签谱中，类似的故事有数十个。在其他签谱中也可以找到很多这样的例子，可见这类故事带有一定的普遍性。兆象的不确定性导致对签诗有许多不同的解释，而五花八门的解释又强化了签诗兆象的不确定性。

（三）趋吉性

善男信女到宫庙抽签占卜，大都希望抽到吉利的签诗，从中寻找某种慰藉，而不愿碰到凶签，以免带来不安。自古以来，趋吉避凶是抽签占卜者共同的心理。福建罗源县城关先锋庙的签谱第三十首说得十分明白：“求签总想得吉签，福寿双全财喜兼。”

清代颜元在《习斋记余》卷二《寻父神应记》中记载了他为了寻找父亲多次到宫庙抽签占卜的情况：

> 康熙甲子正月元日，夙兴祭先祠，筮寻父，得小畜之四，爻曰：有孚血去惕，出无咎。乃吊死辞生。四月八日，告先祠启行。初九日路祷关侯祠，求签得中平，谱曰：“高祖遇丁公。”五月十八日逾永平东岭，野有关侯祠，入祷，得签仍如前，不已异乎。……（六月）十五日，祷城隍庙求签，曰大吉。再求则凶。七月初一日祷东岳庙求签，曰大吉，有“行人西北方上去，有人说与事根缘”及“云开见日”之语。八月朔，祷城隍庙求签，亦曰大吉，谱曰：“好事将来。”……及乙丑元日，复祷城隍求冥中感应签，谱有：“团圆十五光明”之句。………还至海州，祷城隍求签，谱又云大吉，词曰：“望渠消息向长安，好把绫花仔细看，见说文书将入境，今朝喜气上眉端。”

从上述记载可以看出，颜元前后抽了七次灵签，最初两次求签于关帝庙，所抽到的签诗是“中平”，与其趋吉避凶的心理不相吻合，所以他不愿意再去关帝庙求签。后来五次抽签，一次在东岳庙，四次在城隍庙。他多次去城隍庙抽签，根本原因是他在城隍庙所抽到的签诗，均为“吉”签（其中有一次是先吉后凶，按照多次抽签以头签最为灵验的传统说法，他应该基本上还是满意的），符合其趋吉避凶的心理。

宫庙的庙祝长期与善男信女打交道，对他们的心理有十分透彻的了解。为了迎合善男信女的这种心理，他们就在灵签的总体定性兆象上做文章，使之逐渐形成了趋吉性的特征。

如果把总体定性分为上、中、下三个等级的话，从概率的角度来说，上、中、下应该是各占约33.3%。明中期之前的签谱，上、中、下的分布比较接近这样的比例。在《正统道藏》收入的签谱中，标明总体定性兆象的签谱有六种，共711首，其中有2首签诗未标明总体定性兆象，另外709首的上、中、下比例如表1所示。

表1 《正统道藏》所收签诗吉凶分布状况

	合计	上	中	下
总首数（首）	709	245	239	225
百分比（%）	100	34.56	33.71	31.73

明中期之后，签谱中的上、中、下比例发生了重要变化，即上、中所占的比例均超过33.3%，而下签的比例远远低于33.3%。笔者对113种不同签谱的上、中、下总体兆象进行了统计，在被统计的6177首签诗中，除108首属于“缺”（包括不标明上、中、下或缺少该签诗），尚有6069首，其上、中、下所占比例如表2所示。

表2 明中期以后签诗吉凶分布状况

	合计	上	中	下
总首数（首）	6069	2275	2389	1405
百分比（%）	100	37.49	39.36	23.15

签诗总体兆象的这种比例变化，绝不是偶然的，而是迎合善男信女趋吉避灾心理需要的必然结果，是经过漫长的历史演变和总结以后才形成的。有的签谱为了避免“下”签字样给善男信女带来不快，只标明“上”

签和“中”签，如福建建阳桥南宝山庙、宝山清莲寺签谱中就未出现“下”签字样。福州市西洋新村积善堂除第三首标明为“下”签外，其余都不标明。

笔者还注意到，哪个宫庙签谱的“上”“中”签比例较高而“下”签比例较低，善男信女就比较愿意到那里抽签，并以为那里的签诗特别灵验。如浙江方岩签谱，共100首，其中“上”签有58首，“中”签有28首，“下”签才14首，上、中、下签的比例分别是58%、28%、14%。福建平和三平寺签谱，共75首，其中“上”签和“中”签各有30首，而“下”签才有15首，上、中、下签的比例分别是40%、40%、20%。与此相反，“下”签比例较大的签谱，所在宫庙的香火就不那么旺盛，签谱也不容易流传开来。

签诗的趋吉性特征，很巧妙地与求签者的趋吉避凶心理接轨，既能满足求签者趋吉避凶的心理需求，又能在一定程度上对怀着不安或恐惧心理的求签者产生宽慰作用。百姓喜欢抽签占卜，原因恐怕也在于此吧！

原载《民俗研究》2006年第4期

妈祖信仰神圣化与正统化的实践路径

——以几本妈祖经典为例

陈文龙

妈祖信仰发端于福建海隅的莆田。妈祖原为地方一巫女[①]，随着这个信仰影响的扩大，妈祖也逐渐由巫女演变为正规的道教神灵，进而其儒家的教化功能又不断增加。本文旨在根据与妈祖有关的经典文献对儒、道因素的记录，梳理妈祖信仰的演变过程：巫女—民间神灵—道教神灵—国家祀典神。这个演化过程展示了中国民间信仰的神圣化和正统化过程。

一　道教对妈祖的神圣化

妈祖最初是民间的巫女信仰。宋人黄岩孙《仙溪志》载："顺济庙，本湄洲林氏女，为巫，能知人祸福，殁而人祠之，航海者有祷必应。"明人周瑛《兴化府志》卷二十五云：

> 天妃庙：……谓湄洲林氏女，能知人祸福，即妃也。予少时读宋《郡志》，得绍熙本，亦称妃为里中巫，及再见延祐本，称神女。今续志皆称都巡检愿女，渐失真矣。

宋代志书比较真实地反映了妈祖信仰的初始状况。妈祖她是普通家庭

---

① 叶明生：《妈祖信仰与道教文化》，http：//www. chinamazu. cn/mzdg/wxsj/xslw20130321/7689. html，最后访问日期：2019 年 1 月 17 日。

的女子，且是一个女巫，她被人崇奉的原因仅在于“知人祸福”，这是一般巫具备的能力。到元延祐年间（1314～1320）的志书中，她已经被称为“神女”。但这里所说的神女显然只是一般意义上的神灵，并非正统宗教认可的道教或佛教神圣。在中国传统中，神也是有不同等级的。《礼记·祭法》云：“山林川谷丘陵，能出云，为风雨，见怪物，皆曰神。”这种神显然是一般意义上的神，与怪属于同一类别，比较低级。早期妈祖由巫而神，显然也是较为低级的神灵，而高级神灵大多是得到正统宗教认可的神。

由巫及神的神圣化过程，需要得到正统宗教的认可，即由正统宗教接收并改编其原来的出身。《天妃诞降本传》[①] 中展现了其神圣化的实践路径。其母梦受观音大士指点而孕。妈祖小时就表现出与佛、道亲近的倾向，八岁就喜好诵经礼佛，十三岁时，老道士传授其玄微秘法，十八岁窥井得符，二十八岁白日飞升成仙。妈祖成神的经历，充分表现了中国传统的得道成仙过程。

按道教的成仙规定，不仅要修道，还要修德，两者兼备才能成为神仙。修道表现为妈祖受道教符箓，具备各种神灵的本事；修德即四处行善，为百姓祈雨、除妖、救人，积累功德。妈祖因为行善积德，又道法高深，很快白日飞升，成为神仙。但即使神仙也有差别，一般神仙影响力有限。正统佛、道教认可的神一般地位较高，一般神灵需要得到佛道教认可，其神格才会比较高。

二 《太上老君说天妃救苦灵验经》对妈祖的神圣化

明代《太上老君说天妃救苦灵验经》就是道教神圣化妈祖的一个经典表现。该经文文字不多，但比较有特色。该经是《道藏》中比较少见的针对江河湖海等水面事故的经典。经文开始就说：

---

① 僧照乘：《天后显圣录》，载“妈祖文化研究丛书”，福建师范大学图书馆藏本，第367～369页。

> 尔时，太上老君在无极境界，观见大洋溟渤，河渎川源，四海九江，五湖水泽，蛟蜃鱼龙出没，变化精妖鬼怪，千状万端，有诸众生或以兴商买卖，采宝求珍，出使遐荒，交通异域，外邦进贡，上国颁恩，输运钱粮，进纳贡赋，舟船往复，风水不便，潮势汹涌，惊涛仓卒，或风雷震击，雨雹滂沱，其诸鬼神乘此阴阳变化，翻覆舟船，损人性命，横被伤杀，无由解脱，以致捉生代死，怨怒上冲，何由救免。①

这段经文开始就说太上老君看到江河湖海中航行之人遇舟船倾覆，无以求助的灾难。经文中特别提到“出使遐荒，交通异域，外邦进贡，上国颁恩，输运钱粮”等方面的内容，这是当时海外交通发达、对外交往频繁的一种反映。

经文这种背景叙述，预设妈祖降生的目的就是拯救航行灾害。同时，经文还把降生前的妈祖神化为神女。经云：“斗中有妙行玉女，于昔劫以来修诸妙行，誓扬正化，广济众生，普令安乐。”② 这位妙行玉女降生为妈祖，救助苦难。飞升之后，老君敕给的封号是“辅斗昭孝纯正灵应孚济护国庇民妙灵昭应弘仁普济天妃”。这个封号前面的“辅斗”点明妈祖原是斗中玉女，其后的“护国庇民妙灵昭应弘仁普济天妃”是明成祖永乐七年的封号。

《太上老君说天妃救苦灵验经》对妈祖神进行了彻底的改造。此前妈祖神由民间女演化为巡检之女，由女巫成为女神，而道经则把她前生后世都进行了完整的塑造，创造了一个伟大女性海洋神的形象。这也是道教经典比之民间和文人对妈祖形象塑造得更成功之处。妈祖由一个一般世间神被接纳为道教神灵世界中的一个大神，完成了她神圣化的过程。

实际上，道教对妈祖的神圣化过程，也伴随着儒家对这个民间神的正统化或者说祀典化的过程。

三　儒家对妈祖的正统化路径

在中国古代社会，儒家思想是占据统治地位的意识形态，儒家思想代

① 《道藏》第 11 册，文物出版社、上海书店出版社、天津古籍出版社，1988，第 408~409 页。
② 《道藏》第 11 册，文物出版社、上海书店出版社、天津古籍出版社，1988，第 409 页。

表官方的意志。虽然孔子“敬鬼神而远之”，儒生一般不言“怪力乱神”，但是出于神道设教等各种动机，国家对鬼神并非一概排斥。《左传·成公十三年》云“国之大事，在祀与戎”，其中祭祀是一项重要的内容。秦汉时期，国家祭祀的对象往往是山川林木的神灵。而对于人，《礼记·祭法》云：“夫圣王之制祭祀也，以死勤事则祀之，以劳定国则祀之，能御大灾则祀之，能捍大旱则祀之”。能按《祭法》规定进入祀典的一般是有巨大贡献者或儒家的先贤。但是，这个规定也往往在赐封神灵时使用。因此，能进入国家祀典的神灵就是国家承认的正统神灵，否则就是淫祀，淫祀无福。能进入国家祀典而实现正统化，可谓神灵的最高成就。

儒家对妈祖的正统化过程包括两个方面：一是通过褒奖妈祖为国为民尽忠禳灾的事迹，并不断赐封；二是对妈祖神原有的神通广大的形象进行伦理化的儒家改造。

第一，宋元明时期，朝廷对妈祖的赐封与妈祖的正统化。

妈祖早期的活动只限于“预知祸福”，以及较小范围内的救助灾难，这显然与进入祀典的标准相差甚远。宣和四年，给事中路允迪出使高丽，遇到风暴，船队仅剩路允迪所在的一艘船未沉没，船上的李振素等人都说是因为妈祖显灵。这次事件成为妈祖进入祀典的契机，妈祖庙被赐额，免去祭田田租。① 此后，诸如温台剿寇、广州救太监郑和、神助漕运、东海护内使张源等事迹②，显示妈祖的活动已经提升到为国尽忠的高度，完全符合《祭法》的规定。于是，历代朝廷纷纷褒封妈祖。朝廷的认可与赐封，是妈祖进入国家祀典、完成正统化的重要标志。然而，妈祖由民间神被朝廷神圣化进入祀典的路径，并未得到儒家的完全认可，部分儒家士大夫仍反对妈祖信仰。③ 于是，另一种正统化过程开始了。

第二，清代妈祖的正统化——伦理化。

清代，妈祖除了为国为民消灾尽忠之外，还被赋予了“孝”这一伦理

---

① 僧照乘：《天后显圣录》，载“妈祖文化研究丛书”，福建师范大学图书馆藏本，第 390 页。

② 僧照乘：《天后显圣录》，载“妈祖文化研究丛书”，福建师范大学图书馆藏本，第 393、404、407、413 页。

③ 徐晓望：《论明清以来儒者关于妈祖神性的定位》，《福州大学学报》（哲学社会科学版）2007 年第 2 期。

精神特征，“林孝女”这一新的神灵形象应运而生。按儒家伦理观念，“孝”是最重要的伦理，“二十四孝”是历代楷模。孝女形象有助于妈祖得到儒家的认可。清莆田人陈池养所著《孝女事实》云：

> 林孝女系出莆田，唐邵州刺史蕴九世孙。曾祖保吉，周显德中为统军兵马使，弃官归隐湄屿。祖孚，袭而为福建总管。父惟悫（一作愿，疑字），为宋都巡官。孝女次六，其季也。生弥月不啼，因名曰默。八岁从塾师读，悉解文义，喜诵经礼佛。年十六，随父兄渡海，西风甚急，狂涛怒撼，舟覆。孝女负父泅到岸，父竟无恙，而兄没于水。又同嫂寻其兄之尸，遥望水族臻集，舟人战栗，孝女戒勿忧，鼓枻而前，忽见兄尸浮水面，载之归葬，远近称其孝女。屿之西有曰门夹，石礁错杂，有商船渡北遭风，舟人哀号求救。孝女谓人宜急拯，众见风涛震荡，不敢前。孝女自驾舟往救，商舟竟不沉。自是矢志不嫁，专以行善济人为己任，尤多于水上救人。殆海滨之人习于水性，世因称道其种种灵异，流传不衰。里人立祠祀之，号曰“通贤灵女”。厥后，庙宇遍天下，累膺封赐。而称以夫人、妃、后，实不当，惜当日礼官未检也。①

同样的故事，陈池养突出妈祖“孝”的一面，使她更能得到人们的认可。

另外，在清代，更多的伦理因素被注入妈祖信仰中，使妈祖这一神更多了些伦理教化的色彩。清光绪年间出版的《敕封天上圣母真经》，包含许多伦理教化的内容。整本经书分十七个部分，包括《统论报应章第一》《特论忠孝邪淫章第二》《教孝章第三》《不孝章第四》《兄弟章第五》《家门章第六》《教子章第七》《家族章第八》《尊师信友章第九》《溺女章第十》《瘟疫章第十一》《污秽长流章第十二》《居官章第十三》《贫富行善章第十四》《戒赌章第十五》《正心章第十六》《统论章第十七》。其中第二、三、四、五、六、七、八、九、十三、十四都是有关伦理教化的。与明代《太上老君说天妃救苦灵验经》相比，这本经几乎是另类的儒家伦理教化

① 陈池养：《孝女事实》，载《湄洲屿志略》，光绪十四年刊本，第 41 页。

书。这反映了儒家对妈祖神的改造及使其正统化的一种努力。

20 世纪 20 年代，台湾出现的《天上圣母经》仍延续了这种伦理化色彩很浓的特点。部分经文如下：

> 求忠臣，宜孝子。克孝人，可枚举。追历山，冰求鲤。蚊饱血，尝粪奇。搤虎救，痛啮指。卖身葬，涤溺器。乳姑勤，泉跃鲤。哭生笋，金赐巨。葡萄奉，瓜果随。七年粟，掘西篱。取生鱼，截竹遗。远望云，近彩戏。先尝药，远负米。泣杖悲，受垂喜。扇枕勤，容烹鸡，弃官寻，刻木事。遗绿橘，顺单衣。鹿乳奉，拾梧事。行佣供，闻雷泣。分羹贤，问膳帝。古圣贤，皆孝子。尊天经，立地义。成懿德，全秉彝。①

《天上圣母经》罗列了二十四孝的故事。其中对妈祖的介绍是：

> 女圣人，默娘儿。林家女，湄洲居。父母善，祖先慈。积善家，庆有余。生圣母，出凡姿……幼读书，万事知。能作文，能作诗。孝父母，守伦规。传圣道，遇真师。授真诀，指灵机。三教书，共一理。②

在整本经书中，关于传统伦理道德的内容远超过对妈祖神灵内容的描写，妈祖的神性反而被大大淡化。如果不知这是妈祖经，还以为是儒家三字经式的教化典籍。

四　新时代妈祖信仰的正统化

改革开放后，随着文化交流的活跃，国家认识到妈祖在港澳台同胞及

---

① 《论台湾〈天上圣母经〉的教化作用》，莆田文化网，http：//www.ptwhw.com/？post=5623，最后访问日期：2019 年 1 月 17 日。

② 《论台湾〈天上圣母经〉的教化作用》，莆田文化网，http：//www.ptwhw.com/？post=5623，最后访问日期：2019 年 1 月 17 日。

海外华侨中的巨大影响力，逐渐支持妈祖信仰的发展，妈祖信仰开始了新时代的正统化过程。在这个过程中，妈祖信仰被改造为妈祖文化。这一信仰维系着海内外华人的感情，是中国文化的一种重要象征。这次正统化的内容不再是强调伦理化，而恰恰是恢复了对妈祖的神灵信仰的内容，通过信仰来寻根，以增强海外华人对中华民族的认同。这种信仰正是维系各方力量的最根本因素。这次信仰的重构过程，更强调民间的认同与参与。

近年来，国家对妈祖信仰主要是支持其信俗文化的发展，在此基础上举办大规模的祭祀及庆典活动，并借此推动旅游文化的发展。

明代道教化的《太上老君说天妃救苦灵验经》，清代《敕封天上圣母真经》以及20世纪20年代台湾的《天上圣母经》，三个时期的三种经典，反映了不同的时代特点。明代历任皇帝大多信奉道教，道教与官方关系密切，道教妈祖经的出现，合乎时代的需求；清代一度由于海运需要，赐封妈祖，但清儒对妈祖进行伦理化改造的意愿更强；民国时期，受西方文化影响，强调伦理更是一种趋势；改革开放后，妈祖信仰的全面恢复与国家统战政策有密切关系。

五　神圣化与正统化背后的多层次信仰状态

妈祖神圣化和宗教化的历程，是中国诸多神灵中成功从底层进入神谱最顶端的一个例子。因此，对妈祖信仰的研究有一定的宗教理论意义。

国内学者对妈祖信仰的理论研究，受美国学者詹姆斯·沃森《神的标准：在中国南方沿海地区对天后的鼓励（960—1960年）》① 一文影响较大，有多位研究者采用“神的标准”这一概念进行分析。② 魏爱棠《妈祖神化的隐喻与历史进程》③ 则受美国人类学家雷德菲尔德的影响，采用大

---

① 〔美〕詹姆斯·沃森：《神的标准化——在中国南方沿海地区对崇拜天后的鼓励（960—1960年）》，陈仲丹译，载韦思谛编《中国大众宗教》，江苏人民出版社，2006。

② 孙晓天、李晓非：《民间文化的标准化与再标准化》，《云南民族大学学报》（哲学社会科学版）2011年第2期；李凡：《神灵信仰的标准化与本土化——以胶东半岛妈祖信仰为例》，《民俗研究》2015年第3期；朱丽仙：《妈祖神格化的路径分析》，硕士学位论文，福建师范大学，2010。

③ 魏爱棠：《妈祖神化的隐喻与历史进程》，《莆田高等专科学校学报》2001年第3期。

小传统的理论进行分析。无论是“神的标准”还是“大小传统”，应该说都是比较有用的理论分析工具，能够使我们更清楚地了解信仰发展过程中的一些脉络。同时，这些分析工具也有其局限性，都是从某一视角切入，因此，在运用这些理论工具时，也要注意对事实的全面把握。

以上叙述的妈祖神圣化与正统化的过程包含两条线索，一条线索是妈祖由民间女巫—神—道教高级神；另一条线索是妈祖由民间女巫—神—儒家祀典神。这两条线索的起点是相同的。更重要的是，这两条线索并非彼此分开，而是同时并行的。

历史的叙述并非线性行进。当我们选取任何一个时代横切面的时候，展现出来的则是历史的另外一面。妈祖信仰史上也存在类似的情况。因此，无论是妈祖“神的标准”，还是妈祖的神圣化、正统化，都只是妈祖信仰的一个片面。实际上，妈祖信仰应该是多层次的。换句话说，不同的阶层各有自己的妈祖信仰。妈祖成为一个共同的符号，在其共同的历史叙事背后有着信奉者自己的诉求。有人说，“每个人拜的都是自己心里的那尊神”。而且，在任何一个历史时期，不同阶层的人都会按自己的理解和方式去信奉那个妈祖。所谓的标准，实际上是掌握话语权的官方或宗教组织的标准。对于当时的百姓而言，生老病死就是最现实的事情，神秘性和灵验性才是他们信仰的基础。妈祖封号再高，也要能显灵才是关键。儒家士绅要求妈祖能够给在瀚海中搏斗的士兵及官员带来力量，也要求神灵符合伦理道德；商人要求妈祖保佑他们航行安全，生意兴隆。对于每个阶层而言，都有自己判断的标准。

对于妈祖信仰而言，神的神秘性、灵验性是最基础的因素。妈祖最初就是因为这个因素逐渐引起人们关注的。当这种关注足够大时，道教把妈祖进一步神化，赋予其神圣的属性。国家由于各种需要，把妈祖纳入祀典，也参加了妈祖神圣化的进程。同时，国家的赐封推动了妈祖信仰的正统化。国家正统化分成两部分：符合国家祭祀神的事功要求、符合国家祭祀神的伦理要求。这种正统化要求妈祖为国家发挥神迹，处理危难，建立功勋。在部分儒生的推动下，正统化进一步推动了妈祖信仰的道德化、伦理化，使之更符合儒家伦理祀奉的形象。神圣化、正统化对妈祖信仰的发展有着不同的价值，如图 1 所示。

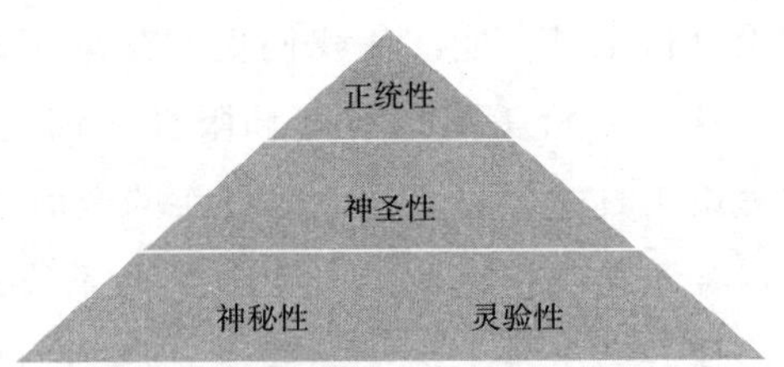

图1　妈祖信仰各种属性的价值示意

相对于神的灵验性而言，儒家的正统化和伦理化都是附加的，它们能提高神的影响力，吸引更多人信奉神，但却不能替代神之所以为神的神秘性和灵验性。改朝换代往往会影响朝廷对神的关注，却改变不了百姓的信奉。正统化和神圣化能加强人们信奉的力量，增加神的神秘性和灵验感。因此，底层百姓的信奉才是妈祖信仰的根本动力。

民间信仰地域分异的微观分析

——泉州三个村庄神祇生态位宽度测量和比较

陈文龙　郑衡泌

中国传统的民间信仰带有很强的多神性、融合性和区域性。[①] 对于跨方言区分布的民间信仰神祇而言，方言是影响其地域分异的重要因素。[②] 然而，在无方言差异的小尺度区域间，民间信仰神祇仍然具有区域差异。关于无方言差异小区域内民间信仰神祇的区域分异及其影响因素，尚无明确的结论。

近年来，文化的区域主题研究取得了众多成果。[③] 对于民间信仰，研究者将其置于区域内总体宗教环境中，考察作为总体概念的民间信仰与其他宗教的关系，或考察不同民间信仰神祇之间的关系，通过引入宗教生态学概念[④]，用生态学理论对宗教信仰进行解读。宗教生态学将社会和自然背景下的不同宗教比喻为生态系统中不同的生物种群，认为在区域内部，

---

① 林国平：《福建民间信仰》，福建人民出版社，1993，第 40 页。

② 郑衡泌：《妈祖信仰传播和分布的历史地理过程分析》，http：//epub. cnki. net/grid2008/detail. aspx? filename = 2006179168. nh&dbname = CMFD2007，最后访问日期：2019 年 1 月 30 日；林拓：《地域社会变迁与民间信仰区域化的分异形态——以近 800 年来福建民间信仰为中心》，《宗教学研究》2007 年第 3 期。

③ 许桂灵：《广东华侨文化景观及其地域分异》，《地理研究》2004 年第 3 期。

④ Nancy L. Eiesland，*A Particular Place*：*Urban Restructuring and Religious Ecology in a Southern Exurb*，Rutgers University Press，2000，pp. 1-30；陈晓毅：《中国式宗教生态——青岩宗教多样性个案研究》，社会科学文献出版社，2008，第 29~39 页；Troy C. Blanchard，et al.，"Faith，Morality and Mortality：The Ecological Impact of Religion on Population Health"，*Social Forces* 86（2008），pp. 1591-1620；John P. Bartkowski，Frand M. Howell，"Shu-Chuan Lai，Spatial Variations in Church Burnings：The Social Ecology of Victimized Communities in the South"，*Rural Sociology* 67（2002），pp. 578-602.

不同宗教信仰之间犹如一个生态系统中的不同物种那样具有竞争和互利关系，随着环境的变化，在动态中保持平衡状态，并最大限度地利用资源。同样，在民间信仰内部，不同神灵信仰之间也存在这种关系，分配着区域内的资源。因此，如同生态学用生态位概念和生态位宽度来表达和衡量物种对区域内资源的利用的程度[①]，区域内的民间信仰神祇也可以视为一个"群落"。由于生态位概念可以较好地表达一个系统中相互关联的各个单元之间的关系，近年来，它被研究者应用到经济学[②]、社会学[③]和城市规划[④]等领域。

生态位理论有一系列定量测度的模型，可以很好地利用生物种群对区域内资源的利用状况来表达它们在区域内生态系统中的地位，进而分析生物种群的区域差异。鉴于民间信仰神祇在某种程度上与生物物种具有相似性，笔者借用生态位宽度计算模型来衡量民间信仰神祇在区域内的状况，结合区域内的自然地理环境和社会经济条件，寻找其区域分异的成因。

一　神祇生态位宽度计算

（一）模型

1968 年，Levins 最早提出通过生态位多样性指数测度生态位宽度的模型[⑤]，此后发展出多种测度生态位宽度的改进模型，一类以计量生物物种

① 尚玉昌：《普通生态学》，北京大学出版社，2002，第 284 ~ 295 页；张光明、谢寿昌：《生态位概念演变与展望》，《生态学杂志》1997 年第 6 期。

② 钱言：《基于生态位理论的企业间关系优化研究》，http：//epub. cnki. net/grid2008/detail. aspx？ filename = KM-DX200803007&dbname = CJFQ2008，最后访问日期：2019 年 1 月 30 日。

③ 邢忠：《优化社会生态位》，《重庆建筑大学学报》（社科版）2001 年第 3 期。

④ 孟德友、陆玉麟：《基于生态位理论的城市生态位研究——以河南各省辖市为例》，《地域研究与开发》2008 年第 2 期；王刚、董观志、赵晋良：《基于生态位的主题公园竞争格局研究——以珠江三角洲为例》，《旅游学刊》2008 年第 1 期；李光耀：《生态位理论及其应用前景综述》，《安徽农学通报》2008 年第 7 期。

⑤ 王刚、董观志、赵晋良：《基于生态位的主题公园竞争格局研究——以珠江三角洲为例》，《旅游学刊》2008 年第 1 期。

数量为基础，另一类以考察物种的资源利用率为基础。[①] 一般认为，Smith 在 1982 年提出的计算生态位宽度模型比较简洁，生态学意义明确，并且考虑了资源的利用效率，现今大多数生态位宽度的测度研究会选择运用这个模型。[②] Smith 1982 年提出的模型[③]如下：

$$B_i = \sum_{J=1}^{R} (P_{ij} \times Q_{ij})^{0.5} \tag{1}$$

B_i 为种群生态位宽度，P_{ij} 为第 i 种群在第 j 个资源位上所占的比例，Q_{ij} 为第 i 种群在第 j 个资源位上的利用效率，R 为资源位个数。在村落尺度小区域内，每种神祇一般只有一个庙宇，多种神祇构成群落。以村落等小区域进行研究时，将神祇个体作为研究主体比较合理。这样，区域内多数神祇的统计数量为 1，仅以区域内相同神祇的数量来度量其生态位宽度显然不合适，因此，可以考虑用表征神祇对区域内资源利用效率的因子进行测度。应用到民间信仰神祇意义上，模型（1）中的 B_i 为神祇 i 生态位宽度，由于以个体为单位，P_{ij} 简化为 1；Q_{ij} 为神祇 i 在第 j 个资源位上的利用率，R 为资源位总数。村落内，单种民间信仰神祇基本不呈群落状态分布，因此不进一步划分样方，R 为 1。该模型可简化为：

$$B_i = Q_{ij}^{0.5} \tag{2}$$

（二）资源因子

在民间信仰研究中，祭祀圈人口数、信仰圈范围、神庙面积、功能等成为神祇状况的特征。[④] 其中，信仰圈范围不易明确，神祇功能不是资源

---

① 李光耀：《生态位理论及其应用前景综述》，《安徽农学通报》2008 年第 7 期；杨效文、马继胜：《生态位有关术语的定义及计算公式评述》，《生态学杂志》1992 年第 4 期；祖元刚等：《非线性生态模型》，科学出版社，2004，第 107~180 页。

② 黄英姿：《生态位理论研究中的数学方法》，《应用生态学报》1994 年第 3 期。

③ Eric P. Smith, "Niche Breadth, Resource Availability, and Inference", *Ecology* 63 (1982), pp. 1675-1681.

④ 郑衡泌：《妈祖信仰传播和分布的历史地理过程分析》，http://epub.cnki.net/grid2008/detail.aspx?filename=2006179168.nh&dbname=CMFD2007，最后访问日期：2019 年 1 月 30 日。

利用效率的表征。笔者选取与信仰人口和经济投入直接相关的因子——祭祀圈人口和神庙面积，作为衡量神祇区域内资源利用率的表征，称之为资源因子。神祇在区域内的可能信众是区域总人口，实际信众是它的祭祀圈人口，祭祀圈人口这个资源因子的利用率就是该神祇的祭祀圈人口占区域总人口的比例，以祭祀圈人口测量的神祇生态位宽度就是祭祀圈生态位宽度：

$$B_{i1}={Q_{i1}}^{0.5}=(C_i/C)^{0.5} \tag{3}$$

B_{i1}为祭祀圈生态位宽度，Q_{i1}为祭祀圈人口资源因子利用率，C_i 为特定神祇祭祀圈人口数量，C 为区域总人口。同样，对于神庙面积因子来说，资源总量是区域内所有神庙面积的总和，特定神祇神庙面积因子的资源利用率则是供奉特定神祇的神庙面积与区域内所有神庙面积总和的比例，以神庙面积测量的神祇生态位宽度就是面积生态位宽度：

$$B_{i2}={Q_{i2}}^{0.5}=(S_i/S)^{0.5} \tag{4}$$

B_{i2}为面积生态位宽度，Q_{i2}为面积资源因子利用率，S_i 为特定神祇神庙面积，S 为区域神庙总面积。

（三）民间信仰神祇多维生态位宽度评价值

村落是一个多维的环境，祭祀圈人口、神庙面积这两个资源因子共同表达神祇在群落中的状态。本文借用多维生态位宽度[①]这个概念，将神祇的两个资源生态位宽度值乘积作为衡量神祇在村落神祇群落中的多维生态位宽度评价值：

$$B_i=B_{i1}\times B_{i2}={Q_{i1}}^{0.5}\times {Q_{i2}}^{0.5} \tag{5}$$

B_i 为神祇多维生态位宽度，B_{i1}为祭祀圈人口生态位宽度，B_{i2}为神庙面积生态位宽度。

---

① 戈峰：《现代生态学》，科学出版社，2008，第 334 页。

二 研究区域背景及其民间信仰神祇

本研究选择的区域为泉州市东海镇的三个行政村——蟳埔、法石和宝山。

泉州市位于福建沿海地区，民间信仰盛行，神祇复杂多样。东海镇属于泉州丰泽区，位于晋江下游北岸，东濒泉州湾，东北为低山丘陵，东南为晋江下游入海口附近的冲积平原。东海镇东部的后渚港，是9世纪以来繁盛的对外贸易交通港。今天的东海镇大致与泉州旧三十六都的范围一致。[①] 本文所讨论的蟳蛹、法石和宝山三个行政村基本上包含在三十六都内。[②]

（一）蟳埔[③]

蟳埔位于东海镇东南，洛阳江和晋江的合流处。东北为鹧鸪山，海拔20~50米，使蟳埔呈现出东北高，西南低的地势；西南则是大片滩涂，南面呈尖角，三面环水，形似三角伸入海中。它在地形上处于突出部的位置，避风条件差，不能作为港口。蟳埔共有14个民间信仰宫庙。蟳埔人一直以海为生，是个典型的渔村，村民以从事渔业捕捞和滩涂养殖为生，辅以工商。2003年，全村共有6155人，共有100多艘外海捕捞渔船，300多艘近海捕捞渔船。渔业生产总量为37.14万担，产值15880万元，占社区渔商总产值的88%[④]。

（二）法石[⑤]

法石位于东海镇南部晋江北岸，地处晋江下游入海口附近的冲积平原，背靠宝觉山，枕山漱海，没有耕地。法石包括坂头、圣殿、文兴、长春和美山五个自然村，呈狭长形，最长处约1.5千米。法石连接后渚港和泉州城，

---

① 道光《晋江县志》卷21《铺志》，泉州方志办，1985年重印。

② 郑衡泌：《妈祖信仰传播和分布的历史地理过程分析》，http：//epub. cnki. net/grid2008/detail. aspx? filename=2006179168. nh&dbname=CMFD2007，最后访问日期：2019年1月30日。

③ 以下关于蟳埔村概况和庙宇情况的介绍，除标注文献出处者以外，均为实地调查所得。

④ 蟳埔社区居委会：《晋江出海的地方，簪花头围的故乡》，载泉州老子研究会、泉州市丰泽区文体旅游局编《众妙之门：海上丝绸之路与蟳埔民俗文化研究专辑》，2004。

⑤ 以下关于法石村落庙宇状况的调查资料，除注明出处者以外，均为实地调查所得，并得到泉州市道教协会温太平先生的大力支持，提供了大量原始资料及详细介绍内容。

是从后渚港进入泉州城的必经之路。古代法石的5个码头组成“法石港”，是泉州港的重要组成部分，全村以航运、海上贸易及造船业为生。外来文化和传统文化在这里交融，形成了独特的、开放的地域文化风格。[①]

（三）宝山[②]

宝山位于东海镇东北部的丘陵地带，自然村散布在低山丘陵中，不直接靠海，是个比较典型的农业村落。它北依桃花山，南面、东面、西面与法石、后渚港相邻，辖10个自然村。常住总人口近4000人，产业类型以农业为主。每个自然村有一个或几个宫庙。图1是宝山赤岭村的妈祖宫。

图1　宝山赤岭村妈祖宫

三　三社区神祇的生态位比较

各村庙宇供奉神祇的状况见表1。将各村落的民间信仰神祇祭祀圈人口和神庙面积数据代入模型（5），得出表2。

① 王寒枫、温太平：《东海法石发展旅游事业刍谈》，载《众妙之门——东海法石历史与文化研究专辑》，泉州老子研究会，2000。

② 关于宝山村落状况和庙宇的调查资料为实地调查所得，参以宝山村治安大队和村民们提供的原始资料。

表 1　三个村落宫庙及供奉神祇

	宫庙名	神祇	功能	祭祀圈人口	信仰圈范围	面积（平方米）
蟳埔	顺济宫	妈祖	海神	6155	全国及东南亚	400
	坎霞刘王爷府	刘府三王爷	护航	6155	闽东南	200
	新厝刘王爷府	刘府三王爷	护航驱疫	1000	闽东南	30
	厝仔王爷宫	白王爷	驱疫	1500	蟳埔厝仔	6
	顶路王爷馆	雷肖温三王爷	驱疫	1000	蟳埔顶路	10
	红面将军宫	红面将军	保境	200	蟳埔	9
	金兴蔡王爷府	金兴王爷	驱疫	750	蟳埔东头	20
	酒公伯神龛	酒公伯	护航	750	蟳埔东头	4
	土地庙	土地公	保境	6155	全国	10
	宁海庙	大普公	护航	1000	闽东南	450
		圣姑娘娘	护航		东海镇	
	圣公宫	圣公圣妈	求财	6155	蟳埔	25
	洛阳姑宫	洛阳姑	治皮肤病	1500	蟳埔	8
	三王爷府	三王爷	驱疫	1000	蟳埔大路头	20
	关帝庙	关帝	祈财	100	蟳埔顶路	10
	阴公神龛	阴公	护航	500	蟳埔蔡厝	1
	阴公宫	阴公	护航	6155	蟳埔	5
		大阴公	护航		蟳埔	
法石	长春四王府	康王爷等	驱疫水神	500	闽南	10
	美山四王府	康王爷等	驱疫水神	800	闽南	10
	长春天后宫	妈祖	保境海神	500	全国	1500
	美山天后宫	妈祖	保境海神	800	全国	1653
	文兴王爷宫	康王爷等	驱疫水神	1000	闽南	200
	文兴宫	保生大帝	海上医神	1000	闽广台	800
		张巡	保境护航		江南	
		康王爷	驱疫水神		闽南	
	真武庙	玄天上帝	水神海神	3580	全国	1500
	张巡宫	张巡	保境护航	1000	江南	20

续表

	宫庙名	神祇	功能	祭祀圈人口	信仰圈范围	面积（平方米）
法石	元帅府	田都元帅	保境丰收	280	闽南	20
		康王爷等	驱疫水神		闽南	
	海云宫	田都元帅	保境丰收	1000	江南	20
	锦井宫	郭圣王	保境丰收	1000	福建	40
	土地庙	土地	保境	1000	圣殿	10
宝山	赤岭宫	妈祖	海神	100	全国	10
	观音宫	观音	祈子	351	全国	25
		田都元帅	保境丰收		南部沿海	
	郭山宫	法主公	保境丰收	210	闽	200
		观音	祈子		全国	
	后坑四王府	王爷	驱疫	100	乌井	15
	聚峰宫	田都元帅	保境丰收	750	南部沿海	200
		顺正王	丰收		晋江	
	三王府	王爷	驱疫	100	东坑	20
		田都元帅	保境丰收		南部沿海	
	山后宫	郭圣王	保境丰收	700	江南	70
		田都元帅	保境丰收		南部沿海	
		观音	祈子		全国	
	顺正王府	顺正王	保境平安	450	晋江	100
	娲皇宫	女娲	祈子	800	全国	300
	王爷宫	三王爷	驱疫	800	后坑	55
	乡人妈宫	乡人妈宫	祈子	750	厨头	10
	后坑相公宫	田都元帅	保境丰收	800	南部沿海	200
		妈祖	海神		全国	
	洋茂相公宫	田都元帅	保境丰收	100	南部沿海	20
	洋店相公宫	田都元帅	保境丰收	400	南部沿海	70
		张巡	保境护航		江南、闽、台	
		观音	祈子		全国	
	秀山宫	张巡	保境护航	750	江南、闽、台	175
		王爷	驱疫		厨头	

表 2 三个村落民间信仰神祇生态位宽度

	神祇	祭祀圈生态位	面积生态位	多维生态位宽度
蟳埔	妈祖	1	0.485	0.485
	刘府三王爷	1	0.465	0.465
	圣姑娘娘	0.403	0.651	0.262
	大普公	0.403	0.651	0.262
	圣公圣妈	1	0.155	0.153
	关帝	0.040	0.097	0.004
	土地公	1	0.097	0.097
	阴公	1	0.075	0.075
	大阴公	1	0.069	0.069
	大路头王爷	0.403	0.137	0.055
	金兴王爷	0.349	0.137	0.048
	洛阳姑	0.494	0.087	0.043
	雷肖温三王爷	0.403	0.097	0.039
	白王爷	0.494	0.075	0.037
	酒公伯	0.349	0.061	0.021
	红面将军	0.180	0.092	0.017
法石	玄天上帝	1	0.508	0.508
	妈祖	0.603	0.737	0.444
	康王爷	0.849	0.423	0.359
	张巡	0.836	0.381	0.318
	保生大帝	0.529	0.371	0.196
	李王爷	0.849	0.203	0.173
	雷王爷	0.529	0.186	0.098
	温王爷	0.529	0.186	0.098
	萧王爷	0.529	0.186	0.098
	薛王爷	0.529	0.186	0.098
	朱王爷	0.529	0.186	0.098
	田都元帅	0.598	0.083	0.050

续表

	神祇	祭祀圈生态位	面积生态位	多维生态位宽度
法石	郭圣王	0. 529	0. 083	0. 050
	玉王爷	0. 467	0. 072	0. 034
	周王爷	0. 467	0. 072	0. 034
	土地	0. 529	0. 041	0. 022
	白王爷	0. 473	0. 041	0. 020
	七王爷	0. 473	0. 041	0. 020
宝山	田都元帅	0. 918	0. 642	0. 589
	观音	0. 661	0. 498	0. 329
	王爷	0. 659	0. 425	0. 280
	顺正王	0. 562	0. 452	0. 254
	张巡	0. 550	0. 408	0. 225
	女娲	0. 459	0. 452	0. 207
	妈祖	0. 487	0. 378	0. 184
	郭圣王	0. 429	0. 218	0. 094
	法主公	0. 235	0. 369	0. 086
	乡人妈宫	0. 444	0. 082	0. 037

（一）区域神祇信仰圈范围差异

蟳埔排在前4位的神祇，除了妈祖以外，其他三个神祇的信仰圈小于闽东南，圣姑娘娘的信仰圈仅为东海镇。宝山前4位神祇中，观音的信仰圈达到全国，田都元帅的信仰圈为江南地区，其他两个的信仰圈为闽南地区。宝山神祇的信仰圈明显大于蟳埔。法石排在前5位的神祇中，玄天上帝、妈祖的信仰圈达到全国，张巡和保生大帝的信仰圈达到福建以外，康王爷和田都元帅为闽南地区神祇。总体而言，法石神祇的信仰圈最大。

法石有着与异域文化交流的传统，对外交流频繁，是这三个区域中最为开放的一个，以外来神祇为主，几乎没有本土神祇，信仰圈基本上大于闽南。宝山位于从后渚港到泉州城的必经之路上，对外交流相对频繁。但它位于丘陵地带，产业类型以农业为主，开放程度不如法石。宝山也以外来神祇为主，小部分为本土神祇。蟳埔比其他两个区域闭塞，区域内大部分是本土神祇，并且大多数为各族群内部供奉的神祇。三个区域开放程度的不同，形成了神祇群落总体上信仰圈范围大小的差异，总体信仰圈范围的大小与区域开放程度成正比。

（二）区域民间信仰底色差异

笔者将法石所有的王爷、蟳埔所有具有阴公性质的神和宝山的王爷视为一个整体，计算其生态位宽度，得出表3。法石的王爷信仰，生态位宽度值接近0.9，覆盖了村落中大多数人口，是一种普遍信仰。宝山王爷信仰的祭祀圈生态位宽度为0.659，小于法石。蟳埔具有阴公性质的神祇生态位宽度最大，为1，覆盖全部村落人口，王爷信仰次之。

表3　三个村落王爷、阴公的生态位宽度

村落	神祇	祭祀圈生态位	面积生态位	多维生态位宽度
蟳埔	阴公	1	0.685	0.685
	王爷	1	0.519	0.519
法石	王爷	0.884	0.423	0.374
宝山	王爷	0.659	0.425	0.280

东海镇地势较低，气候湿热多雨，疫病频发。王爷这种驱疫之神在此的流行，与东海镇的地理环境有着密切的关系。蟳埔位于两江交汇之处，突出的三角形地势使得海上漂流的物体容易在岸边搁浅，大量的尸骨会随海水漂到岸边，渔民会将其拾起来，为其修建墓冢并奉祀，从而形成了阴公信仰。这是沿海渔村特殊而原始的灵魂信仰，与蟳埔的地理环境关系密切。

（三）神祇功能性区域分异

1. 功能性区域分异

本文根据功能的不同，将民间信仰神祇分为不同的功能类型——保境平安、保境丰收、保护航海、祈财、祈子和驱疫，对同类型的民间信仰神祇进行生态位宽度的计测，称为功能生态位。功能生态位宽度则指某类功能的全部神祇在区域中所占的多维生态位宽度。其中，祭祀圈人口和神庙面积都取该类功能各神祇的总和，代入模型（5），得出表4。

表4　三个村落神祇功能生态位

功能	蟳埔神祇	功能生态位宽度	功能	法石神祇	功能生态位宽度	功能	宝山神祇	功能生态位宽度
保境平安	红面将军等	0.109	保境丰收	郭圣王等	0.100	保境	土地	0.398
保护航海	妈祖等	0.766	海神保境	保生大帝等	0.961	保境丰收	田都元帅等	0.791
祈财	圣公圣妈等	0.148	祈财	关公	0.044	祈财	关帝	0.071
祈子	三夫人妈	0.045	祈子	苏夫人妈等	0.121	护航	妈祖等	0.198
驱疫	洛阳姑等	0.166	驱疫	白王爷等	0.368	祈子	观音等	0.689
						驱疫	张巡等	0.557

笔者针对神祇的各种功能对各村的重要性进行问卷调查，按层次分析法计算，结果如表5。

表5　三个村落神祇功能的重要性评价值

社区	航海	保境	祈财	祈子	保儿	驱疫	治皮肤病	医神	丰收
蟳埔	0.326	0.163	0.133	0.129	0.116	0.079	0.055		
法石	0.308	0.194	0.150	0.112	0.086	0.073		0.078	
宝山	0.052	0.216	0.235	0.132	0.094	0.102			0.169

各表中所确定的各村神祇功能重要性的评价值排序，均经过一致性检验。蟳埔、法石和宝山三村相应的一致性检验CR分别为0.047、0.010和0.066，均小于0.10，说明各神祇功能对各村重要性的评价排序符合逻辑，评价值合理可用。

表4中占优势的功能生态位神祇群，其功能在表5重要性评价中处于前列。在蟳埔，航海功能的重要性评价值最高，航海神祇的生态位宽度最大，占绝对优势；在法石，航海功能的重要性评价最高，护航功能的神祇

生态位宽度占绝对优势；在宝山，保境丰收的功能重要性评价值处于前列，保境丰收功能的神祇群落生态位宽度占优势。

神祇的功能在某种程度上是决定其在某区域内生态位宽度的重要因素。经笔者调查，宝山 10 个自然村的村民均以务农为主，当地的农业功能神祇生态位宽度值为 0.791，占绝对优势。法石没有耕地，历史上，该区域内的人们以航运和海上贸易及相关职业为生，海洋性功能神祇生态位宽度为 0.961，占据优势。以石头街为界，在南侧，功能与航海有关的神祇生态位宽度是最大值——1，北侧则出现与农业相关的神祇。石头街北侧至桃花山脚是两类功能神祇生态位重叠和竞争的过渡区域。其中既有偏向于海洋性功能的神祇，如张巡，也有偏向于农业功能的神祇，如田都元帅。长春相公宫位于石头街北侧，原先奉祀田都元帅，张巡为配祀，后田都元帅因为不灵验而被放弃，张巡成为主祀。位于桃花山腰的郭山宫则有张巡被法主公替代的故事。法主公是农业神祇。蟳浦是滨海的低山丘陵和滩涂结合的区域，与法石一样，是一个以海洋性产业为主的区域，海洋性功能神祇的生态位宽度值达到 0.766，占绝对优势。

因此，研究区域内民间信仰神祇的区域分异，最重要的因素是神祇的功能。区域中处于优势生态位的神祇群落，其功能一般与该区域内占优势的产业类型一致。

另外，受其功能与所在区域的产业类型相关程度影响，神祇在区域内的生态位宽度变化也与其功能的变化相关。张巡与田都元帅的功能原都为保境和驱疫。在法石，当张巡的功能向护航转化后，与海洋贸易的产业类型更为一致，使其生态位逐步扩大；而在宝山，张巡被法主公替代，生态位缩小。田都元帅的功能较多地保持为农业神祇，与以农业为主的宝山相适应。因此，在法石，田都元帅的生态位宽度变窄，而在宝山却是生态位宽度最大的。

2. 同一神祇生态位的区域分异

在不同区域中，由于同一个神祇的功能与该区域主要产业类型的相关程度不同，便具有不同的生态位宽度。以妈祖为例，在蟳浦和法石，妈祖的多维生态位宽度分别是 0.485 和 0.444，其生态位处于优势。在宝山，妈祖的多维生态位宽度值只有 0.184，在 10 个神祇当中仅处于第 7 位。

结 论

（一）影响区域内神祇生态位宽度的最主要因素

本研究区域内，影响神祇在区域内的生态位宽度的最主要因素是神祇的功能与这个区域产业类型的相关程度。神祇在这个区域里的影响力、分布和功能变化都受这一规律的影响。神祇的生态位宽度值所体现的神祇功能的分布状态与产业类型的分布状态有关，而产业类型的分布状态则受到自然地理条件的影响。因此，特定功能的神祇，其分布状态与自然地理环境有密切关系。在距离海岸稍远，非直接濒海的区域，以农业为主，农业功能神祇占绝对优势；直接濒海的区域，以与海洋运输和渔业及其相关产业类型为主的区域，海洋性功能神祇占绝对优势；过渡区是两类神祇的生态位重叠和竞争变化的区域。直接濒海区加上过渡区，其宽度不超过 1 千米。

神祇生态位宽度受其功能与所在区域的产业类型相关程度影响，神祇在区域内生态位宽度的变化也与其功能变化相关。同一个神祇，在不同区域中的生态位宽度，随着它的功能与区域主要产业类型相关程度的不同而不同。

这个相关度之所以成为影响神祇在该区域内生态位宽度的最主要因素，或许是因为神祇信仰向人们提供着生活的勇气和心理安全的保障，而经济生活是人们赖以为生的手段，是人们生活中头等重要的事情，功能与之相关的神祇自然成为人们寄托希望的首要对象。

（二）将生态位理论应用于区域民间信仰研究是可行的

本文的结果与区域内民间信仰的实际比较符合，说明将生态位理论应用于区域民间信仰研究是可行的。生态位理论不仅可以从定性的角度对民间信仰进行研究，更进一步地，可以使定量研究成为可能，从而使在综合多种因素下的区域内民间信仰神祇状况和相互间的关系清晰地呈现出来。

（三）进一步研究的可能

关于利用生态位理论进行的民间信仰神祇分布区域分异研究，还有许多值得探讨的课题。

本研究由于受到数据采集条件的限制，区域尺度限制在村落范围。当数据可以得到的时候，大区域的研究是否可行呢？许多民间信仰神祇的信仰圈是跨区域的，当区域扩大后，或许可以将神祇视为一个个群落。那样的话，Smith 模型中的 P_i 就可以用神祇的数量表达，或许能提供一种更贴近实际的状况。

原载《地理研究》2010 年第 4 期

基督教编

艾儒略与福州书院

林金水

艾儒略（Giulio Aleni，1582-1649）是东西文化交流史上继利玛窦之后又一位蜚声中外的意大利耶稣会士，有“西来孔子”之称。1624 年 12 月 29 日，艾儒略在明末大学士叶向高邀请下来到福州。此后，他在福建活动了 25 年，于 1649 年 6 月 10 日[①]病逝于福建延平，后葬福州北关外十字山。艾儒略足迹遍及八闽大地，每到一处都广交士大夫，传播基督教，著书立说，影响甚广。艾儒略到福州不久，就迈出了他在福建传教活动的第一步。他在福州一所书院的演讲，博得了福州士人的赞美，他们由此认识了这位“西来孔子”，有的秀才因此接受了艾儒略的洗礼，皈依基督教。这段经历是研究艾儒略的国内外学者津津乐道的事，对这一史实也不存在任何的异议。然而，这所书院的名称和它的地址，则很少有人提及。明代是书院“繁荣与辉煌”的一个时期，[②] 尽管曾有三次的禁毁，福建的书院还是有了长足的发展。特别是天启年间的禁毁行动，未波及福建，使得艾儒略在福州书院的讲学成为可能。有鉴于此，本文将对艾儒略讲学的书院进行考证。

一

有关 1625 年春艾儒略在福州书院讲学的记载有以下几种。

---

① 1649 年 6 月 10 日，即顺治六年己丑五月初一日。李嗣玄《泰西思及艾先生行述》［（康熙二十八年抄本），法国国家图书馆藏，中文编号：1017］记载：“（己丑）四月晦，赴张广文家奉弥撒谈道，语笑若平时。……次日天未明，呼从者秉烛伏几坐，恭呼耶稣玛利亚数声而逝。”四月晦，即四月三十日，次日，即五月初一日。

② 邓洪波：《中国书院史》（增订版），武汉大学出版社，2012，第 274 页。

费赖之《入华耶稣会士列传》说："儒略既至，彼乃介绍之于福州高官学者，誉其学识教理皆优，加之阁老叶向高为之吹拂，儒略不久遂传教城中。第一次与士大夫辩论后，受洗者二十五人，中有秀才数人。"①

邓恩在《从利玛窦到汤若望》一书中亦谈及此事。

> 艾儒略首次以传教士的身份出现，是在福州的一所书院。艾儒略向书院的院长送了一篇关于天主教原理概要的文章。院长请他在下次书院开会时发表讲演。当艾儒略神父来到书院时，受到全体成员非常有礼貌的接待。大家在向房间的一端写有孔子名字的金色大字鞠躬之后落座。这时乐师们正在演奏着"凝重的曲调，为的是使人排除杂念，集中意念"。接下去，一位学者朗读了一篇儒家的经典文章。院长请艾儒略对这篇文章发表见解。艾儒略知道这时要表现得恭敬谦和一些，便推辞起来，说他在诸多富有才学的人面前没有能力来引发一场讨论。院长对他这番谦逊的声明，也同样用和蔼的言辞肯定地表示，在场的没有人比他有学识。这种争执不会有什么不快，因为它是一种大家都接受的礼貌的客套。正如所料，艾儒略接受了院长的请求。艾儒略的讲演给他带来了声誉，在福建省迎来了首批皈依者。不久，艾儒略为二十六人施洗，大多数是学生，其中有三名秀才。②

遗憾的是，邓恩在书中没有对艾儒略在福州的第一次演讲做进一步的考证，诸如时间、书院名称、出席人物等细节皆茫然无知，亦未提及艾儒略演讲的具体内容。

此后，许理和先生的"The Jesuit Mission in the Fujian in Late Ming Times: Levels of Response"和梅欧金所写的艾儒略传记"A Different Country, the Same Heaven"中均提及此事。梅欧金在注释中猜测说，邓恩书中所描述的艾氏演讲情节很有可能来自巴尔托利的著作。其实，上述欧美学者对艾儒略首次在福州演讲的描述均稍晚于艾儒略之同会巴尔托利（Bartoli，又译为巴笃利）的记载。

对巴尔托利相关记载披露更多的是施省三（Joseph Shih，S. J.）神父

---

① 〔法〕费赖之：《入华耶稣会士列传》，冯承钧译，商务印书馆，1938，第 154 页。

② 〔美〕邓恩：《从利玛窦到汤若望》，余三乐、石蓉译，上海古籍出版社，2003，第 176 页。

在1994年10月19~22日于艾儒略故乡意大利布雷西亚召开的艾儒略国际研讨会上提交的论文"Western Attention to Aleni as Documented by Bartoli and Colombel"。该论文大段引用了巴尔托利之书，较为翔实地展现了1625年艾儒略在福州首次论道之情景。"巴尔托利告诉我们，艾儒略是如何通过借助叶向高的影响力而与福州文士圈相晋接，并以谦卑的天主教徒的身份宣扬天主教福音的。"①

> 神父（艾儒略）开始散播福音真理种子的首个场所就这样不期而至了。这是一个极其适宜的地方，即福州一知名书院。精英们相聚于此，探讨良俗美德及仁政善治。院长是一位博学之士，也是最初探访神父者之一。在一番礼节性问候之后，院长请艾儒略高度概括基督教教义及行为准则。既然叶阁老如此高调地推崇基督教教义，那么院长也确信基督教法则包含有德行之教导及崇高之真理。艾儒略非常乐意地应允了这一请求。他之所言及言辞之逻辑均让在座听众颇感满意。这仅仅是开始，其中所涉及的话题大可简言归之为自然理性。这位哲学家（院长）对所听到的既满心欢喜又惊叹不已，他说我们的法则包含有他们自己所有的美德，这就是举国之至圣先师孔夫子所教导的法则。他还引用儒家经典来与神父，即主要是关于至高唯一真神的存在及十诫相对照。孔夫子通过自然理性述其道，也得出了这样的结论，并把这些内容写入其著述之中。之后，他便毫无遗憾地离世了。
>
> 几天之后，院长在一群本地士子的陪同下邀请传教士（艾儒略）参加他们下一次的聚会。巴尔托利详细地描述了此次聚会开始时的礼仪。
>
> 当他（艾儒略）到达书院后，颇受礼遇和爱戴，并同其他人一道向夫子牌位鞠躬。夫子名号用金色字体写就，摆放在书院最显眼的位置。我已另文指出，此举并不表示崇拜，而仅代表一种俗世之尊重。之后，每个人各就其座，聆听一组庄重之乐章，以沉静心灵、消除杂念、集中

① Joseph Shih, *Westem Attention to Aleni as Documented*, by Bartoli and Colombel, in T. Lippiello and Malek, eds. Scholar from the West, Monumenta Serica Monograph Series LXII (Sankt Augustin: the Monumenta Serica Institute, 1997), p. 266 (pp. 263-270)。本处译文由代国庆博士译，王绍祥博士校。

意念，心无旁骛地聆听稍后呈现之真理教义。稍许，全场肃静，一位学者站立起来，诵读了一段儒家经典，语调高亢且庄重。这是妙手偶得，还是精心准备之作，我不得而知。这段文本写道："天命之谓性，率性之谓道，修道之谓教。"……院长请艾儒略对此文稍加评论。和往常一样，经过多番谦让与推辞后，艾儒略开始了演讲。他把中国的"天"与基督教的"天主""天命"与经院哲学中的"自然法则"相对照。他如同哲学家般侃侃而谈，但也提及了原罪以及原罪对人性之影响。院长说道，请艾儒略就基督教教义及行为准则向他做一高度概括。因为他相信"基督教法则包含有德行之教导及崇高之真理"。对我们而言，天即普遍自然法则之源，并非我们目之所见之高高在上之物质的、易变之天，浑天履地、星移斗转、四季变更、昼夜相替。自然理性的法则，内在之光的教条并不由这一没有理性、没有智识亦无灵魂的自然之天所赋。甚至它的运动也不足以成为我们的向导，我们根本无法从中学习到人生法则。而且，几乎无人懂得属天之事，而像人一样生活却是我们普遍的义务。所以，上述之"天"意即天主。显而易见，在孔夫子的诸多哲学著述中，他就是以这个含义来使用"天"的。在他看来，"天"即可表示"神"（God），表示存在物中最伟大、最崇高、最高贵、最仁慈者。

既然神创造了一切美善之物，这与其自身之至善是相称的，他也创造了良善之人。这镌刻在灵魂深处的法则乃完美之法则，因其尊重对种种合理义务的认识，从容不迫地履行种种义务，却丝毫没有我们现在的厌恶之感。由此，他开始解释亚当的罪，这一跟随亚当终生并祸及其后代的惩罚。从此之后，我们之中弥散着愚昧，反叛着内在之灵；此后，罪恶充塞，人们备受煎熬，除非我们接受律法和恩典。而信奉天主教，我们即可获得律法与恩典。①

对于艾儒略在福州书院的这两场论道，以上的西方文献记载都没有提到具体的与会人员。李嗣玄《泰西思及艾先生行述》也未提到此事，只有简单的一句："于是前数十公者雅闻先生名，质疑送难无虚日。"② 后世研

---

① Joseph Shih, *Western Attention to Aleni as Documented*, by Bartoli and Colombel, pp. 266-268.

② 李嗣玄：《泰西思及艾先生行述》（康熙二十八年抄本）。

究者根据李嗣玄该文的具体内容“岁在乙丑，相国叶公致政归，道经武林晤先生，恨相见晚，力邀入闽。先生亦有载道南来意，乃同舫而来。于是前数十公者雅闻先生名，质疑送难无虚日。偶于相国座间，晤观察曹公能始，反复辩论，先生次其语为《三山论学纪》”[①]，推断“前数十公者”参加了福州书院的辩论会。“前数十公者”指：“若吾闽则张令尹夏詹、柯侍御无誉、叶相国台山、何司空菲莪、苏司徒石水、林宗伯季翀、蒋相国八公、黄宪副友寰、孙学宪凤林、铨部周公日台、陈公祝皇，当道则前兴泉道令冢宰曾公一（二）云、前漳南道令司徒朱公未孩，此数十公者或谊笃金兰，或横经北面。”[②] 还有一种说法是，“何乔远、苏茂相、黄鸣乔、林欲楫、曾樱、蒋德璟等人都参与其中”。[③]

李嗣玄并未明确提及1625年艾儒略与福建士子交往之详情，更多的是为了引出下述的三山论学之事。这些来自福建南北和外省的官员，在1625年春同一时间一起集中在福州参加这场辩论，显然是不可能的。叶向高《蘧编》说：“十一月二十日（1624年12月29日）抵三山。十二月初十日（1625年1月18日）抵舍。护送中书舍人吕邦瀚以岁暮至。是月十五日（1625年1月23日）曾孙进昱生，蕃出。”[④] 他在1625年1月18日回福清老家后的半年，家中发生了一些重大事件，农历二月，其夫人俞氏去世，四月造龙田墓，等等，未见他回榕城的记载。[⑤] 所以，叶向高不大可能在这年春天参加福州书院的辩论会。何乔远、庄际昌与艾儒略第一次交游的确切时间是1626年春，也不是1625年。[⑥] 曾樱与艾儒略的交游，据杜鼎克考证，是在1628年。[⑦] 因此，李嗣玄所说“前数

---

① 李嗣玄：《泰西思及艾先生行述》（康熙二十八年抄本）。

② 李嗣玄：《泰西思及艾先生行述》（康熙二十八年抄本）。

③ 潘凤娟《西来孔子艾儒略——更新变化的宗教会遇》（台湾橄榄基金会出版，2002，第52页）称：“当艾儒略跟随辞官归乡的叶向高一同入闽后，便在福州的书院以‘天命之谓性’为主题，提出天主教的观念对之作不同诠释，与许多福建士人讨论天学，引起正面、负面的反应。因着叶向高的关系，何乔远、苏茂相、黄鸣乔、林欲楫、曾樱、蒋德璟等人都参与其中。”

④ 叶向高：《蘧编》卷17，台湾伟文图书公司印行，1977，第523~524页。

⑤ 叶向高：《蘧编》卷18，台湾伟文图书公司印行，1977，第525~528页。

⑥ 林金水：《艾儒略与〈闽中诸公赠诗〉研究》，《清华学报》2014年第1期。

⑦ Adrian Dunink, *Giulio Aleni and Li Jiubiao*, p. 140, n42.

十公者”是否都参加过福州书院的辩论，值得商榷。这“前数十公者”中，最有可能参加过福州书院辩论的，是“铨部周公日台”和“孙学宪凤林”。

二

关于福州书院的名称，西文文献未见记载，至于其地址，更没有任何记录。根据万历《福州府志》记载，当时福州书院有六处：

> 共学书院，在西门街北，旧怀安县儒学也。洪武十二年，县移入城，并移学于今所。正统二年，布政使周颐始市民地建大成殿东西讲堂，其后御史张淑、柴文显又辟棂门之外为路，以接通衢。万历八年，县省入侯官；二十二年，巡抚许孚远改为共学书院。
>
> 登云书院，在府治西之北街坐东。国朝成化十一年，知府唐珣建。……今书院圮废，田地并为豪右所蚀。旧属怀安。
>
> 道山书院，在乌石山之麓。隆庆五年，按察使邹善、提学副使宋仪塑，为邑人参政王应锺建。应锺卒，门人祀之，置祀田数十亩。万历三十八年，提学佥事熊尚文重修，增置祀田。
>
> 三山书院，在府城西关外西湖之上，宋宝祐二年，提刑王泌建。元致和间，宪使易释、董阿重立，今废。
>
> 古灵书院，在府城西南六十里古灵溪傍，宋儒陈襄读书处。岁久废，乡人林宪重建。
>
> 瓜山义学，在府城南十二都。元至正间，歙人郑潜为泉州总管，徙居于此，创义学以教乡闾子弟，置田百亩以给之，旧属怀安。①

何乔远《闽书》记载，福州书院有五处：

> 三山书院，宋宝祐二年提刑王泌建，今废。

① 万历《福州府志》卷10《建置志三》，海风出版社，2001，第127页。

> 共学书院，旧怀安县学也。万历中，巡抚许孚远改为书院。
>
> 登云书院，守唐珣建。
>
> 道山书院，隆庆中，为邑人参政王应锺建。
>
> 古灵书院，宋陈襄读书处。①

何乔远《闽书》没有收录义学，官学仅五种。以上两种文献，应该说较为准确地反映了万历年间福州书院的基本布局。民国《闽侯县志》提到的明以前（包括明代）的福州书院，除以上外还有：

> 拙斋书院，在城西三山驿南，宋林之奇与其徒吕祖谦、刘世南并从子子冲讲学处。后废。
>
> 勉斋书院，在鳌峰麓，旧为勉斋先生黄榦宅。门人学士赵师恕，即其故居拓为精舍。元至正十九年建为书院，堂为道原，阁曰云章，堂后叠石为山，曰小鳌峰。贡师泰有记。
>
> 竹田书院，在桂枝坊内。明正德间，同知叶鈇为工部尚书林廷选建。后废。
>
> 泉山书院，在河西尚书里。明正德间，提学副使杨子器、姚镆建，为兵部尚书林瀚讲学处，中有御书楼。后废。
>
> 玉泉书院，在西关外。明正德十五年，巡按御史沈灼毁淫祠，改为书院，祀宋臣相李纲。后废。
>
> 养心书院，在通津门外。明正德、嘉靖间，巡按御史聂豹建。
>
> 崇正书院，在神光寺东。明嘉靖间，督学副使姜宝建。后废。
>
> 养正书院，在乌石山北。明嘉靖七年建。后废。②

万历《福州府志》和《闽书》记载的福州书院是万历朝尚保留下来的书院，在万历以前已废的，没有列出。所以，笔者以万历《福州府志》和《闽书》，来推断艾儒略讲学的福州书院。而它们提到的五所书院中的三

① 何乔远：《闽书》卷32《建置志》，福建人民出版社，1994，第799页。

② 民国《闽侯县志》卷33《书院》，收入《中国方志丛书》第13号，台湾成文出版社，1966年影印本，第96页。

所，即“三山书院”“登云书院”和“古灵书院”，万历年间已废，这与有明一代禁毁书院的做法是分不开的。明代曾三毁书院，即嘉靖十六年到嘉靖十七年（1537~1538）、万历七年（1579）、天启五年（1625）。但据邓洪波之说，明代前后曾12次禁毁书院。[①] 天启五年禁毁，与东林党有关。禁毁对福建书院的发展造成一定影响，但万历年间被禁毁的书院都在福州之外的府县[②]，福州的共学书院反而是在禁毁后发展起来的。万历《福州府志》和《闽书》依然提到“共学书院”和“道山书院”，至少说明它们并没有在万历年间被禁毁。天启五年的禁毁书院事件基本上与福建无关，主要发生在江苏、浙江、安徽、江西。正是基于这样的历史背景，天启五年，艾儒略才有可能在福州的一所书院讲学。但艾儒略是在“共学书院”[③] 还是“道山书院”讲学，值得辨析。

书院具有讲学与祭祀的功能，但有的以讲学为主，有的以祭祀为主。如：

> “道山书院”，早在正德十四年[④]期间，就由福建布政使席书所建，为祭祀闽中诸六子。“（席书）正德四年，升副使，提学贵州，时王阳明谪龙场驿，书每学廉其秀者一、二人，集省城书院，奉龙场为师。历福建布政使，宸濠之变，募军二万赴援，道闻贼平，乃返，建道山书院，以祀闽中诸贤”。[⑤] 到了隆庆年间重建，“道山书院，在乌石山麓。明隆庆五年，按察使邹善、提学副使宋仪望为邑人

① 邓洪波：《中国书院史》（增订版），武汉大学出版社，2012，第396页。

② 如龙溪县的观澜书院、兴化府的涵江书院、建阳县的瑞樟书院。见邓洪波《中国书院史》（增订版），第406页。

③ 林枫《榕城考古略》（卷中之《坊巷第二》，官桂铨、官大梁标点，福州市文物管理委员会，1980，第4页）说：“共学书院旧怀安县学也。洪武十二年徙县治入郡城，因建学于此，宋丞相余深宅址也，始建讲堂；正统二年布政使周颐始市民居，建大成殿于讲堂之西南。四年，布政使万政拓而新之。县寻省。万历二十二年，都御史许孚远即学宫改为共学书院。国朝于其西南建万寿宫，书院门改从北向。今其前祀朱子，中为道南翼统祠，后为文昌阁。旧有怀德祠，祀怀安教谕冯光浙，旧在府学射圃。万历三十九年改建于此，翁宗伯正春为记，今废。”

④ 正德十四年平息宸濠之乱。

⑤ 查继佐：《罪惟录》卷16《罪惟录列传》，载《四部丛刊三编·史部》第16册，上海书店，1985，第54页。

参攻王应锺建。应锺卒，门人祀之，置祀田。万历三十八年，提学佥事熊尚文重修，后废”。[①]

由此可见，从正德到隆庆年间，“道山学院”都是以祀为主。到了万历三十八年，“道山学院”是作为侯官县学重修的，后废。“道山学院”的功能变化，是在清乾隆年间，作为福州府学重建以后，才成了既“讲”又“祀”的学院：

> 道山书院，在乌石山麓。地隶侯官。国朝乾隆十七年，总督尚书喀尔吉善、盐法道吴谦志谕商捐建。前为讲堂，中为六子祠，祀宋儒濂溪周子、明道程子、伊川程子、康节邵子、横渠张子、紫阳朱子，后为王公祠，祀前福建巡抚安居王公恕。右有池半亩，构亭其上，曰瀛洲亭。亭之西，为文昌阁，前后书舍合五十楹，庖次井湢咸具，岁聘耆儒主讲，集鹾商子弟肄业焉。[②]

清季，道山书院废为祠堂。[③]

从以上资料看，明代万历年间，道山书院并不是学者讲学、培养人才的书院。与道山书院不同，共学书院从重建之日起，就是一所体制非常完备的书院，讲、祀、藏功能皆有。其前身是官办的怀安县学，万历八年怀安县并入侯官县后，“学舍遂废，为军器局者数年，地多为居邻所侵。万历二十二年巡抚许公孚远议，与提学副使徐公即登其址，拓为书院，匾曰：‘共学’。重修圣殿，改明伦堂曰‘时习堂’，列左右号舍共百余间。”[④] 明代对共学书

① 乾隆《福州府志》卷11《学校·侯官县学》，海风出版社，2001，第361页。

② 乾隆《福州府志》卷11《学校·福州府学》，海风出版社，2001，第354页。

③ 郭柏苍、刘永松纂辑《乌石山志》卷1《名胜》（海风出版社，2001，第36页）谓：“道山书院，在山麓。国朝乾隆十七年，总督喀尔吉善，满洲正黄旗人，盐法道吴谦志，建德人，令闽商公建。前为讲堂，中为六子祠，礼宋儒濂溪周子、明道程子、伊川程子、康节邵子、横渠张子、紫阳朱子，后为王公祠，祀前巡抚王恕，字中安，安居人，入府志《名宦传》。右有池，池上有亭曰‘瀛洲亭’，亭之西为文昌阁，前后书舍五十楹，鹾商子弟肄业焉。按：道山书院在沟垅，旋圮，久入民居，废为祠堂。”

④ 岳和声纂修《共学书院志》，载赵所生、薛正兴主编《中国历代书院志》第10册，江苏教育出版社，1993，第158页。

院建设最有建树的是督学岳和声。[①] 万历四十六年（1618），岳和声任提学副使时，对书院进行了彻底的改造，而不是简单地恢复旧制。“万历四十六年提学副使岳公和声，以兴学作人为念，按行旧址，清理占没，将书院规制尽改复之。”[②] 明董应举《共学书院记》：

自怀安学省，而共学书院兴，盖中丞许公仍旧学为之，非出创立，君子与焉。厥后，守者怠，亏蚀障塞，失其大观。督学长水岳公至，虑闽学之不续，乃追公志加廓焉。撤其障，匡其偏，正其位，宏其制，建翼统祠于讲堂后，周以精舍。时集诸生其中，勤劝课，核膳田，且为之志以示后，其诱造来哲之心，亦勤且备矣。[③]

叶向高《共学书院记》亦云：

自许敬庵先生来抚闽，始修道南之业，与学使者丰城徐公即怀安旧庠，辟为书院，名曰共学。时与士大夫诸生讲说其间，余亦逐队往听，无能有所发明，以称先生意。然闽人自是亦稍稍好言学矣。嗣后二三学使益润饰之。至石梁岳先生，大为充拓讲堂号舍，规制焕然，纤悉俱备，集八闽诸生之俊，横经较秇。旬日则为会以讲学，微言奥义，无不剖析，要以续先圣之堕绪，而阐明闽诸儒先之所启迪。自藩臬大夫与郡邑之吏，黉序之长，乡之缙绅无不赴焉。诸人士亦感奋兴起，以学问相砥砺，其远者至，不惮囊粮负笈，走千里而来，以得聆绪论为快。而余以固陋，僻在海滨，不及躬睹其盛，惟私心甚向往之矣。[④]

---

① 岳和声，字尔律，一作之律，号石梁，一号梁父，自号餐微子，浙江嘉兴府秀水县（今桐乡市）人。岳和声“元声弟，万历二十年进士，投汝阳令，筑汝堤以防横决。历礼部员外，会本生父殁，疏请终丧。为人后者得为本生父母给假终丧自此始。出守庆远，访宋赵抃讲学故址，建书院。寻擢惠潮参政，改补九江，累升佥都御史。巡抚蓟辽，以论边事不合，乞休，疏凡七，上乃允。逾年，起顺天巡抚，调延绥，寻乞归”（光绪《嘉兴县志》卷 21，光绪三十四年刻本，第 57 页）。

② 岳和声纂修《共学书院志》，载赵所生、薛正兴主编《中国历代书院志》第 10 册，江苏教育出版社，1993，第 158 页。

③ 乾隆《福州府志》卷 11《学校》，海风出版社，2001，第 360 页。

④ 叶向高：《苍霞余草》卷 1，《苍霞草全集》第 8 册，江苏广陵古籍刻印社，1994，第 49~50 页。

共学书院到康熙年间，学舍得到修葺，延师课士。乾隆年间圮。①

从叶向高的《共学书院记》中，不难看出共学书院在福州乃至福建全省风行之盛，影响之深，上至藩臬大夫，下至乡之缙绅，以及千里之外的学子“无不赴焉”。他们都以到共学书院“以得聆绪论为快”。而叶向高本人也是“亦逐队往听”者之一。他虽然家居福清，“不及躬睹其盛”，但他是“心甚向往之”的。从以上有关的文献记载，可以推断出，艾儒略在福州讲学的书院最有可能的应是共学书院，而不是道山学院。

三

艾儒略在共学书院讲学的推断，从以下几个方面也可以得到佐证。

（1）李嗣玄《泰西思及艾先生行述》提到的与艾儒略交游的“前数十公者”之一“铨部周公日台”，正是在天启年间任福建提学副使，管理共学书院事务的。共学书院是万历年间由岳和声提学副使重修的。天启年间周之训继岳和声任福建提学副使。对此，《福州府志》记载得很清楚，提学学事：“岳和声嘉兴人，副使。赵参鲁佥事，有传。熊敦朴丰顺人，佥事。熊尚文丰城人，佥事。谭昌言嘉兴人，佥事。葛寅亮佥事，有传。以上俱万历间任。周之训黄冈人，副使。江荣益都人，佥事。庄应会武进人，佥事。以上俱天启间人。”②《熹宗实录》记载了周之训任职的具体时间是天启三年三月丙申（1623 年 4 月 5 日），“升兵部车驾司郎中周之训为福建按察司副使提督学政”。③ 周之训，字无逸，号日台，黄冈人。万历四十一年进士。“立身方严，好学洽闻。”④ 周之训作为提学副使的职责之一，

---

① 乾隆《福州府志》卷 11《学校・侯官县学》（海风出版社，2001，第 38 页）：“共学书院，在西门街北，旧为怀安县学。先是宋置怀安县在石岊江滨。大中祥符四年，主簿陆柬始建学于县东隅。明洪武十二年，徙治入郡城，遂移今所。正统二年，布政使周颐市民地，建大成殿、东西讲堂。其后，御史张淑、柴文显又辟棂星门之外为路，以接通衢。万历八年，县省入侯官。二十二年，巡抚许孚远改为书院。国朝康熙二十四年，总督王国安、巡抚金鋐改旧制而新之。四十一年，巡抚李斯义修葺学舍，延师课士。今圮。”

② 乾隆《福州府志》卷 29《职官二》，海风出版社，2001，第 92 页。

③ 《明实录・熹宗》卷 32，北平图书馆红格钞本微卷影印，第 1624 页。

④ 乾隆《黄冈县志》卷 10《忠义》，江苏古籍出版社，2001，第 5 页。

就是加强对学校的管理。岳和声称自己是“提督学校副使”。[①] 明代，学校由按察司官专督。王圻《万历续文献通考》说得很清楚：“皇明初以御史提举学校，后改按察司官专督；而两京用御史如故，遂为定例。”[②] 他们要按照儒学校规加以管理，“凡学政遵卧碑提学宪臣申饬之责，提调于府。教授、训导必谨受之。凡学官视乡举人为殿最”[③]。周之训在其任内将共学书院改为道统祠，以闽学教育作为学校的办学指导思想。在科考的出卷、阅卷等方面，他都处处严格要求自己，秉公办事。正如周之夔《闽督学使者日台周公碑代》所云：“公精神强毅，燕居危坐，闭室阅卷，焚膏彻明，事几精密，左右莫测，置镜几案，以防阴奸。故科考仅以八阅月，历八郡一州，人虞公弗及，而整暇有余。出巡不以掌案、积胥自随，因地用人，临发独断，而蠹弊悉去。其洁清励下，则设学租二簿，一存各学，互稽出入。嘉惠开来，则改共学书院为道统祠，以一闽学渊源。及辟郡学前基址，使宫墙森肃。身虽去，犹惓惓申两台属来者踵成其事。真可谓明不衰，正不怠，任衡而无愧者。”[④] 周之夔与周之训同为耿定力（字叔台）的弟子。万历年间，耿定力曾先于岳和声任福建提学副使。“耿定力，麻城人，副使”。[⑤] 耿定力既是他们二人的老师，又是他们的前任。耿氏这两位弟子，都对明末福建的教育做出了很大贡献。周之夔对周之训督学福建时的成绩给予了很高的评价：“以才品著闻，特简督闽学，又以学政上最举卓异，宜大用矣。”[⑥]

周之训是徐光启的弟子。癸丑会试时，徐光启是他的分考官。此后，他们之间保持联系。天启四年（1624），周之训致函徐光启，向他汇报在福建

① 岳和声纂修《共学书院志》，载赵所生、薛正兴主编《中国历代书院志》第 10 册，江苏教育出版社，1993，第 151 页。

② 王圻纂辑《续文献通考》（万历三十一年）卷 98《职官考》，日本早稻田大学图书馆藏，第 8 页。

③ 王圻纂辑《续文献通考》（万历三十一年）卷 98《职官考》，日本早稻田大学图书馆藏，第 34 页。乾隆《福州府志》（卷 29《职官二》，第 90 页）作“提举学事，《续文献通考》：明初以御史提举学校，后改按察司专督；而两京用御史如故，遂为定例。凡学政遵卧碑提学宪臣申饬之责，提调于府”。

④ 周之夔：《闽督学使者日台周公碑代》，《弃草集・二》卷 6，江苏广陵古籍刻印社，1997，第 998~999 页。

⑤ 乾隆《福州府志》卷 29《职官二》，海风出版社，2001，第 92 页。

⑥ 周之夔：《闽督学使者日台周公碑代》，《弃草集・二》卷 6，江苏广陵古籍刻印社，第 998~999 页。

任职的情况，徐光启回函对他给予了肯定。《复周无逸学宪》云：“一载贤劳，今兹竣事，必多得真才为他日羽仪桢干矣。执法不挠，铲除宿弊，自当官本领。……况公道在人，终占不泯。”① 作为周之训的座师，徐光启对利玛窦等耶稣会士的立场和态度，一定会影响到周之训对艾儒略的认知。因此，作为分管共学书院的官员，周之训邀请艾儒略来会讲，是顺理成章的事，并因此与艾氏结为好友。

（2）根据陈仪《性学觕述序》，与艾氏最早相结交的福州士人，除叶向高外，就是“翁宗伯”和“陈司徒”。“余乡中先达复有延之入闽者，而叶相国、翁宗伯、陈司徒诸老皆喜其学之有合于圣贤，为序其著述诸书。”② 此处的“翁宗伯”，据笔者考证，应为翁正春。③ 而陈司徒，即杜鼎克博士考证的陈长祚。还有就是《性学觕述序》的作者陈仪。陈仪早在1616年就与艾儒略相遇，“余丙辰入都，仅得见其遗书，及获交庞、艾二先生”。④ 这三人与共学书院都有关系。陈仪与翁正春是共学书院的“预会乡绅”，⑤ 陈长祚为《共学书院志》作《义助书院会田记》。这三人中，陈长祚、陈仪与艾儒略交游，已有文献可证。陈仪作《性学觕述序》，陈长祚作《灵性篇序》。陈长祚《灵性篇序》云：“艾子思及，始入闽，出其所译书数种，读之大解人意，如披云见日。至于推测之奇，闻见之综，制作之致，则其余无足道。”最后，复出其《灵性篇》中于性命之事，尤多发明。子静所说“东海西海，有圣人出焉，此心同，此理同。吾闻其语矣，吾见其人矣，又岂可与秃发缁衣者同目为两方人氏哉？聊书数语，以弁其首”。⑥

---

① 梁家勉编《增补徐光启年谱》，李天纲增补，上海古籍出版社，2011，第267页。

② 参见艾儒略《性学觕述》“陈序”，上海慈母堂重刊本，第3页。此处“翁宗伯”，笔者考证的结果与德礼贤不谋而合。“陈司徒”，德礼贤考为陈民志（转引自谢和耐《中国和基督教》，耿昇译，上海古籍出版社，1991，第56页），但陈民志为河南泌阳人（《明清进士题名碑全录索引》下册，第2167页），似误。笔者从杜鼎克之考证。

③ 林金水：《艾儒略与明末福州社会》，《海交史研究》1992年第2期。

④ 参见艾儒略《性学觕述》“陈序”，上海慈母堂重印本，第2页。

⑤ 共学书院组织机构分三个层次：第一层次是“主会”，即名义上的领导层，包括从布政使、按察使、提学使、府县到最底层的府县学教谕与训导；第二层次是“预会乡绅”，类似顾问团；第三层次“会长、院长”，是书院的实际领导者（《共学书院志》，载赵所生、薛正兴主编《中国历代书院志》第10册，江苏教育出版社，1993，第152页）。

⑥ 刘凝：《天学集解》（抄本）卷5，圣彼得堡俄国公共图书馆藏，第44~45页。这些材料可以佐证杜鼎克博士的考证。

除陈仪提到之外，翁正春与艾儒略的交游无其他史料可证。根据这三人与共学书院的关系，可以推断，他们最有可能是通过共学书院这个平台聆听了艾儒略会讲后，与艾儒略认识并结交的。

翁正春（1553～1626），字兆震，福建侯官人。万历二十年（1592）以龙溪教谕擢进士第一，授修撰，累迁少詹事。万历三十八年（1610）拜礼部左侍郎，代吴道南署部事。“天启元年起礼部尚书，协理詹事府事。抗论忤魏忠贤，被旨谯责。明年，御史赵胤昌希指劾之，正春再疏乞归。”“正春风度峻整，终日无狎语。倦不倾倚，暑不裸裎，目无流视，见者肃然。”[①] 翁正春在北京任职时，就负责管理耶稣会士的修历工作，认可他们传播的西方科学技术。万历三十八年他署礼部尚书时，上奏：“翰林院检讨徐光启、南京工部员外郎李之藻亦皆精心历理，可与迪义（Diego de Pantoja）、三拔（Sabbathinus de Ursis）等同译西洋法，俾云路等参定修改。……”[②]《明史·意大里亚传》亦说：“五官正周子愚言：‘大西洋归化人庞迪我、熊三拔等深明历法。其所携历书，有中国载籍所未及者。当令译上，以资采择’。礼部侍郎翁正春等因请仿洪武初设回回历科之例，令迪我等同测验。从之。”[③] 天启二年（1622），翁正春致仕回乡。此时共学书院已经修好。翁正春与岳和声共事过，并应他的要求为共学书院作记。翁正春对岳和声重修学院给予了很高的评价：

> 岁在丁巳（1617），长水岳先生奉玺书视闽学政，而先生则今日道学之仪的也。眷然于共学之旧，几去其籍，拊膺叹息者久之。孰是广厦，而漶漫若此，孰是坫席，而朘削若此，孰是雅化，而市交若此，果伊谁咎哉？乃檄下守令，一一更置，名仍其旧，从先创也，制取其新，从今裁也。[④]
>
> 闽士景行先生，而以共学之院为高山，即先生在闽与去闽，仰止

① 《明史》第19册《翁正春传》，中华书局，1974，第5708～5709页。

② 《明史》第3册《历志》，中华书局，1974，第528页。

③ 《明史》第28册《意大里亚传》，中华书局，1974，第8460页。

④ 岳和声纂修《共学书院志》，载赵所生、薛正兴主编《中国历代书院志》第10册，江苏教育出版社，1993，第219页。

固自有在者。院经始于万历戊午（1618）岁三月之望后，而以己未（1619）孟夏之朔日落成。余忝与先生同籍，在仪曹且有共事之雅。迨余归闽，不意先生复来督闽学也。自惟黯昧，于斯道实茫然。先生不我遐弃，数四提示，恍若揭暗室而光明之。方喜长受教益，兹且以迁秩行矣，故于书院之记，而重有感焉。①

对共学书院的会讲制度和规制，翁正春《重建共学书院记》也有记载：

年举春秋二大会，月举三课二讲，约束森如。其（指岳和声）为人，则藩臬郡县，广文缙绅，孝廉诸生，无不延接也。其为礼，则先谒圣，次列揖，先歌诗，次说书及读语录，即下僚不行属礼，私事不得阑入。②

陈长祚《义助书院会田记》亦载：

岁己未（1619），长水岳公督学之两载，正文兴行，考俎豆，饬学舍，文治蒸蒸盛矣。复以余力举所为共学书院者而新之，讲艺之堂，栖士之舍，无不严具复置。诸生高第者，讲习其中，季有书，月有课，其供费一切取诸爰书之余，不以烦有司。③

翁、陈二人所说“月举三课二讲”，“季有书，月有课”，《共学书院》“会规”亦有详细记录：

一会约，每岁春秋二大会，春以三月三日至初五日正（止）；秋以九月九日至十一日止。每月小会，除冬夏祀寒酷暑相应辍会外。④

① 岳和声纂修《共学书院志》，载赵所生、薛正兴主编《中国历代书院志》第10册，江苏教育出版社，1993，第221页。

② 岳和声纂修《共学书院志》，载赵所生、薛正兴主编《中国历代书院志》第10册，江苏教育出版社，1993，第220页。

③ 岳和声纂修《共学书院志》，载赵所生、薛正兴主编《中国历代书院志》第10册，江苏教育出版社，1993，第218页。

④ 岳和声纂修《共学书院志》，载赵所生、薛正兴主编《中国历代书院志》第10册，江苏教育出版社，1993，第176页。

按照共学书院的会规，会讲人要从四书五经中抽取题目，“会讲听各生自拈四书五经中一义，至三章而止，再举儒先语录一二则，互相商榷”。[①] 艾儒略在共学书院会讲的题目“天命之谓性，率性之谓道，修道之谓教”就是这样抽取出的。至于会讲前后的仪式，会规对此有明确的规定，其程序大致分为四个阶段。

一，与会者的报到：

> 到会者随到先后，诣至圣先师位前，初入会者行四拜礼，旧入会者行一拜礼。乡绅孝廉地方当道司籍者签名于簿，诸生则自书姓名，随主宾相序，一揖一躬就坐。左宾班，先乡绅，次孝廉；右主班，先道府县，次教官。其贡监诸生，即列左右班后。宾先外省，次外郡县，次本郡县，一以齿序。唯敦请教主为宾席第一人，不在齿序之数。其两班父子师弟不同行，叔侄兄弟不凌替，仍直班间一揖一躬，静坐片晌以候起会后到者补拜先师。肃揖，宾主二班各二揖，即入应得之班。对揖二揖，俟会毕登名赞唱。序立，宾东主西，揖，向上一揖，再揖，平身，分班，再揖，平身，照前序坐。[②]

二，会讲前的礼仪：

> 赞唱、鸣歌钟：司钟者鸣钟三声，赞唱，兴，歌诗，歌某某之章，互相唱和，节以钟磬。歌阕，赞唱，再歌，和节如前，歌阕静坐。[③]

三，会讲开始的程序：

> 赞唱、鸣讲鼓：司鼓者击鼓三声，赞唱，供书案。案定，院长唱

---

① 岳和声纂修《共学书院志》，载赵所生、薛正兴主编《中国历代书院志》第 10 册，江苏教育出版社，1993，第 177 页。

② 岳和声纂修《共学书院志》，载赵所生、薛正兴主编《中国历代书院志》第 10 册，江苏教育出版社，1993，第 176～177 页。

③ 岳和声纂修《共学书院志》，载赵所生、薛正兴主编《中国历代书院志》第 10 册，江苏教育出版社，1993，第 177 页。

某名，讲书者出班，诣案前一揖行讲，诸生立听。①

四，会讲结束送别：

讲毕，本生再揖。复班，读语录者如前仪。讲读后，端拱质正，仍复静坐。赞唱兴歌，和节亦如前。歌阕进茶饼，赞唱，撤书案，众起，赞唱序立，揖，再揖，平身；分班，对揖再揖，平身。礼毕，照序前行送别。②

书院会讲时赞唱兴歌，颇像今天开大会时播出的乐曲，指导着会议一道道程序的执行。

以上书院会规，应该说与巴尔托利所述的基本吻合。西文的记载，仅是根据当时现场的实况，凭记忆记录下来，不可能做到比会规条例的记载更详细、更烦琐。书院讲学风气之盛，正是明代书院的显著特征。“明代书院重兴，面向平民成为其发展的一个重要特点。首先，城镇官府书院向平民百姓开放，山林布衣、乡村长者、普通百姓、佛教僧侣都可以进院听讲，甚至登堂讲说。”③ 共学书院能够邀请一位来自西方的基督教徒艾儒略去做讲演，正是书院开放表现的一个典型案例。这与两任提学副使岳和声与周之训对福建教育的重视是分不开的。早在万历三十三年，岳和声在浙江嘉兴任提学副使并创立“人文书院”时，对书院讲学与会之人，就采取了“广与进”的开放态度，“欢迎一切求学、听讲之人”。④ 而周之训则以廉洁奉公、治校严明而获得好评。

对艾儒略来说，共学书院不仅为他的会讲提供了机会，更重要的是，他以书院为平台，就有可能去结识更多的福州士人。这是耶稣会士传教的“适应策略”使然。利玛窦是这样做的，艾儒略也是这样做的。据笔者考

① 岳和声纂修《共学书院志》，载赵所生、薛正兴主编《中国历代书院志》第 10 册，江苏教育出版社，1993，第 177 页。

② 岳和声纂修《共学书院志》，载赵所生、薛正兴主编《中国历代书院志》第 10 册，江苏教育出版社，1993，第 177 页。

③ 邓洪波：《中国书院史》（增订版），武汉大学出版社，2012，第 323 页。

④ 邓洪波：《中国书院史》（增订版），武汉大学出版社，2012，第 324 页。

证，与艾儒略交游的福建士大夫[①]中，曾在共学书院任职或讲课的福州当地官员，还有曹学佺、邵捷春、罗天与等。曹学佺也是书院的“预会乡绅”。曹学佺与岳和声曾有诗唱和，他对“提督学校副使”岳和声创建共学书院给予了很高的评价。他写给岳和声的《共学书院呈岳尔律文衡》诗云：“闽海虽一隅，昔也称邹鲁。夫子不我遗，俨然莅兹土。穆如者清风，袭人澹而泞。抡才既已暇，章教欲其溥。旷远谢尘嚣，眷此城西墅。堂构非不备，废缺罔修举。良会开自今，迈志□千古。诗歌喻中怀，鹿鸣良可取。青青多子衿，周旋中规矩。有美曷克藏，无疑不尽吐。微言为折衷，妙义恍倾注。黄钟叩屡鸣，赤帜拔而竖。云雾豁中天，化工妙时雨。虚往咸实归，迎机随所遇。孰充子慎炊，愿寄梁鸿庑。讵惟得学半，展矣云教父。”[②] 共学书院就建在曹学佺故居西峰里附近的余府巷内[③]，北临福州西湖。曹学佺特别有感，赠诗岳和声《感旧述怀与岳尔律》曰：

> 槜李城南处，余曾寄宿焉。湖光虽可恋，地主更多贤。
> 想象如今日，蹉跎倍十年。眼看儿子长，喜得立门前。[④]

陈仪是书院的“预会乡绅”，他和邵捷春又都是书院“讲课其中者”。凡在共学书院讲课的举人，均列有名单。陈仪是“己酉科”（即万历三十七年）举人，邵捷春是“戊午科”（即万历四十六年）举人。[⑤] 这是因为“院

---

① 林金水：《艾儒略与福建士大夫交游表》，载《中外关系史论丛》第5辑，世界知识出版社，1996。

② 曹学佺：《石仓诗稿》卷25《听泉阁稿》，载《四库禁毁书丛刊》《集部》第143册，北京出版社，1997年影印本，第470页。

③ 林枫：《榕城考古略》（卷中，第49页）《坊巷第二》：“余府巷在万寿宫西，以宋余深所居得名也。深，古田人。元丰五年及第，历官太宰，封卫国公。建炎间罢相，居福州。后宅废为怀安县学。今共学书院地，即其宅址也。其第中旧有荔枝，初实绝大而美，名曰‘亮功’。‘亮功’者，深家御书阁名也。靖康中，深谪建昌军，既行，荔枝不复实。明年归，生如故。故今里社之名称亮功者以此。又《闽都记》：郡内有湖西草堂。弘治间有张都阃居此。其孙万里，官闽幕，有文名。今易数主矣。按：郡之北达于后曹。”

④ 曹学佺：《石仓诗稿》卷25《听泉阁稿》，载《四库禁毁书丛刊》《集部》第143册，北京出版社，1997年影印本，第470页。

⑤ 岳和声纂修《共学书院志》，载赵所生、薛正兴主编《中国历代书院志》第10册，江苏教育出版社，1993，第260页。

之肇兴也，彰往诏来自道南，迄今兹其人姓名与天壤具敝矣”。所以，书院不但留下了讲课者的名字，而且留下了院长、各馆的会长和馆席肄业人员的名单。“此院之光华，抱璞以珍，亦此院之辉媚。”① 邵捷春也曾赠诗艾儒略。

最能佐证艾儒略通过共学书院与福州士大夫结交的是艾儒略与书院院长罗天与的关系。罗天与，字太玄，福州人，万历四十六年（1618）任无锡训导②，万历四十八年（1620）任共学书院的院长③，崇祯年间任光泽县教谕。④ 对罗天与的为人为学，何乔远给予了很高的评价：“罗天与万历中训导，持守无瑕，学问有余，不愧多士矜式。”⑤ 根据巴尔托利的记载，“院长是位博学之士，也是最初探访神父者之一”，这位院长对基督教的好感是受到叶向高的影响。这位院长要求艾儒略会讲，要“高度概括基督教教义及行为准则。既然叶阁老如此高调地推崇基督教义，那么院长也确信基督教法则包含有德行之教导及崇高之真理”。从这位院长对基督教信仰表现出的浓厚兴趣，以及他后来成为天主教徒，并成为李九标的《口铎日抄》卷三的校辑者来看，巴尔托利所说的“院长”不是别人，正是罗天与。罗天与不仅是艾儒略在福州结交的第一批士人，后来他还接受了艾儒略的洗礼。他也许是接受艾儒略洗礼的“三名秀才”之一。不管怎么说，可以肯定的是，罗天与最晚在 1631 年接受了艾儒略的洗礼。⑥ 值得一提的是，在共学书院的“主会名氏”中，有福建按察司佥事熊明遇。熊明遇是明末深受西学影响的一位官员。天启五年，他是否参加了艾儒略在共学书院的会讲，并以此为契机与艾儒略结交，值得研究。

---

① 岳和声纂修《共学书院志》，载赵所生、薛正兴主编《中国历代书院志》第 10 册，江苏教育出版社，1993，第 259 页。

② 光绪《无锡金匮县志》卷 15《县志》，光绪七年刊本，第 13 页；又见康熙《常州府志》卷 14，康熙三十四年刻本，第 101 页；《闽书》卷 61，福建人民出版社，1994，第 1767 页。乾隆《福州府志》卷 41，海风出版社，2001，第 630 页，作：古田学（天启间贡）：“罗天与，恩贡，无锡训导。”《福州府志》与《常州府志》《无锡金匮县志》《闽书》在罗天与任职训导时间上相左，本文取万历说。

③ 岳和声纂修《共学书院志》，载赵所生、薛正兴主编《中国历代书院志》第 10 册，江苏教育出版社，1993，第 261 页。

④ 道光《重纂光泽县志》卷 2，同治九年补版重印本，第 39 页。

⑤ 何乔远：《闽书》，福建人民出版社，1994，第 1767 页。

⑥ 艾儒略：《口铎日抄》卷 3，“晋安罗天与太玄校辑”。根据《口铎日抄》卷 1 凡例“凡显载姓字者，悉皆同道诸友，其尚未奉教者，则不僭书”。

小结

综上所述，可以发现，艾儒略来闽后，首次在福州共学书院亮相，与福州士人接触和认识，既有叶向高邀请艾儒略入闽以及叶向高在士人中的威望和影响有关，又与明末书院盛行的开放风气密不可分。书院作为府县的教育与学术中心，对于听讲者，不分老者少年、市井农夫、僧道游人，凡愿听者均可报名。根据共学书院院长罗天与聆听艾儒略会讲后受洗入教这一案例，不排除到共学书院听讲的平民百姓受洗皈依天主教的可能。而书院对于会讲者，可以来者不拒，“人皆可以为尧舜，何论其类哉！”[①]“何论其类”，东西方本来就同心同理。共学书院有着比其他书院更开放的态度。在福建地方政府抗击荷兰海盗入侵澎湖列岛、对来闽夷人保持高度警惕时，对艾儒略都没有当另类看待。相反，在“人皆可以为尧舜”的思维指导下，将西人艾儒略称为“西来孔子”也就不足为奇了。

艾儒略在共学书院的会讲，是明末东西方文化——天学与儒学在福建的第一次正面交流。基督教从此在福州文人中打开了市场。这种另类的学问得到了同类人的认可，福建的天、儒之交也由此揭开了序幕，铺下了天主教在八闽大地传教的第一块基石。

原载《世界宗教研究》2014 年第 3 期

① 邓洪波：《中国书院史》（增订版），武汉大学出版社，2012，第 327 页。

明清之际士大夫与中西礼仪之争

林金水

礼仪之争是17~18世纪中西方就中国祭祖、祭孔礼仪发生的一场大争论。自1610年利玛窦去世后不久，耶稣会内部就“上帝”“天”的译名问题展开争论，到1742年教皇本笃十四世颁布“自上主圣意”对礼仪之争做出最终的裁决，延续了一个多世纪。它是中西交往史上的一件大事，对东西方历史影响甚巨。罗马教廷七位教皇，清廷两代皇帝康熙与雍正，葡萄牙、西班牙、法国等国国王，罗马教会宗教裁判所、传信部枢机团，巴黎大学神学院，杨森主义者以及有关的修会和团体，还有两位教皇特使，路易十四忏悔师和启蒙思想家伏尔泰、莱布尼兹等，都卷入了这场纷争。① 其最终结果，在中国导致清政府对天主教的严厉禁止，而在欧洲却为中国儒家经典和思想的输入提供了契机，为当地启蒙思想家和哲学家送去了东方的精神食粮，促进了欧洲启蒙时代的到来。

本文拟在国内外学者以往研究的基础上，根据新获得的罗马耶稣会档案馆珍藏的有关礼仪之争的中文资料，对礼仪之争进行新的探索，对鲜为人知的中国士大夫在礼仪之争中的立场和观点，及礼仪之争的意义、影响、性质进行分析与评价。

---

① George Minamiki, *The Chinese Rites Controversy: From Its Beginning to Modern Times*, Chicago: Loyola University Press, 1985, Introduction, ix.

一　礼仪之争的经过

礼仪之争大致可分为以下四个阶段。

1. 蛰伏阶段（1610~1628 年）

明末天主教传入中国后，以利玛窦为首的一批耶稣会士采取了迎合儒家思想的“适应”策略。他们征引儒家经典中的“上帝”“天”的概念，借以证明这些与基督教中创天地万物的主宰是一致的，“历观古书，而知上帝与天主，特异以名也”[①]。对于中国教徒祭祖、祭孔，利玛窦等人“历经多方辩论，知祭祀为可从之礼，心无僭妄，乃子孙表其追忆之孝思，而亦不之禁也”[②]。1603 年 12 月，利玛窦正式就此作出决定[③]，得到澳门耶稣会当局的认可与批准。这一划时代的决定，为基督教名正言顺地传入中国扫清了障碍。但利玛窦死后不久，一些耶稣会士就对他的这一套做法提出质疑，特别是继任会长龙华民，他严禁中国教徒以“天”“上帝”称呼“天主”，建议直接用拉丁语“陡斯”称呼基督教的真神，认为祭祖、祭孔有涉异端，应当禁止。为统一认识，1628 年耶稣会士在嘉定召开会议，由副会长阳玛诺主持，21 名耶稣会士出席，徐光启、李之藻、杨廷筠、孙元化等列席。会议决定禁止使用以“上帝”称呼“陡斯”，但利玛窦著作除外。至于祭祖、祭孔，会议认为不涉宗教。这样，因“上帝”译名问题及祭祖、祭孔是否带有宗教性质，首先引起了耶稣会内部的争论。但这种争论是局部的，影响有限，只是礼仪之争的蛰伏阶段。

2. 爆发阶段（1632~1692 年）

17 世纪 30 年代前，中国天主教几乎由耶稣会垄断。据葡萄牙政府 1585 年提出的要求，教皇格里高里十三世同意耶稣会在中国及日本传教的最高权力[④]，受辖于葡萄牙的保教权。为打破耶稣会对中国的垄断，1600

---

① 利玛窦：《天主实义》，上海土山湾印书馆，1935 年铅印本，第 26 页。

② 朱西满等：《祭祀问答》，罗马耶稣会档案馆藏，编号：Jap. Sin. Ⅰ 40/9a，第 108 页。

③ F. A. Rouleau, *The Chinese Rites Controversy*, New Catholie Eneyelo Pedia, Vol. Ⅲ, p. 612, San Francico.

④ 罗光主编《天主教在华传教史集》，台湾，光启出版社，1967，第 26 页。

年教皇克勒门八世发布诏令，允许托钵修会进入耶稣会垄断的地盘。[①] 1632年西班牙多明我会士高支首先抵福建福安。翌年，多明我会士黎玉范和方济各会士利安当也抵福安。这一年，教皇乌尔班八世重申托钵修会可以进入耶稣会的地盘。[②] 利安当来华后，发现中国教徒以“祭”来解释天主教的“弥撒”。后来，他又与黎玉范在福安穆阳缪家看到教徒与非教徒在一起参加祭祖仪式。他们断定这些礼仪具有迷信色彩，必须禁止，但受到耶稣会的抵制。他们遂向菲律宾教会汇报此事，并要求马尼拉大主教召开由神学家和宗教法学家参加的会议，讨论中国礼仪问题。礼仪之争首次在中国之外展开。1643年，黎玉范到罗马呈递报告，受到乌尔班八世的接见。黎玉范在报告中提出了十七个问题，经教廷神学家审议后，1645年9月12日由继任教皇英诺森十世发布通谕，正式答复。该通谕禁止中国教徒参加在孔庙举行的祭孔仪式和在祠堂、家中举行的祭祖礼仪，不准摆设牌位，但允许在死者的灵柩前和祭台上放牌位、鲜花，点香燃烛。至于是否可将孔子称为“圣人”，教廷神学家不敢擅自定夺。[③] 这是罗马教廷就中国礼仪问题发布的第一个通谕。从此，礼仪之争由耶稣会内部扩大到罗马教会，由福建而马尼拉，而罗马，在东西方舞台上各自展开。

为反驳托钵修会对他们的指控，1650年，耶稣会士卫匡国赴罗马说明事情的真相，指出黎的十七个问题与事实有出入，并对其中四个问题逐一驳斥。罗马宗教裁判所同意卫匡国的看法，指出敬孔“似乎是单纯的社会与政治的意义”。至于祭祖，宗教裁判所认为，如果这些礼仪不含有迷信色彩，教徒可以与非教徒一起参加。1656年3月23日，教皇亚历山大七世发布通谕，赞同罗马宗教裁判所的结论。[④]

1665年杨光先兴起历狱，有23名传教士被押解到广州，其中耶稣会

---

① J. S. Cummins, *Two Msissionary Methods in China: Mendcants and Jesuits*, Jesuits and Friar in the Spanish Expension to the East (JFSEF), London, 1986, p. 49.

② J. S. Cummins, *Two Msissionary Methods in China: Mendcants and Jesuits*, Jesuits and Friar in the Spanish Expension to the East (JFSEF), London, 1986, p. 49.

③ George Minamiki, *The Chinese Rites Controversy: From Its Beginning to Modern Times*, Chicago: Loyola University Press, 1985, pp. 26–27.

④ George Minamiki, *The Chinese Rites Controversy: From Its Beginning to Modern Times*, Chicago: Loyola University Press, 1985, pp. 29–34.

19 人，多明我会 3 人，方济各会 1 人。各派在广州召开会议，历时 40 天，于 1668 年 1 月 26 日结束。会议做出 42 条决定，第 41 条认为有关祭祖祭孔的活动必须无条件服从亚历山大七世的通谕。对此，多明我会的闵明我（老）勉强接受，但事后他从广州逃回欧洲，又反对这一决定①，并于 1676 年在马德里发表了《中华帝国的历史、政治、伦理和宗教》，率先在西方发起对耶稣会的攻击，成为杨森主义者反对耶稣会的得力工具，同时也对魁奈和重农主义产生了重大的影响。

对于这两个显然相抵牾的通谕，多明我会派鲍郎高赴罗马，要求罗马宗教裁判所给予解释。1669 年 11 月 20 日，教皇克勒门九世批准了罗马宗教裁判所的答复，指出前两个通谕均有效，必须绝对执行。② 实际上这是一个毫无约束力的决定，它只不过把问题交由传教士自行解决。这样，两派抓住两个通谕中有利于自己的方面，各行其是，礼仪之争并未由此平息下来，反而蕴蓄着更大的危机。

3. 高潮阶段（1693~1722 年）

为了削弱葡萄牙、西班牙在海外势力的影响，教廷传信部于 1663 年在巴黎成立巴黎外方传教会修道院③，它是外方会的中枢机构。从此，法国加入争夺海外布道势力的行列。此前，1658 年教廷还设立宗座代牧制，规定由教皇委任的宗座代牧圣品与正式教区主教相当，来部分抵消葡萄牙享有的保教权。第一个担任宗座代牧的是巴黎外方传教会创始人陆方济，他于 1680 年任福建宗座代牧。他去世后，1687 年由同会的颜珰继任。颜珰是礼仪之争中的强硬派人物。康熙把中西礼仪之争之发生，归咎于“严珰等不通小人妄带书信，颠倒是非”④。1693 年 3 月 26 日，颜珰向他代牧区的教徒发表七点告示，严禁中国教徒祭祖、祭孔，把礼仪之争推向高潮。其中要害是第三条，认为亚历山大七世所赞同的卫匡国的申辩“在许多地

① George Minamiki, *The Chinese Rites Controversy*: *From Its Beginning to Modern Times*, Chicago: Loyola University Press, 1985, pp. 29–34.

② George Minamiki, *The Chinese Rites Controversy*: *From Its Beginning to Modern Times*, Chicago: Loyola University Press, 1985, p. 36.

③ D. E. Mungello, *Curious Land*: *Jesuit Accommodation and the Origins of Sinology*, Stuttgart, 1985, p. 25.

④《康熙与罗马使节关系文书影印本》，陈垣整理，北平故宫博物院，1932 年影印，第 13 件。

方都不符合事实”[①]，故有关祭祖、祭孔的问题，不应享用教廷的认可。但耶稣会士不理睬颜珰的七点告示，他们抓住正得康熙眷宠之机，试图以东方君主的圣裁来干预和影响教皇在礼仪问题上的立场。1700 年，闵明我（小）等耶稣会士上疏康熙，认为祭孔是“敬其为人师范，并非祈福佑聪明爵禄而拜也。祭祀祖先，出于爱亲之义，依儒礼亦无求佑之说，惟尽孝思之念而已”。御批：“这所写甚好，有合大道。敬天及事君亲敬师长者，系天下通义，这就是无可改处。钦此。”[②] 从此，康熙也卷入了礼仪之争。然而，克勒门十一世根本无视康熙的看法，于 1704 年 11 月 20 日发出当时最为严厉的祭祖、祭孔禁约。其内容中国传教士 1715 年 1 月 9 日才得知，中译本全文至康熙五十九年十二月二十一日（1721 年 1 月 18 日）才译呈御览。[③] 克勒门十一世在通谕尚未颁布之前，简派多罗为教皇特使，第一次出使中国。1705 年 12 月 14 日，多罗抵北京。在觐见中，康熙警告他不要干涉中国人的生活习俗，并想通过打击颜珰来改变他的立场。1706 年 8 月 3 日，皇上“谕示多罗：颜珰既不识字，又不善中国语言，对话须用翻译。这等人敢谈中国经书之道，像站在门外，从未进屋的人，讨论屋中之事，说话没有一点根据”。[④] 康熙意识到“近日自西洋所来者甚杂，亦有行道者，亦有白人借名为行道，难以分辨是非。如今尔来之际，若不定一规矩，惟恐后来惹出是非”[⑤]。“谕内务府，凡不回去的西洋人等，写票用内务府印给发。票上写西洋某国人，年若干，在某会，来中国若干年。”[⑥] 为阻挠传教士领票，多罗南下至南京时发表公函，要求中国教会无条件执行 1704 年禁约，否则将开除其教籍。他还规定不准对公函进行任何诠释，也不允许以遵行 1656 年通谕为借口而干扰该公函的执行。多罗之专横把礼仪之争推向第一个巅峰。1710 年 9 月 25 日，克勒门十一世又发布通谕，再

① George Minamiki, *The Chinese Rites Controversy: From Its Beginning to Modern Times*, Chicago: Loyola University Press, 1985, pp. 37.

② 黄伯禄：《正教奉褒》，上海慈母堂光绪甲午版，第 117~118 页。

③ 《康熙与罗马使节关系文书影印本》，陈垣整理，“陈垣叙录”，北平故宫博物院，1932 年影印，第 2 件。

④ 罗光：《教廷与中国使节史》，台湾，光启出版社，1961，第 126 页。

⑤ 《康熙与罗马使节关系文书影印本》，陈垣整理，“陈垣叙录”，北平故宫博物院，1932 年影印，第 2 件。

⑥ 黄伯禄：《正教奉褒》，清光绪三十年（1904）上海慈母堂铅印本，第 120~121 页。

次肯定1704年禁约与多罗公函定夺诸事，要求必须绝对服从。可是，还有人不肯服从。1715年3月19日，教皇又发布“自登极之日”通谕，措辞更加严厉，将1704年禁约“严示在中国之众西洋人悉知，即便遵行。如或不然，我依天主教之罚处之。自今以后凡西洋人在中国传教或再有往中国去传教者，必然于未传教之先在天主台前发誓，谨守此禁止条约之礼”。[①] 康熙得知后，下令把所有“自登极之日”通谕退回罗马。[②] 1717年5月21日，广东碣石总兵官陈昂奏请禁止天主教，康熙从之。[③] 传教士在中国的日子愈加艰难。教皇又简派嘉乐为特使，第二次出使中国。

1720年12月26日，嘉乐抵北京，在觐见中国皇帝中表现出相当的灵活性。他坦率地谈到利玛窦行为中不合教义之处，康熙解释说：“供牌位原不起自孔子，此皆后人尊敬之意，并无异端之说，呼天为上帝，即如称朕为万岁，称朕为皇上，称呼虽异，敬君之心则一。”[④] 又谕西洋人：“中国供神主，乃是人子思念父母养育，譬如幼雏物类，其母若殒，亦必呼号数日者，思其亲也。”关于敬孔，他说：“敬孔子乎，圣人以五常百行之大道，君臣父子之大伦，垂教万世，使人亲上死长之大道，此至圣先师之所应尊应敬也。”[⑤] 1704年禁约译呈御览时，康熙大为恼火，朱批：“览此告示，只可说得西洋人等小人，如何言得中国之大理。况西洋人等，无一人同（通）汉书者，说言议论，令人可笑者多。今见来臣告示，竟是和尚道士，异端小教相同。比（彼）此乱言者，莫过如此。以后不必西洋人在中国行教，禁止可也，免得多事。”[⑥] 康熙还对教皇反唇相讥：“指孔子道理为异端殊属悖理，且中国称天为上帝，大小之人皆一样称呼，并无别说。尔西洋呼天主为陡斯乃意达理亚国之言，别国称呼又异”，“尔西洋人自己流入异端之处，自己不知，反指中国道理为异端，及至辩论之际，一字又

---

① 《康熙与罗马使节关系文书影印本》，陈垣整理，北平故宫博物院，1932年影印，第14件。

② George Minamiki, *The Chinese Rites Controversy: From Its Beginning to Modern Times*, Chicago: Loyola University Press, 1985, p. 63.

③ 《清实录》第6册，中华书局1985年影印本，第669页。

④ 《康熙与罗马使节关系文书影印本》，陈垣整理，北平故宫博物院，1932年影印，第13件。

⑤ 《康熙与罗马使节关系文书影印本》，陈垣整理，北平故宫博物院，1932年影印，第11件。

⑥ 《康熙与罗马使节关系文书影印本》，陈垣整理，北平故宫博物院，1932年影印，第14件。

不能回答。且中国称上帝人人皆知，无不敬畏”。[①] 嘉乐看到局面无法挽回，离京南下，1721 年 11 月 4 日在澳门发表公函，对他先前提出的八点准许进行解释[②]，对中国礼仪作了最大的妥协和让步。嘉乐来华和康熙一系列朱批是礼仪之争的第二个巅峰。从此以后，清政府以严厉禁教代替了原来的说理与辩论。

4. 礼仪之争之余波

雍正登基后，奉行全面禁教的政策。1724 年 1 月 12 日，闽浙总督觉罗满保奏疏："西洋人在各省起盖天主堂，潜住行教，人心渐被煽惑，毫无裨益。请将各省西洋人，除送京效力外，余俱安插澳门。" 礼部议复："应如所请，天主堂改为公所，误入其教者，严行禁饬。"[③] 雍正二年，两广总督孔毓珣又上疏，提出"将各省送到之西洋人暂令在广州省城天主堂居住，不许出外行教，亦不许百姓入教，遇有各本国洋船到粤，陆续搭回。此外各府州县天主堂，尽行改为公所，不许潜往居住"。[④]

为改善与清政府的关系，罗马教皇于雍正三年派出以噶哒都、易德丰为首的使团，第三次出使中国，祝贺雍正缵承大统，并进贡方物。[⑤] 这次出使未涉及礼仪问题，但在各地，礼仪之争余波未平。嘉乐八点准许使来华传教士又一次陷入矛盾之中。先是陕晋宗座代牧方启昇于 1730 年发表公开信，禁止执行嘉乐八点准许中允许供牌位的决定。1733 年，北京主教法兰西斯也发表公开信，要求把嘉乐八点准许与 "自登极之日" 通谕联系起来执行。各行其是的局面仍无法消除，致使教皇本笃十四世于 1742 年 7 月 11 日发布 "自上主圣意" 通谕，再次重申 "自登极之日" 通谕的权威性，严厉谴责嘉乐八点准许。[⑥] 因它是对以往一系列教皇通谕的最终总结，史家把它视为礼仪之争结束的标志。然而，与前几个通谕的命运一样，它对

---

① 《康熙与罗马使节关系文书影印本》，陈垣整理，北平故宫博物院，1932 年影印，第 13 件。

② 罗光：《教廷与中国使节史》，传记文学出版社，1983，第 180 页。"八点准许"，见该书第 163 页。

③ 《清实录》第 7 册，中华书局 1985 年影印本，第 251 页。

④ 鄂尔泰：《雍正朱批谕旨》第 3 册，北京图书馆出版社，2008，第 27 页下。

⑤ 《清实录》第 7 册，中华书局 1985 年影印本，第 548~549 页。

⑥ George Minamiki, *The Chinese Rites Controversy*: *From Its Beginning to Modern Times*, Chicago: Loyola University Press, 1985, pp. 68-69.

嘉乐八点准许的全面否定，势必会将原来1704年禁约中所允许的亡人牌位可以留在家中的条款也否定掉。福建的宗座代牧就是这样做的。而陕晋宗座代牧认为否定八点准许不意味着否定1704年禁约所允许的条款，只要能通融，他都给予容忍。可见，所谓礼仪之争的结束，只是在表面上终止了延续100多年的大争论，问题并没有真正得到解决。

二　礼仪之争中的中国奉教士大夫

在礼仪之争中，耶稣会士为了替自己的立场和观点寻找辩护的材料，曾向中国奉教士大夫了解他们对礼仪之争的看法，向他们发出调查提纲，要他们回答各种问题。当时接受调查的中国士大夫主要来自福建，其次是浙江。他们开始卷入这场是非之争，大约是在广州会议之后，而首先引发他们参加这场辩论的是方济各会士万济国写的《辩祭》一书。该书“系传教会士与福安秀士，设为问答，以明祭礼之意”。万济国于1671年随何大化来到福建。1681年，在福州的耶稣会士李西满在旧藏笥中发现《辩祭》一稿，认为“其中虽持正理，第是非几微之介，尚未斟量。苟祭义既晰，则从违乃克有定矣”[①]。于是，他发动中国教徒批判该书。先是福清李良爵作《〈辩祭〉参评》，漳州严谟（字定猷）作《〈辩祭〉考疑》。后根据耶稣会士发的调查大纲或应个别来信的具体要求，他们又写下不少辩论之作，其中有李九功《礼俗明辩》《摘出问答汇抄》《证礼刍议》。李九功是艾儒略在福建的信徒，著有《厉修一鉴》，并曾参与校辑其兄李九标汇编的艾儒略在福建的言行录《口铎日抄》。李良爵即李九功的儿子。还有严谟为答李西满而写的《李师条问》和《祭祖考》《木主考》《草稿》（两篇）及复耶稣会士穆若望的信。严谟是严赞化（字思参）的儿子，父为顺治年间漳州府学恩贡生，子为康熙四十八年龙溪县岁贡生。[②] 严赞化也是艾儒略在福建的信徒，曾陪同艾儒略到各地视察，参与订正、分录《口铎日抄》。有将乐邱晟《致诸位神父书》。邱晟为康熙三十二年举人、四十五

① 李良爵：《〈辩祭〉参评》，罗马耶稣会档案馆藏，编号：Jap. Sin. Ⅰ 40/5，第1页。

② 道光《重纂福建通志》卷166，凤凰出版社，2011；《龙溪县志》卷14，上海书店出版社，2000。

年进士，官居“内阁中书，改授浙江诸暨县知县”[①]。还有建瓯夏相公《回方老爷书》《生祠缘由册》《生祠故事》《祭礼泡制》《〈礼记〉祭制撮言》和《礼仪答问》。夏相公，教名玛第亚，原籍建州（今建瓯县）。笔者认为此夏相公应为夏书浑[②]，礼仪之争时，他正在江西赣州。浙江士大夫写的辩论文章有张星曜的《祠典说》和朱西满等人写的《祭祀问答》。这些儒生教徒以他们所接受和理解的西方基督教神学观点，与中国传统的礼仪和风俗进行比较研究。他们广征博引古代经典，如《尚书》《诗经》《礼记》《春秋》《周礼》《仪礼》《论语》《中庸》《白虎通》《开元礼》《文献通考》《家礼》《大明集礼》等，对儒家丧礼、祭礼的理论进行了全面的回顾和探讨。其内容不仅涉及祭祖、祭孔问题，而且还涉及中国民间信仰和习俗的各个方面，如祭风云雷雨、日蚀月蚀行礼、祭斋沐浴、子婚女嫁告祠堂、官长备酒行礼、家内祭五祀神、敬城隍、武官祭旗纛神、祭孤魂、民家备酒行礼、历代帝王庙人过下马、择地、祭关王、立生祠等问题。他们必须对这些问题进行判断，指明是否有违基督教教义，哪些可行，哪些应禁止。为此，他们提出了许多颇有见地的看法，不仅为礼仪之争的赞成派提供了可借鉴的思想武器，而且为中国思想史留下了许多难得的参考资料。以下分三个问题对此加以论述。

1. 关于祭祀与祭祖

祭祀与祭祖是否具有宗教属性，是礼仪之争中的核心问题。中国士大夫从祭祀与祭祖非为求福，其意义只是报本反始，追养继孝，事死如事生，以及教人和睦等方面来论述其非宗教性。

（1）非为求福

天主教神学家判定中国礼仪是否具有宗教属性的一个重要标准是它们是否具有祈福禳灾之义，崇拜的对象是否真神。因此，欲证中国祭祀祭祖先无异端之嫌，先要证明祖先非为真主，祭祀非为求福。严谟《辨祭》说：“欲辩祭，先当辨祭”，“按祭字之名义，释为至，凡有所排列表意以至之，皆可称祭也。故祭之名，上下通用，不过泛称而已”。严谟认为，祭之名虽不同，

① 《将乐县志》（乾隆三十八年）卷7，上海书店出版社，2000。

② 道光《重纂福建通志》卷166，凤凰出版社，2011。

但“其祭之礼节则悉一，依生存时燕飨之礼，又各依其生人死人之爵秩，无一毫加损也，并未曾见有另创之礼，以祖宗为神明，而尊崇之过分也”。它与基督教“事上帝之意，尊之为真主，望之以降福免祸者，大相悬绝矣”。[①] 又说：“历观礼所言，祭祖宗止为思念死者之意，并无求福也，《礼经》明据可考，后代祝文现在。自唐迄今，上至天子，下至士庶之家，祝文一然，并未尝有一毫涉求福之语。”[②] 万济国《辩祭》摘《礼记》《诗经》十数条，以证祭祖有来飨有求福。对此，严谟逐条进行了驳斥，如对《礼记》所说：“祭有祈焉，有报焉，有由辟焉”，他引宋陈澔等人注疏，认为所说皆“祈报于上帝百神，无有言祖宗者，不可以证祭祖之有祈也”[③]。李良爵《〈辩祭〉参评》说：“夫中国之祭也，分有尊卑，祭各有义，如祀圣为其教我也，祀先为其生我也，从古至今，止是表爱敬之意，并未尝有涉一毫求福之想。”[④] 至于《诗·小雅》所说“神之吊矣，诒尔多福”，严谟认为“此诗乃人臣颂君之诗，非祭祖之诗也”。而所谓“神嗜饮食，卜尔百福”，“求锡尔极，时万时亿”，严谟认为“似祭祖有涉言福之事，在此矣。然此乃祝人传尸之意以嘏主人，亦非主人祭祀自有求福之举也。古人凡相见饮酒，皆互相祝福，如万寿无疆，眉寿永年，以介景福之类”[⑤]。

（2）报本反始

中国祭祀和祭祖的意义之一是报本反始。李良爵说：“自天子达于庶人，有尊祖之礼行于庙，而为子者不可不行，莫非教人反始报本，不忘其所由生也。”[⑥] 夏书浑对报本反始有形象的说明：“报本者，谓祖父为我一家之本原，若祖父已死，便如枝叶离了树根一般，尚须纪念开花结果，乃由根本灌溉之恩，即如中国俗语所云：吃果子者，念树根也。”“反始者，谓我肉身，非能自为始，必有所从始也，谓我一家，非能为始，亦有所从始也，祖父即为我身我家之由始矣。”[⑦] 严谟认为儒家提倡报本反始，是人

① 严谟：《辩祭》，罗马耶稣会档案馆藏，编号：Jap. Sin. Ⅰ 40/6a，第 1、2，4、5 页。
② 严谟：《祭祖考》，罗马耶稣会档案馆藏，编号：Jap. Sin. Ⅰ 41/la，第 10 页。
③ 严谟：《考疑》，罗马耶稣会档案馆藏，编号：Jap. Sin. Ⅰ 40/6b，第 16 页。
④ 李良爵：《〈辩祭〉参评》，罗马耶稣会档案馆藏，编号：Jap. Sin. Ⅰ 40/5，第 15 页。
⑤ 严谟：《考疑》，罗马耶稣会档案馆藏，编号：Jap. Sin. Ⅰ 40/6b，第 20~21 页。
⑥ 李良爵：《〈辩祭〉参评》，罗马耶稣会档案馆藏，编号：Jap. Sin. Ⅰ 40/5，第 8 页。
⑦ 夏相公：《祭礼泡制》，罗马耶稣会档案馆藏，编号：Jap. Sin. Ⅰ 39/4，第 3 页。

有别于动物的表现。他说："古人制此祭祖之礼者，止是不忍忘倍死者之意，用生时几筵饮食礼仪，以维系此心，使之宛在目前，聊当报恩耳。且以永缔宗支，令不疏失，其意皆善，必本乎膺也，亦非伪也。夫天主生人所以异于禽兽者，以其有追远报本之心。"①

（3）追养继孝

祭祀和祭祖的另一层意思是追养继孝。追养者，就是追其不及之养；继孝者，继其未尽之孝。《礼记·祭义篇》说："君子生则敬养，死则敬飨，思终身弗辱也。"夏书浑认为"生则敬养"容易做到，因为这时"欲以我之爱亲者，而求亲之爱我"。而"死则敬飨"难以做到，因为那时"亲既不能显爱于我，而我犹能爱慕其亲于不忘焉，斯为大孝终身慕父母矣"。② 强硬派不这样认为，他们说，所祭祖先并没有真的来飨，若祖先果能来飨，则下次未必肯复祭。因此，祭祖不过是虚假之意，即在祖先死后才备丰盛品物以敬之。对此，邱晟则坦率地承认，尽管事涉虚假，但为了防止人言数典忘祖，祭祖还得遵行，"中国之祭祖先亦非必有洋洋如在之诚，冀祖考之来格也，殆亦畏人讥讪其为忘背根本。故春秋以此奉行，故套而已。然其事虽涉于虚假，而其教以孝敬父母为名，则又未可以禁止"。相反，如果禁止祭祖，外人反而以"持其所长，以议吾之所短"。倒不如因势利导，从尊一家之小父母，引导到敬天下之大父母，"正当许之使为，于是得因其所为之意，而导之曰'尔既知有生身之父母，独不知有大父母乎？'则彼庶因此而愈敬爱天主矣"。③

（4）事死如事生

祭祀和祭祖的一个重要意义是事死如事生，事亡如事存。中国古代有燕、飨、食三礼，"有虞氏以燕礼，夏后氏以飨礼，殷人以食礼"。这三礼都是"古王制为待宾之礼，其礼最为繁缛隆厚"，"明此奉事生人之礼，便知古人事死之礼，原与事生之礼相同也"。这是对事死如事生的一种解释。此外，《礼记·祭义篇》说："文王之祭也，事死如事生。"夏书浑认为，文王的"事死如事生"是"真实无欺"的，"生与死者虽二，而所以事之

---

① 严谟：《辩祭》，罗马耶稣会档案馆藏，编号：Jap. Sin. I 40/6a，第 6 页。

② 夏相公：《祭礼泡制》，罗马耶稣会档案馆藏，编号：Jap. Sin. I 39/4，第 5 页。

③ 丘晟：《书札：致诸位神父书》，罗马耶稣会档案馆藏，编号：Jap. Sin. I 40/3，第 4 页。

者，则无二也。父母在日，虽能爱我，而我不敢以父母之爱我者，而长吾傲心也。父母既没，虽不能显爱于我，而我亦不敢以父母之不能显爱于我者，而息吾爱心也”。“不能于事生之心有所损，亦不能于事生之外有所加也。”[①] 这是对“事死如事生”的又一种解释。

中国立木主（牌位）是事死如事生的具体应用和表现。严谟说：“古先王因人心制为祭祀之礼，建之庙以貌之，立之主（用木题名其上谓木主）以象之，设其裳衣，陈其时食以思之，始死朝夕奠哭，既葬四时献享。此皆欲借有形以寓无形，使之如有所凭依，长如在目前。《论语》所谓‘祭如在’，《祭义》所谓‘如将见之’，《中庸》所谓‘事死如事生，事亡如事存，孝之至也’。”[②] 在《木主考》中，严谟又说，若不立木主“岁时致思，无一定位，向空中或壁隅乱拜，成何文理?”

木主神是否栖之，是礼仪之争中争论不休的一个焦点。教皇说过：“亡者之牌存得，但不要写灵位等字，只当灵魂在牌位上，或左右该写亡者的道理解说。”[③] 强硬派以木主写上“故祖考某神主或神位”而判定神之栖也。严谟驳斥说：“称神主者出于后代，宋儒即以此为题，古人未必如此也。但神者对人之称，古称生者为人，死者为神，曰神主云者，不过以此指名死者耳，非有他意也。”[④] 李良爵也说，人的灵魂是否在木主上，不在于是否写上“主”字，“欲明人魂之有在，不关有主无主也”[⑤]，中国一字两义，或一字数义，不可拘泥其字，不能因为有“主”字、“神”字而禁止之。

（5）教人和睦

祭祀祭祖还能起到一定的社会教化作用，就是敦厚民心，教人和睦，不犯上作乱。《礼记·祭统篇》说：“贤者之祭也，致其诚信与其忠敬。”诚、信、忠、敬四者，祭之本。中国奉教士大夫认为，中国圣王要人和睦，必须自孝其亲。无奈做皇帝时大都已没有父亲，怎么行得孝道？故只

---

① 夏相公：《祭礼泡制》，罗马耶稣会档案馆藏，编号：Jap. Sin. Ⅰ 39/4，第 3~5 页。

② 严谟：《祭祖考》，罗马耶稣会档案馆藏，编号：Jap. Sin. Ⅰ 41/la，第 8 页。

③ Antonio Sisto Rosso，*A Postolic Legatfons to China of the Eighteenth Century*，South Pasadena，1945，p. 296.（引文系中文原文）

④ 严谟：《木主考》，罗马耶稣会档案馆藏，编号：Jap. Sin. Ⅰ 41/lb，第 15 页。

⑤ 李良爵：《〈辩祭〉参评》，罗马耶稣会档案馆藏，编号：Jap. Sin. Ⅰ 40/5，第 57 页。

有立此祭礼，尽诚尽信，尽忠尽敬，致孝于吾亲。而且又令天下之人，都来庙中助祭，见此尊祖隆亲之礼，感动万民之心。君王先顺孝亲之道，臣民“无不各顺其道矣，臣顺于君为忠，故曰忠臣，以事其君；子顺于亲为孝，故曰孝子，以事其亲。臣无不忠，子无不孝，则人人皆知孝顺，自无犯上作乱之事矣”。[①] 严谟说：“历世以来，所以维持人道，敦厚人心，悉皆由此也。”[②]

可见，祭祀和祭祖是古代统治者用以强化宗法观念、巩固专制统治的一种工具，也是维系中国文化传承与社会秩序的主要力量。由此可见其政治及社会意义。中国士大夫正是从这两个方面强调其非宗教属性的。

2. 关于祭孔敬孔

孔子是两千多年来的中国至极之一人，历代皆以师道事之，建学则必立庙，仿古释奠之仪，春秋二时献飨。明初禁民祭孔，孔庙清肃，无论京畿抑或郡邑，一年之内时唯每岁春、秋仲月上丁日，日唯每月初一、十五日，人唯官师诸生，方得以行礼厕足其中。中国士大夫认为，祭孔敬孔不过是崇儒重道和谢师报功。

祭孔时求福不求福，在耶稣会发的提纲中无一不问到这一问题，而他们的结论是一样的：无求福之心。李九功说，后世之祀孔子“无非重道尊儒，使国子民俊，中外臣庶，咸喻贵尚文学之意，未尝以孔子能降祸福，推奉而祷求之也”[③]。夏书浑说：“至于孔子之祭，不过敬服其道高德重而已，非求福也。孔子之德修于己，故其德隆，孔子之道本乎天，故其道尊。惟孔子为人所不可及也，故释奠以祭之。《礼经·祭义篇》云‘德施于民，则祀之’，不过崇儒重道而已。”[④]

与祭祖唯以报本之义相似，孔子之祀唯以报功，要人不忘本始，不背思德，维系惇厚之道，以风厉后世，立功立德。因此，当被问道：“进学中举人孔子庙谢恩者何义?”有的回答：“是认孔子为先师，认自己为弟子

① 夏相公：《祭礼泡制》，罗马耶稣会档案馆藏，编号：Jap. Sin. Ⅰ39/4，第 10 页。
② 严谟：《祭祖考》，罗马耶稣会档案馆藏，编号：Jap. Sin. Ⅰ41/la，第 8 页。
③ 李九功：《证礼刍议》，罗马耶稣会档案馆藏，编号：Jap. Sin. Ⅰ42/2c，第 62~63 页。
④ 夏相公：《礼仪答问》，罗马耶稣会档案馆藏，编号：Jap. Sin. Ⅰ40/10a，第 190、182 页。

也。中举后又入孔子庙谢恩是谢孔子教训而得功名，故入庙谢之以不负其恩也。”① 有的回答：“孔子者，百代斯文祖，万世帝王师。人当进学中举之日，在朝廷获得人之用，在士子有进身之荣，皆孔子圣教之所造也，故入庙而谢。”②

此外，中国奉教士大夫还讨论到孔子能否被称为“圣人”这个礼仪之争中的敏感问题。1704 年通谕对此未下结论，中国士大夫既不敢认为孔子不是圣人，也不敢有违教规说他是圣品，十分谨慎地把祭孔与西方事圣品分开。严谟说：“我敝国之称圣，原只是造极之名，如孟子所谓‘美、大、圣、神’者，各有训解在，非泰西之所谓圣也，泰西特借用我国之字耳。我今称我之原始，非僧也。”按教规，在西方只有定入圣品之人方可奉祀，而孔子非入圣品之人，不可奉祀。这与中国传统礼仪显然相冲突。但严谟解释说：“圣教之法极当，然我国之奉事孔子，非如圣教之奉事定入圣品之圣人也。圣教是恃其能力为转求天主也，我国之奉事孔子，只是遵行古制常礼，惇风厉之美意，以为不忘本始之本。”因此，中国敬孔“一拜只是为读其书，蒙其泽国家，使我一敬礼之而已，大异于圣教事圣品之意也”。作为一个虔诚的教徒，严谟也不得不摆出姿态说：“使其有如望权求福之心，诚不可一拜，一拜亦为大罪。”他还坦率地承认，在“敝国举国尽奉教”之前，要察祭孔“果无异端之邪在其中，只是一虚文而已”③。这很典型地反映了中国教徒在礼仪之争中的矛盾心态。

3. 关于立生祠和敬城隍

立生祠问题也是礼仪之争的一项内容。仕宦者有益于地方，士民感德而建祠，写其年庚于牌位上，或塑其像于台上，初一、十五香烛瞻拜，称生祠。在该官员去世后，就改称先贤祠，用祭祀之礼，祭亡者之灵。这是民间对清官或有功之臣的一种崇拜。强硬派认为它是“因世人或见主侯之威权欲谄媚，以求合其意，或爱恋亲友过分，或先贤有恩功流传奕世，后人欲怀忆报答之”④，皆是邪魔所引，将事天主之礼事人。立生祠究竟是否

---

① 夏相公：《礼仪答问》，罗马耶稣会档案馆藏，编号：Jap. Sin. Ⅰ 40/10a，第 182 页。
② 佚名：《礼仪问答》，罗马耶稣会档案馆藏，编号：Jap. Sin. Ⅰ 40/7b，第 56~57 页。
③ 严谟：《草稿：上李老师》（抄白），罗马耶稣会档案馆藏，编号：Jap. Sin. Ⅰ 41/4。
④ 李良爵：《〈辩祭〉参评》，罗马耶稣会档案馆藏，编号：Jap. Sin. Ⅰ 40/5，第 4 页。

异端，中国士大夫看法不尽一致。在夏书浑看来，立生祠是可以接受的。他列举了许多生祠的故事，说明真正阻碍天主正路的是妖佛，而“尊崇土神，尚为次着”①。李良爵也认为，“若谄王侯，爱亲友，报先贤之过，亦未尝以事天主之礼事人如主也”②。

与此看法相左，张星曜认为：“生祠之设，则大不可。”生祠是“逢迎之徒，献媚当涂，宁足信耶？昔狄梁公为魏州刺史，民立生祠。其子景辉，亦仕魏州，贪暴为害，民憾之，为毁父生祠”。他更多地是站在基督教的立场上来看待生祠。他说：“况吾之善，未必果善，保无令后人之不毁耶？思及于毁之之辱，则今日之祠亦可以不建矣。”③ 礼仪之争中，中国士大夫之间看法不同的情况还是不多见的。

明清两代崇信城隍之风甚笃，天下都府州县处处都有城隍庙。凡新官到任，必先斋宿城隍庙，谒神与誓，每月朔望，又令拜庙。这是官吏对地方神祇的一种崇拜，“县官理其明，城隍理其幽”。封建统治者企图以“阴阳分治”的观念来监察官吏，愚弄小民。可见城隍具有神祐惩罚之职能，按基督教观点应属异端。但中国教徒一般不反对祭城隍神，仅反对祀城隍时杂带的各种迷信活动，“今城隍庙塑造多像，有吏役配匹，杂沓秽甚矣。又其祀，如卜笠、掣签、焚楮、赛愿等，一如祭野鬼之法，更大非礼。倘居言路者能题疏厘正，为郡县者能革去诸邪条，明正其为上帝所遣之天神，肃禁祷祀，独存一主，写护守城陛之神，行之则庶无失也”。④ 这反映了中国基督徒要把敬城隍纳入基督教信仰轨道的善良愿望。他们主张把城隍看成上帝创造的小神祇，似乎这样就与基督教相吻合。这当然未免牵强附会。

对于其他礼仪，如家内祭五祀神，日蚀月蚀行礼，择地堪舆之说，祭孤魂，他们一概反对。而对风水先生更是挖苦讽刺：“风水先生惯说空，指南指北指西东。世间若有公侯地，何不先谋葬乃翁。”⑤ 至于子婚女嫁婚

① 夏相公：《回方老爷书》，罗马耶稣会档案馆藏，编号：Jap. Sin. Ⅰ 39/1，第 3 页。

② 李良爵：《〈辩祭〉参评》，罗马耶稣会档案馆藏，编号：Jap. Sin. Ⅰ 40/5，第 6 页。

③ 张星曜：《祀典说》，罗马耶稣会档案馆藏，编号：Jap. Sin. Ⅰ 40/7a，第 4 页。

④ 严谟：《李师条问》，罗马耶稣会档案馆藏，编号：Jap. Sin. Ⅰ 40/2，第 85 页。

⑤ 李九功：《礼俗明辩》，罗马耶稣会档案馆藏，编号：Jap. Sin. Ⅰ 42/2a，第 19 页。

礼拜天地，官长备酒行礼等习俗，他们认为其意不过敬天敬祖，可以容许遵行。

中国奉教士大夫除了对礼仪之争中有争议的问题发表了他们的看法外，对一些事关全局的原则问题，也表明了他们的态度和立场，提出了若干建议。首先，他们认为争论双方应该心平气和，虚己以听。在他们眼里，不论哪一派，耶稣会也好，托钵修会也好，都是他们的老师。学生对老师之间“角胜矜奇，自高自傲，以为人莫己若”，感到“不解”。他们希望“各位神父，无论何会，正宜平心静气，虚衷商酌，以共析圣教之广扬”[①]。康熙帝也一样，希望传教士内部团结，不同派宗、不同国籍的传教士能不分彼此，则诸事皆美。

其次，他们认为要明断中国事，必须详查中国书籍。礼仪之争既然涉及中国事情，其是非标准不能仅仅根据西方神学家的标准，“犹之官府审判词讼，必须详看两造状词，未有不看状词，而能审判曲直者。亦未有不查中国书籍，而能分别中国是非者，中国书籍即为中国之状词也”。[②] 欲阐扬天主教于中国，“若对中国读书之人，讲道解经，开口便要博引中国古书为证。若是能引中国书籍出自何经，载在何典，他便低首下心，无不心悦诚服；若不详引中国书籍，辨析他心，纵有千言万语，他心不服”[③]。

再次，他们认为，天学（超性）和儒学（本性）两家，不要相互指责，而要相互补益。在他们看来，天学与儒学是相通的，“本性相悖于超性者，必非人类之本性矣。超性之不能相通于本性者，亦非真为超性者也”[④]。“东海西海心理相同，近天教者莫如儒，故其书之相合者多。”[⑤] 中国士大夫正是基于基督教不悖于儒学而奉教的。即使天、儒两家有相违之处，也不应互相揭短，而应当求同存异，“当发明天教之是，并勿轻拟儒书之非”，“其相合之多者，正可取之以羽翼天教，而其不尽同处或犹有习而安者，若果为显悖主诫，自当示以知避”[⑥]。他们主张不必因小分歧而影

① 丘晟：《书札：致诸位神父书》，罗马耶稣会档案馆藏，编号：Jap. Sin. Ⅰ 40/3，第 1 页。

② 夏相公：《祭礼泡制》，罗马耶稣会档案馆藏，编号：Jap. Sin. Ⅰ 39/4，第 10 页。

③ 夏相公：《祭礼泡制》，罗马耶稣会档案馆藏，编号：Jap. Sin. Ⅰ 39/4，第 9 页。

④ 夏相公：《祭礼泡制》，罗马耶稣会档案馆藏，编号：Jap. Sin. Ⅰ 39/4，第 7 页。

⑤ 李九功：《礼俗明辩》，罗马耶稣会档案馆藏，编号：Jap. Sin. Ⅰ 42/2a，第 13 页。

⑥ 李九功：《礼俗明辩》，罗马耶稣会档案馆藏，编号：Jap. Sin. Ⅰ 42/2a，第 13～14 页。

响传教之大事。

最后，他们还向传教士提出了一个十分重要的原则，就是不要变中土为西洋。他们认为，中土与西洋隔九万里之遥，“风土人情，理体文章，迥然相殊，不能强合。未可以掉三寸之舌，逮欲变中土而为西洋也”。中国是中国，西洋是西洋，不能强迫中国教徒抹杀自己民族的传统习性而全盘遵行西方的教俗。“传教者，当因其人心之明而开导之。诚以此心锢蔽已久，渐而引之以所素知，则易入；骤而语之以所难行，则愈塞也。”①

综上所述，中国奉教士大夫由于身兼教徒和儒士两重身份，在礼仪之争中具有双重的人格。他们始终在天学和儒学之间徘徊，时而以孔孟卫道士的脸孔出现，时而以虔诚教徒自诩，时而又以中间派身份出现。但在祭祖、祭孔这个根本问题上，他们竭力维护的是儒家的观点。因为如果他们不这样，就会受到社会舆论的谴责，影响到他们的功名成就和立身之本。而对于那些无关宏旨的礼俗，他们可以表现出相当的灵活性，更多地倾向于基督教那一边，把那些淫祀流俗宣传为异端迷信，主张禁止，以体现教徒的高姿态。由此可见，礼仪之争中的中国士大夫的言论，深刻反映了他们错综复杂的心态和双重人格。他们提出的那些建议，既希望基督教在中国广泛传播，又不希望中国变成西洋，既要捍卫儒家思想的正统性，又要忠于外来信仰的神圣性，两者均不敢得罪、贬损。他们提出了所谓本性与超性互为依存的理论，把原来各自独立发展起来的东西方文化，说成有必然的有机联系。这些正是中国奉教士大夫思想的真实写照。

三　对礼仪之争的评价

礼仪之争是中西交往史上东西方不同文化之间旷日持久的一次直接的接触与交锋，对中西思想文化沟通，中国传统思想传入西方，促进欧洲启蒙时代的到来，产生了广泛的、深刻的影响，震撼了法国乃至整个欧洲。其历史意义不仅在于辩论祭祖、祭孔的理论是非，更在于以礼仪之争为契机，向欧洲提供了大量有关中国的信息，使欧洲的神学家、思想家和政治

① 丘晟：《书札：致诸位神父书》，罗马耶稣会档案馆藏，编号：Jap. Sin. Ⅰ 40/3，第 2 页。

家把目光转向中国，关注、研究中国的问题。尤其是德国古典哲学家和法国启蒙思想家，他们或介入这场争论，或受到它的影响，使得他们有机会从中国儒家思想那里吸取丰富的营养，作为他们鞭挞旧欧洲、反神学、反宗教的锐利思想武器。

据高第《中国学书目》统计，自 1639 年至 1894 年，欧洲发表的有关礼仪之争的著作和文章共 310 篇。[①] 这还不包括尚未出版的数百种日记、文书以及耶稣会士在这期间翻译的中国经典和撰写的有关中国历史、政治、宗教、文化、地理、语言等问题的专著，诸如利玛窦-金尼阁的《基督教远征中国记》、曾德昭的《中华帝国史》、卫匡国的《中国上古史》和《中国新地图册》、柏应理的《中国哲学家孔子》和《耶稣会士书简集》等。特别是后两种，与礼仪之争关系更大。

《中国哲学家孔子》将《大学》《中庸》《论语》译成拉丁文，1687 年在巴黎出版。译者的动机本是为利玛窦的“适应”策略辩护，反驳闵明我（老）和利安当的观点。不过，当时礼仪之争尚未达到白热化程度，这部书更多地起着宣传的作用，主要介绍中国的社会、文化和语言。它把中国描绘成完美无缺的、值得赞美和模仿的理想国家。该书出版后，在欧洲引起很大的反响，各地报刊纷纷发表书评，给予高度的评价，认为它正在成功地把欧洲与中国之间的隔墙拆掉。它是莱布尼茨早期了解中国的主要途径之一。莱布尼茨评论说：“这部著作不是孔子本人撰写的，而是他弟子汇编的，其中部分则是孔子本人说过的话。这位哲学家超过历代我们所知道的几乎所有的希腊哲学家，书中充满了精辟的见解和箴言。”他还说，这本书使欧洲不得不相信七十子本《圣经》记载的年代，因为中国上古的伏羲和黄帝都早于《圣经》所说的洪水年代。由于该书的宣传作用，许多热心研究中国的法国人，都以中国为欧洲的模范，也尊孔子为天下先师。这本书的重大意义还在于第一次在欧洲学界，“将中国、孔子与政治道德三个不同的名词联在一起”。孔子因此被人尊为道德与政治哲学上最博大的学者、预言家。[②] 耶稣会士的原意是借对孔

① Henri Cordier, *Bibliotheca Sinica*, *Vol.* Ⅰ, 1904-1922, pp. 869-926, Paris.

② 朱谦之：《中国哲学对欧洲的影响》，福建人民出版社，1983，第 69~70 页。

子的赞赏，间接地表达他们对中国敬孔的看法，可在欧洲却收到了意想不到的效果。

莱布尼茨除了受到柏应理和其他坚持利玛窦观点的耶稣会士的影响之外，也注意研究礼仪之争反对派的著作。他研究的结果，是为耶稣会士的观点辩护，主张儒家之“天”与基督教之“神”是同一的。不过，他主张宋儒之“理”与基督教之“神”完全相同，这一点又为耶稣会士所不容。可见，在礼仪之争中，启蒙思想家的态度是比较客观公允的，不受某一宗派看法的束缚。他们只是想利用论战双方提供的丰富资料，对遥远的神奇的中国有一个比较真切的认识。正如法国启蒙大师伏尔泰所说：“欧洲王室与商人，仅知在东方寻求财富；然哲学家则发现一新的道德的与物质的世界。”① 伏尔泰主要是从《耶稣会士书简集》中发现了中国这个新世界。

在礼仪之争高潮中问世的《耶稣会士书简集》，是礼仪之争的副产品。1700 年李明和卢哥比安的著作被巴黎大学神学院查禁之后，耶稣会士表面上忌讳谈论中国礼仪问题，尽量避免参与神学上的直接论战，但他们在礼仪之争中的立场并没有改变，只不过是改变了斗争的方式。尤其是卢哥比安，他转而编辑出版《耶稣会士书简集》，以之作为他们手中的武器。1702 年出版第 1 卷，题为《中国和东印度耶稣会士书简集》。1703 年出版第 2 卷，定名为《耶稣会传教士关于外国传教的有教诲性的和有趣的书简集》，简称《耶稣会士书简集》，后一直沿用此名。在他指导下，从 1703 年至 1708 年，《耶稣会士书简集》以每年 1 卷的速度陆续出版。自 1709 年至 1743 年，又由法王路易十四忏悔师泰利埃的秘书杜赫德继续出版《耶稣会士书简集》的第 9 卷至第 26 卷②。它的出版“是轰动当时文学界的一大新闻”，每一卷“都满足了读者们急不可待的渴望心情”，“成了巴黎人所共读的文章，甚至也成了客厅里高谈阔论的话题”。通过《耶稣会士书简集》等著作的媒介作用，“中国的儒教思想，开明的专制主义和文人执政的思想也深深地影响了西方，当时法国和英国最时髦的话题莫过于谈论

① 转引自方豪《中西交通史》第 5 册，台湾中华文化出版事业委员会，1954，第 202 页。

② 伊萨贝尔、微席叶：《〈耶稣会士书简集〉的由来和现状》，耿昇译，《中国史研究动态》1980 年第 6 期。

中国了”[①]。启蒙哲学家、思想家都从《耶稣会士书简集》吸收他们所需要的资料，如伏尔泰从《耶稣会士书简集》得出结论：“中国的政府最为理想，这是一种立宪性的君主政体，皇帝依靠全国的各级机构治理国家，国家人员几经选拔才被录用，国家机构层层约束，皇帝无法实行独裁。”[②] 他还说：“中国人胜过世界上所有民族的地方，正是它的法律、风俗、语言在四千多年中基本都沿袭不变；中国几乎发明了所有的艺术。”[③] 总之，在礼仪之争高潮中产生的《耶稣会士书简集》“对西欧人的中国观之形成产生的影响，超过了我们的想象”[④]。

礼仪之争表面上是传教士之间存在着两种不同的策略和方法所引起的，即一派主张其要在有悠久历史和文化的民族传播基督教，必须适应和宽容，不能以欧洲的眼光来看待中国的事情。这一派坚持利玛窦制定的方针和策略，走与士大夫交游的路线。另一派主张基督教是唯一的正教，强调天主教神学的权威性和严肃性，不容有一丝一毫的违背。他们不仅要中国教徒全盘接受基督教教义，而且要强迫教徒遵守欧洲的宗教法规和风俗。这一派多是托钵会修士，提倡清贫，向穷人宣讲福音。实际上，单纯传教宗旨的分歧还不至于酿成规模如此之大、时间如此之长的礼仪之争。其根本原因还是各修会和传教团体妄图争夺对华传教势力范围，彼此都想独掌中国人通向天国大门的钥匙。所谓策略与方法不同，不过是借口与托词，礼仪之争中发生的许多事实有力地证明了这一点。

首先，教廷企图打破耶稣会和葡萄牙保教权对远东教务的垄断，批准其他修会与传教团体入华传教，而中国耶稣会对此采取抵制的态度。他们凭借在中国经营近半个世纪的传教根基，千方百计阻挠新来的传教士，对他们怠慢、戏弄，如对利安当的态度。他们曾把利安当诱骗到南京，说那里还没有一座教堂，抵宁后，借口官府迫害，让他到处躲藏，最后又用船

① 德尔尼：《紧急出版〈耶稣会士中国书简集〉中有关中国的书信》，耿昇译，《中国史研究动态》1980 年第 6 期。

② 伊萨贝尔、微席叶：《〈耶稣会士书简集〉的由来和现状》，耿昇译，《中国史研究动态》1980 年第 6 期。

③ 伊萨贝尔、微席叶：《〈耶稣会士书简集〉的由来和现状》，耿昇译，《中国史研究动态》1980 年第 6 期。

④ 矢则利彦：《日本文〈耶稣会士中国书简集〉解说》，《中国史研究动态》1980 年第 6 期。

把他遣回福安。这个仇怨使利安当对耶稣会士充满敌意，后来就是他对“祭”如“弥撒”说提出质疑，向耶稣会发难，礼仪之争的燎原大火就因此而点燃。当时耶稣会士与其他修会的矛盾虽然在中国还只是初露端倪，而在其他国家早已公开，那就是成为闻名美洲教会史上一大丑闻的墨西哥普埃布拉主教帕拉福克斯与耶稣会士的冲突。当时，双方在征收教会什一税问题上发生分歧，这是主教权力与修会特权之间的利害冲突，彼此间互不相让，受到罗马教廷的指责。这一事件过后一百多年仍影响未已，帕拉福克斯成了与耶稣会斗争的楷模。1646 年，黎玉范率领一批传教士来到墨西哥，准备在那里乘船赴东方。当时正值帕拉福克斯与耶稣会冲突的高峰期，他迫切要和礼仪之争中的强硬派结成同盟军。一方面，他要从黎玉范那里得到有关中国的第一手资料，作为他反击耶稣会的炮弹；另一方面，他向强硬派提供了马尼拉耶稣会圣·约瑟修道院院长为耶稣会士立场辩护的文章，让黎玉范有所准备。此外，1647 年，帕拉福克斯还汇编了两卷有关中国礼仪之争的文件，支持强硬派的立场。这使那些即将返回中国或第一次到中国的传教士受到很大的鼓舞。其中受影响最大的是闵明我（老），他在许多方面都是向帕拉福克斯学习的，并以帕拉福克斯的言行作为他攻击耶稣会的武器。可见，耶稣会与其他修会的矛盾是受到外部大气候约束的，是必然的、不可避免的。

其次，礼仪之争暴露出的矛盾是错综复杂的，表面上有不同修会之间的矛盾，也有同一修会不同地区之间的矛盾，还有同一地区而属于不同修会之间的矛盾。但是无论哪一种矛盾，无不从属于西方殖民国家争夺远东利益和罗马教廷与殖民主义世俗国家争夺东方教权两大主要矛盾。为了各自的利益，他们彼此之间钩心斗角，甚至不惜采取卑鄙的手段搞垮对方。海（M. Hay）所著《在远东的失败》，根据在苏格兰阿拉丁附近发现的档案资料，披露了礼仪之争中教会内部的许多黑暗内幕，表明耶稣会士在礼仪之争中的失败命运早已注定，因为罗马传信部和巴黎外方传教会的杨森主义者早有勾结，要搞垮耶稣会，以便把重建中国教会的使命交给外方会。他们计划先在西方国家造舆论，搞臭耶稣会。传信部下令所有在中国的传教士都要向教皇任命的宗座代牧宣誓，以为这会被耶稣会拒绝，然后借端诋毁耶稣会。一旦耶稣会宣了誓，它就又会得罪葡萄牙当局，失去葡萄牙提供的津贴，可谓一箭双雕。可是耶稣会总会长在罗马压力下指令耶稣会士服从宗座代牧，从而避免了舆论的公开谴责，而拒绝宣誓的倒是强硬派西班牙多明我会，否则西班牙政府也会切断对他们的津贴。后来传信部的人又指控耶稣会挑拨罗马教廷与葡萄牙当局的关系，说："耶稣会使罗马教廷卷入了与葡萄牙国王的尴尬的纠纷中。"实际上罗马教廷早已不满葡萄牙保教权对东方的控制，传信部曾指示外方传教士要向葡萄牙当局和耶稣会隐瞒一切。对于法王路易十四派遣5名法国耶稣会士到中国，传信部也忧心忡忡，指示中国宗座代牧不要纵容他们，要他们发誓禁止祭祖、祭孔。① 5名耶稣会士除刘应外，都是礼仪之争中的赞成派，可是葡萄牙当局生怕法国势力渗入中国，把法国人的到来看成"入侵"②。这说明礼仪之争中的两派，很难以观点来划分。

再次，传信部和巴黎外方会阴谋搞垮耶稣会的另一个步骤是要破坏由利玛窦建立起来的耶稣会与其他传教士的友好关系。③ 这样一则可以孤立耶稣会士，二则他们又可以撇开耶稣会士在中国另立据点。他们意识到只有传信部派出的传教士进入中国，才能根本改变礼仪之争的状况。1681年，陆方济率领颜珰等10人入华，就是出于这个目的。此外，传信部对于耶稣会取得的最高成就，于1692年获准可以在华传教，深感不安，"准备在这关键时刻，破坏耶稣会取得的成果"④。颜珰七点告示正是在这种背景下出台的。颜珰在福建漳州对耶稣会受洗的教徒置之不理，"颜主教之命未有能改之者，不肯与人行告解，坚执如故也"⑤。颜珰想以此搞垮耶稣会。颜珰告示次年传到罗马，传信部通过机要秘书莱西利把内部绝密材料传给巴黎外方会的人，向他们透露："罗马正打算把耶稣会士从全世界各地各类的教会中撤回来。"⑥ 此说无论真假，都对巴黎的反耶稣会人士起到了积极的鼓舞作用。

---

① Malcolm. Hay, *Failure in the Far East*, London, 1956, p. 112, p. 115, pp. 116-119.

② 伊萨贝尔、微席叶：《〈耶稣会士书简集〉的由来和现状》，耿昇译，《中国史研究动态》1980年第6期。

③ Malcolm Hay, *Failure in the Far East*, London, 1956, p. 116.

④ Malcolm Hay, *Failure in the Far East*, London, 1956, p. 120.

⑤ 严谟：《草稿》，罗马耶稣会档案馆藏，编号：Jap. Sin. Ⅰ 41/2a，第1页。

⑥ Malcolm Hay, *Failure in the Far East*, London, 1956, p. 121.

最后，礼仪之争带有强烈的政治色彩，判断祭祖、祭孔的是非标准，有时完全依政治斗争的需要而定。在礼仪之争中，虽然康熙帝一再强调中国的这些礼仪只有社会和政治的意义，但是教皇根本置之不理。可是到了20世纪30年代，在日本和中国发生类似于过去礼仪之争的事件时，教皇的态度却完全改变了。1932年5月5日，在东京一所耶稣会大学里，学生教徒遵行礼仪之争的禁约，拒绝在神社前下跪磕头。当时日本正准备发动全面的侵略战争，为了动员更多的国民参战，日本帝国主义企图以对神道神明的敬拜来愚弄和麻醉日本人民。为了拉拢天主教徒，日本政府宣布在神社前跪拜只有纯粹的社会和政治意义，没有宗教的意义。这时昔日罗马教会那种不可妥协的强硬态度已烟消云散，为了向日本军国主义献媚，当地教会同意日本政府的解释，允许教徒在神社敬拜。同样，在伪满洲国，名义上是以“王道”作为傀儡统治的精神支柱，所有臣民都要尊孔，尊孔就是敬忠于伪满洲皇帝。在伪满洲国政府宣布尊孔只有社会和政治意义之后，中国教会也准许尊孔。① 面对日本和中国的形势，教皇庇护十二世于1939年12月8日解除中国的礼仪之争禁约，在传信部颁布的指示中说道：“中国政府屡次公开声明人民信仰自由，政府不愿对宗教事件颁布法律。因此，政府机关所举行或下令举行的敬孔典礼，不是向孔子予以宗教敬礼，乃是向这位伟人予以相称的尊荣，兼以尊重本国文化的传统，因此公教人可以参加在孔庙或学校内在孔子像前或牌位前所举行的敬礼。”② 争吵了100多年的问题，轻而易举地一笔勾销。由此可见，礼仪之争中的神学分歧是次要的，政治上的向背才是本质的。

原载《历史研究》1993年第1期

① George Minamiki, *The Chinese Rites Controversy: From Its Beginning to Modern Times*, Chicago: Loyola University Press, 1985, Introduction, pp. Xi-Xii.

② 罗光：《教廷与中国使节史》，传记文学出版社，1983，第184页。

古田教案起因新探

谢必震

光绪二十一年六月十一日（1895 年 8 月 1 日），福建古田斋教徒袭击了在古田华山上避暑的外国教士及其家属，共杀死 11 人，伤数人，酿成了震惊中外的“古田教案”。关于这起教案爆发的原因，众说不一。有人认为中日甲午战争后，日本帝国主义的殖民掠夺，加深了福建人民与帝国主义之间的矛盾，古田人民痛恨洋人，教案为此而起。又有人认为这一时期封建反动的清政府与外国教会相勾结，加深了清政府、外国教会与古田人民之间的矛盾，遂由此导致古田教案的爆发。古田教案的真正起因是什么？这是一个值得深入探讨的问题。本文利用中外档案史料、古田教案调查委员会的报告、同时期的报刊资料，以及 20 世纪 50 年代对古田教案有关人员的调查访问资料，拟对古田教案的起因进行客观的评析。

明清两代，中国南方流行斋教，崇奉弥勒佛，吃斋诵经。清光绪初年，有江西赣州人刘祥兴，以钉秤为生，来古田创立斋教，从此“成群结党，横行无忌”①，“无事则潜伏如鼠，托为农人，有事则云集响应，如蝗叠至”②，使古田地方当局大为头疼。教案发生后，清政府大为震惊，立即采取相应措施，迅速派兵到古田缉拿斋教徒，并在福建全省境内增关设卡，搜捕外逃的斋教徒，同时派道员许星翼、福州知府秦炳直赴古田处理善后事宜。英美两国驻京公使立即向清廷提出了强硬抗议，英美十余艘兵舰驶抵福建沿海示威。时在英国的清朝官员也从伦敦频频发回电报，通报

---

① 《古邑教案汇述》，《闽省会报》第 258 期，光绪二十一年九月，总第 2209 页。

② 《斋匪散去》，《益闻录》第 17 册，光绪二十一年五月十六日，总第 255 页。

英国朝野的忿恨情形，以敦促清统治当局尽快处置。总理衙门的奕訢等人则及时将办案情况向英美两使通报，尽量满足他们的要求。在中外反动派合力围剿下，斋教徒先后被缉获，无一逃脱。英美两国又以驻福州领事、传教士、海军军官等人组成“古田教案调查委员会”赴古田与清廷官员一起审讯案犯，前后折腾了两个月，结果处以极刑26人，终身军流17人，终身监禁5人，监禁10年的27人，监禁5年的5人，判处3年刑的5人，判处半年刑的5人，枷示2个月的2人。①

在古田教案的处置过程中，留下了被捕斋教徒的供词和审讯记录。其中，斋教首领刘泳供：“落后吃菜人多，遇有被人欺侮或没钱使用，就邀众报复、讹诈。有小乡小姓的人都怕菜会中人众，不敢控告，只有教民倚恃洋教士帮助他回护。又常受教民讥诮，说他耶稣大，小的会中供的普陀佛小，素有积怨。光绪二十一年闰五月间，不记日期，和郑九九商谋，要想报复泄忿。小的起意把史教士一家毁灭，烧他洋房，抢劫得赃充作粮草。”② 又有斋教军师郑淮供：“落后刘泳说，那史教士遇事回护教民，又常受教民讥诮，说他耶稣大，菜会中供的普陀佛小，素有积怨，和小的商谋要报复泄忿。刘泳起意把史教士一家毁灭，烧他洋房，抢劫得赃充作粮草。”斋教重要头目杜朱衣、张涛供：“光绪二十一年闰五月底，刘泳和郑九九商谋抢劫华山史教士洋房，小的先不晓得，落后互相会晤，他们和小的说知，就一同商量。”③

据笔者所见，涉及古田教案起因的口供只有上述这些。另外，在《北华捷报》1895年发表的“古田教案调查委员会”审讯内容中，除对斋教徒的举止容貌、参加经过做了详细的记述外，几乎没有提及教案的起因问题，仅在1895年11月8日的《北华捷报》上有如下一段记述：“郑淮提出的‘除番救主’，斋教徒张贴的官逼民反之揭帖，面对这些事实，中国官员将这些人的罪过归于突然爆发出来的教派之间的矛盾斗争。”

从上述有关古田教案的审讯记录来看，似乎可以得出这么一种结论：

① 《古田调查委员会的报告》，《北华捷报》，1895年11月15日。

② 吕实强主编《教务教案档》第5辑（四），台湾中研院近代史研究所，1977，第2023页。

③ 吕实强主编《教务教案档》第5辑（四），台湾中研院近代史研究所，1977，第2025~2027页。

斋教徒袭击外国传教士纯由斋教徒与耶稣教徒之间的矛盾所引起。换言之，中国人民与外国教会侵略势力之间的矛盾，乃是古田教案的真正起因。这完全符合近代中国教案的传统模式。然而，在对各种史料进行综合分析后，不能不说，这一矛盾不是它的真正起因。我们可从古田教案爆发前的诸种矛盾激化程度、古田教案的导火线以及古田教案后的处置结果等方面，探寻引发古田教案的真正原因。

古田斋教自创立起，“到处陆续招诱，先以戒烟为名，继则入党，以后平地生波”，聚党起事。加入斋教的人越来越多，入教的目的也不尽相同。“弱民惧凌投入者有之；附倚通势投入者有之；贪图戒烟及无赖之辈借党焰势，挟嫌旧衅，借端生事投入者又有之。”① “更因斋教反对典妻租妻制，人们竞相加入，趋之若鹜。”② 由于斋教成员的主要成分是下层贫民，其阶级属性决定了他们对封建统治当局富有反抗精神。他们在斋教组织的领导下，抗租抗税，与官兵对抗，令古田地方政府伤透脑筋，为广大被压迫之人民所拥戴。

从现有的历史记载来看，古田教案爆发之前的社会矛盾主要表现为被压迫人民与封建政府之间的矛盾。如光绪二十年十一月，部分斋教徒“在县城五保后街圆关。知县汪育虑其聚众滋事，遽捕数人加以严刑，且囚之。其党随后闯入衙署，势甚汹汹。汪素庸懦，计无所出，延某绅出为调停，以彩舆送被捕者出，自是势益猖獗”③。

当时的《闽省会报》对此也有评说：“自旧年县官受制以来，不特无赖者入而逞其威，即有家者亦从而借其势，蚁集蜂拥，多不可言。无故起端，寻人为难。先则以数人或十余人坐轿往说，令人受罚，若不顺所欲，则动众攻抢。凡其所属菜友各备有军器，不时党首颁以印号，相召则持器并行，或东或西，凭其指使。”④ 光绪二十一年三月间，斋教徒又放出风声，说要攻打古田县城，杀戮达官显贵。⑤ 同时又传信给与斋教首领关系

① 《古邑教案汇述》，《闽省会报》第 258 期，光绪二十一年九月，总第 2209 页。

② 贺格森：《美国领事关于古田华山屠杀的报告》，转引自《亚洲论坛》，1971 年 1~3 月。

③ 黄澄渊修，余钟英等纂《古田县志》卷 3，震文江记印务局，民国三十一年排印本。

④ 陈向真：《除害有望》，《闽省会报》第 254 期，光绪二十一年闰五月，总第 2149 页。

⑤ 《纽厄尔报告》（1895 年），载美国国务院编《美国外交关系文书》，华盛顿，1896，第 178 页。

极好的典史李企曾，让其携带细软往水口避难。他们还在古田知县的每张告示下张贴“官逼民反”的揭帖。① 汪育惶惶不可终日，如惊弓之鸟，急忙下令紧闭城门，修复城墙，并派人送信给福州总督谭钟麟，请求派兵增援。② 至此，斋教徒与清政府的矛盾激化，已形成剑拔弩张之势。

从另一方面来看，斋教与外国教会之间的矛盾，远不如统治当局与下层贫民之间的矛盾激烈。据《古田县志》记载，外国教会在古田传教之初，其与当地人民之间的矛盾十分突出，拆毁教堂、殴打教士之事层出不穷。“厥后风气渐开，信教自由，猜嫌既泯，情感遂深。历今年久，民教相安，鲜有交涉事件。”③ 更值得注意的是，古田教案爆发之前，英国传教士史荦伯一家及几位女传教士，悠闲自在地到毫无防卫的僻静山庄避暑。这一史实本身表明，这一时期斋教徒与外国教会之间并不存在不可调和的、足以引发古田教案的那种矛盾。

有一种说法是，史荦伯将斋教的情况密报给福州英领事，英领事要求福建当局采取相应的防范措施，又风传史荦伯私自请求福州府派兵来弹压斋教徒，故加深了斋教徒对外国传教士的仇恨。很显然，这种说法无法解释为什么史荦伯既迫不及待地要求清政府派兵保护，而又兴致盎然地携家带口到一点防护条件都没有的华山居住。笔者认为，必须从斋教徒们做出攻打华山外国传教士决定的过程中来探讨其原因。

据参加攻打华山的斋教徒的回忆，以及被捕斋教首领的供述，在商讨斋教举事的计划中，有三种方案可供选择：其一，攻打古田县城；其二，攻打安樟村富户；其三，攻打华山外国教士。④ 也就是说，袭击外国传教士并非斋教举事的唯一目标，而只是整个反抗斗争过程中的第一个军事行动。

1957 年至 1960 年，福建师范大学陈增辉教授等在古田进行调查访问，其所收集的资料也涉及斋教矛头所指及举事前的计划和安排。在此不妨引述其调查资料中的几段文字。⑤

① 《古田调查委员会的报告》，《北华捷报》，1895 年 11 月 8 日。

② 《古邑教案记述》，《闽省会报》第 258 期，光绪二十一年九月，总第 2210 页。

③ 黄澄渊修，余钟英等纂《古田县志》卷 3，震文江记印务局，民国三十一年排印本。

④ 《古田调查委员会的报告》，《北华捷报》，1895 年 10 月 4 日。

⑤ 陈增辉、陈善榜：《1957-1960 年古田教案口头调查资料》，未刊稿，福建师范大学历史系藏。

蓝宝田（教案发生时 16 岁）说：

关于杀番原因，闻当时古田知县汪育统治人民暴虐得很，有一次笞打斋会会友格外无理，所以在他苛政之下也有少数人主张攻城者，汪育闻知惊惶失措。我的故胞蓝志仁系己丑科举人，经汪育请他居间调停，事遂以寝。

未几，斋会转向华山攻杀。

郑汤氏（教案发生时 22 岁，系事件重要人物汤春之妻）说：

据说攻打华山之前，起义者攻打的目标还没有定，乃由半天唧献议以拈阄为准。他捻了两个阄子，一是要打华山的，一是要打县城的。但半天唧捻的两个阄子却暗地里都写作“攻打华山”。这样半天唧拈起第一颗阄子一看是打华山的，便说再不必看另一个阄子了。因此群众无话，决定六月十一日打华山的。

黄资演（教案发生时 33 岁）说：

郑九九绰号长指甲，原名郑刘九。此人原是奉教的，以后洋人以莫须有的罪名停了他的薪水，由是痛恨洋人，加入菜会吃菜，担任菜会的军师职务。他是古田大东人，拈阄起义的阄子是他做的，三个阄子里面都写作“攻打华山”。

陈硕庭（教案发生时 16 岁）说：

菜会曾打算攻打罗华村（在县城西二十余里），目标不详，罗华村防守了三四天，结果他们没有来打。以后又有一件事，吃菜的人到了上府（南平、建瓯等地），曾会合当地的会友准备打县城，因此城门关闭，全城戒严达一两天之久。此系当时的一宗极重大的事件……他们打算六月县城做“秋斋”的时候，向县城进攻。当时张涛、刘祥兴等主张先在城内十字街放火，以后再在三保、二保放火，以北门作为活门，让丁壮由此门逃出，但妇女、老人要杀，走到其他各门的全要杀。闽清七即“半天唧”反对这一计划，他坚决主张到华山杀洋人。争执之下，大家同意凭拈阄决定。随即做了三个阄子，分别写上“攻打县城”“攻击华山”“攻击××（记不清）”。半天唧却暗地里把三个阄子全写上“攻打华山”字样，结果是决定攻打华山。

总之，尽管文献资料与口述历史资料有许多细节上的出入，但是反映的史实本身却基本上一致。当时的情形是，主张攻打县城富户的以张涛为代表，但攻打县城的方案遭到郑淮的反对。郑淮身为军师，又是算命先生，在斋会中有较高的威信，加上会首刘泳的支持，很快就否定了张涛等人的方案。当然，为了取得一致的意见，他们假装禀承天意，通过祈祷、念咒和抓阄做最后的决定。至于抓阄的具体过程，史籍中无明确记载，迄今难究其竟。不过攻打华山的决定就这样定下来了。现在问题归结到一点上：刘泳等人力主攻打华山，用意何在？据《古田县志》记载：斋教“初谋攻县城，劫库、狱；既而以花（华）山教堂（非教堂，乃两间房屋——笔者注）为洋人群集避暑之所，涎其厚藏也”[①]。事实上，斋教要与清朝地方政府对抗，没有一定的经济条件是很难坚持的。就从攻打华山来看，来自各地的斋教徒还得自带干粮器械，也说明直接攻打县城的条件并不具备。因此，在攻打华山的前夜，郑淮宣布，“抢得赃物挑回山髻充作公用”，并“叫大家发誓不准私藏”。攻打华山之后，所抢掠的财物也“随时变钱充作粮草”。[②] 这在古田教案后流行的《十条手巾歌》中也有记述。歌曰：“一条手巾花绣前，吃菜谋反乙未年，百姓千金都没夺，单夺教堂做盘缠。”[③] 这一点跟先前斋教徒策划攻打安樟村富户的目的是一样的，也是从准备军需的角度来考虑的，只是攻打安樟村的计划遭到来自该村斋教徒的强烈反对才被放弃。

---

① 黄澄渊修，余钟英等纂《古田县志》卷3，震文江记印务局，民国三十一年排印本。

② 吕实强主编《教务教案档》第5辑（四），台湾中研院近代史研究所，1977，第2026页。

③ 陈增辉、陈善榜：《1957—1960年古田教案口头调查资料》，未刊稿，福建师范大学历史系藏。

另外，当时在古田传教的传教士在回忆这一事件发生的前前后后时也说："不食肉吃素的规则只不过是他们真正活动的伪装，他们的目的是要推翻现行的政府，获得他们自己的权力。中国人有这样一种权力的愿望，他们要显示出斋教比耶稣教徒或满人更强大。他们希望所做的每一件事都得到大多数人的支持，从而能更有效地反抗政府……大规模袭击我们的住所，是为了掠夺财物，由此杀死了几个人，这并没有妨碍他们的整个计划，他们所需要的正是这一全面的骚乱。"[①]

笔者认为，斋教选择攻打华山的方案，除了准备军需的考虑外，也是为了广泛召集斋教徒参与反抗政府的活动。不可否认，斋教与外国教会之间的确有着纠葛，而斋教首领为了达到统一行动的目的，就必须充分利用这种矛盾，这种在当时中国人心中普遍存在的排外心理。为此，军师郑淮大肆宣扬"吃素者后必被奉教者所灭"[②]，继而打出"除番救主"的旗号。为了充分调动斋教徒攻打华山，其首领在攻打之前宣令，凡不愿去者格杀勿论。[③] 从攻打华山的情况来看，出发时二三百人，浩浩荡荡，真正行进到华山时，已陆续走散，仅剩百来个人，发起进攻时，施行袭击的才十来个人，在外接应或附和助势的也才 30 余人，余多畏惧，避入山林等候。[④] 攻打华山外国传教士尚如此，若直接攻打县城，斋教组织面临的困难将会更大。这样也就可以理解，为什么斋教首领被捕后，一口咬定是因教教相仇而攻打华山外国人，隐去与政府为敌的实情。在他们看来，杀几个洋人所受到的惩罚远比直接对抗政府的反叛要轻得多。因为有这种思想支配着，选择攻打华山的外国传教士比较容易为斋教徒所接受。而一旦斋教徒们参加了这一军事行动，斋教首领们就把众多的斋教徒直接推到与清政府势不两立的位置上去了。

为了进一步说明古田教案并非由斋教与外国教会的矛盾激化所致，斋教徒中有两个人物的最终命运是值得分析的。一是斋教的头目张涛，一是历史背景复杂的汤春。

---

① D. M. 贝丽：《古田死难姐妹回忆录》，转引自《中国论丛》1961 年第 15 号。

② 《古邑教案记述》，《闽省会报》第 258 期，光绪二十一年九月，总第 2209 页。

③ 《古田调查委员会的报告》，《北华捷报》，1895 年 9 月 20 日、10 月 4 日。

④ 吕实强主编《教务教案档》第 5 辑（四），台湾中研院近代史研究所，1977，第 2026 页。

张涛原是县差，后被革职，入斋教后为大引进、管账。在整个事件中，张涛不仅反对攻打华山，还把斋教徒准备袭击华山的计划告诉中国传教士。只是由于这个中国传教士送信太晚，才使得外国传教士没能躲过这次袭击。① 由于张涛没有参加袭击华山的行动，外国领事们曾提议免除其对教案应负的责任，但最终对张涛的处置仍是身首异处。由此可见，古田教案若是斋教徒与外国传教士之间的矛盾引发的，张涛完全站在维护外国传教士的立场上，可谓不但无罪，反而有功。但事实上张涛不免一死的结局，恰恰说明古田教案并不是因斋教与外国教会之间的矛盾引起的。另一斋教徒汤春的结局与张涛相同。汤春的妻子是在古田教案中受伤的美国女传教士宝精英的仆人，曾试图通过宝精英说项免其丈夫一死，但终未改变死刑的判决。可见斋教与统治当局之间的矛盾冲突是教案爆发的真正起因。

对此，当时各方面就有颇多议论。有人认为："当日华山滋事非系寻常匪犯，实系勾连别省思欲揭竿起事之徒。"② 美国驻福州领事贺格森在给政府的报告中也提出："排外并不是发动的主要考虑。其一，进攻华山是1895年10月斋教计划在福建各地起义的流产；其二，乘中日战争的政治混乱而激发反政府的造反。"③ 处置教案的清政府官员们也认为："屠杀的最初动机是反政府，而不是排外的。"④ 美国驻华公使田贝曾评论说："没有疑问，这一行动纯粹是政治性的，显然歼灭洋人无疑构成最后方案的一部分。"⑤

概而言之，以下层贫民为主体的斋教组织，其利益与封建统治者根本对立，两者的矛盾是不可调和的。古田教案乃是这一矛盾引发的一个事件。而斋教与外国教会之间的矛盾，并非引发古田教案的真正原因。

原载《近代史研究》1998年第1期

① 《古田调查委员会的报告》，《北华捷报》，1895年9月20日、10月4日。

② 《奕䜣等再照复田贝》（光绪二十一年八月十八日），朱士嘉：《十九世纪美国侵华档案史料选辑》下册，中华书局，1959，第464~465页。

③ 《美国领事关于古田华山屠杀的报告》，转引自《亚洲论坛》1971年1~3月号。

④ 戴维斯编《美国外交公文：美国和中国（1894—1905）》第3辑第11册，威尔明顿学术资料出版公司，1981，第157页。

⑤ 《田贝致奥尔尼函》（1895年10月23日），载美国国务院编《美国外交关系文书》，华盛顿，1896，第165页。

基督教美以美会与近代福州乡村社群流动

朱　峰

美以美会（Methodist Episcopal Mission）是基督教卫斯理宗（Wesley demoniation）在美国重要的传教组织。1847年，该会怀特夫妇（Moses C. White, Jane Isabel White）、柯林（Judson Dwight Collins）从波士顿启程前往福州，开始对华传教工作。近代美以美会成为福建最大的基督教宗派，1920年会友总数达45571人，远高于居第二位的圣公会（13431人），多数集中在福州地区。[①] 该会进入福州后，对当地的乡村社群文化结构和流动模式产生了重要影响。

一　从边缘到中心

（一）教会对乡村的融合与转化

近代福建美以美会形成了一个以福州城为中心，辐射内陆乡村的传教网络。福州城是教会的行政中心、教育中心与差传中心。作为近代中国最早开放的通商口岸之一，福州城集中了大部分西方传教士，最大规模的西方学校、神学院和医院。中国最早两座美以美教堂——真神堂、天安堂亦设于此。但美以美会在福州城内的传教活动一直不顺利，最初

① Walter N. Lacy, *A Hundred Years of China Methodism*, New York: Abingdon Press, 1948, p. 101.

10年甚至无一人加入美以美会。乡村信徒构成了福建美以美会的主体。1858年的《天津条约》赋予传教士在通商口岸以外地区活动的权利。美以美会开始乡村工作。与福州城内居民的冷淡嘲笑不同，教会感受到乡民的热情。“他们淳朴的风俗，热情的款待使我感到精神振奋”，“布道会非常热闹，听众们的讨论不时打断我们的演讲”。“多年来，我在中国布道遭遇到的只是无数次失望和冷遇。今天，我终于欣喜地见到：耶稣成为中国人家中受欢迎的客人。”① 据1909年的福州年议会统计，有8054名教友，多数为乡村教徒②。

美以美会信徒多是来自社会底层的边缘人物，“或举于术数之中，或举于塾师之间，或举于负贩之中，或举于劳工之间，有举于海者，有举于野者，有举于市者”。③ 在官方眼中，信教的主要是愚、穷、弱及犯法者，即所谓“莠民”。福州将军英桂说，“各省入教者，大率无识乡愚”。④ 李鸿章称“教士专于引诱无赖穷民，贫者利其资，弱者利其势，犯法者利其逋逃”。⑤ 基督教被视为纲常名教的异数。道咸年间的福州士绅林昌彝认为：“从来二氏之教，本非圣人之徒。即九流亦各安其技艺，不敢与儒教相衡。讵意晚出之耶稣，逞其造天灭伦之臆说……乃复欲越二氏九流，假劝善而作奸，以图索乱我境内之儒教。噫！亦徒见其自绝于天，自灭其性而已。”

乡民多以神力大小、“灵验”与否作为宗教选择的前提，要求宗教解决现实的生活需要。美以美会同样大量运用神迹或超自然力量进行传教活动，如基督教传入后宗族间停止械斗、福音解救被邪魔附身的妇女、教会传道向上帝祈祷求雨灵验、牧师娘为妇人驱走狐精甚至佛教菩萨让乡民请基督教的传道者为人治愈疾病等。西方传教士对这类故事津津乐道，将之

---

① R. S. Maclay, *Life among the Chinese with Characteristic Sketches and Incidents of Missionary Operations and Prospects in China*, New York: Carlton & Porter, 1861, pp. 289-290.

② 《美以美会福州年会录（1909年）》下卷，第5页。

③ 张福基：《兴化卫理公会史》，兴化卫理公会出版，1947，第66页。

④ 宝鋆等修《筹办夷务始末·同治朝》，台湾，文海出版社，1971，第5084页。

⑤ 宝鋆等修《筹办夷务始末·同治朝》，台湾，文海出版社，1971，第5163页。

载入教会正式文献。[①] 美以美会称："夫神迹者，乃天道之印志，上帝之恩鸿也"，[②] 教会之屡屡驱病赶鬼，大显神力，既是为了与其他宗教竞争，亦投射出地方社会的基本信仰态度。美以美会的融合力量，亦反映着乡村的社会结构、群体冲突。鸦片战争前，福建地方宗族制度已发展成熟，乡族冲突频繁。如华人牧师许播美在福清县传教时，"至江镜乡，巨族何姓，中有一人通道，求为之施洗，因其人有一妻一妾，故未之许，乡村群众为之抱不平，余认为，如不为施洗，反致公愤，所以为之施洗，后此乡通道者益多，而且笃实"。[③] 1895 年古田教案爆发后，不少斋教徒为避祸自保，纷纷改投基督教会。1896 年美以美会古田教区报告："前年记名学道，多系菜匪，非亲则友，恐罪诛累。"[④] 19 世纪末 20 世纪初，维新变法、义和团运动、庚子之祸、清末新政，纷至沓来。庚子年后，社会风气从仇外一变而为崇洋。1895 年，教会抱怨福州美以美会英华书院"自设以来，地方自制台司道以及府县曾不一至其地，稽其所课学业，一若秦人视越人，肥瘠漠不相关也"。[⑤] 1910 年，美部会福州书院举行毕业典礼，闽浙总督、福州将军、提学使等大小官员 30 余人参加，并致词褒奖。[⑥] 官员如此，一般市井民众也视教会为交结洋人的方便渠道。[⑦] 民国时期的福建美以美会报告，形象地描绘了近代社会变迁中福建乡村民众对教会的心态。近代美

---

① 1862 年，麦利和称，美以美会最早进入福建乡村时，在福州郊区的李姓族人中传道。族内有人指传教士的到来赶走了家中的神灵，要请巫师迎回神灵。岂料神灵传话给巫师说：耶稣的能力太过强大，他们再也不回来了。于是巫师连同不信教的李姓族人均慑于基督教的神力，皈依了基督教。Walter N. Lacy，*A Hundred Years of China Methodism*，New York：Abingdon Press，1911，p. 58.

② 余修意：《神迹杂述》，《闽省会报》1886 年。

③ 许乐宾：《美以美会初期来华传教概况》，载《福州基督教文史资料选辑》第 2 辑，福州基督教三自爱国运动委员会文史工作组，1987。

④ 叶英官：《古邑本年情景》，载《美以美教会年录》，1896。

⑤ 黄乃裳：《英华格致关系国家说》，《闽省会报》第 253 卷，1895 年 6 月。

⑥ Gilbert Reid，"A Visit to Foochow"，*The Educational Review*，Vol. 3 p. 12.

⑦ 当时在福州城内流传着一首民谣："仓前山洋人租界，礼拜堂石厝一间；天安堂鸣钟响亮，基督徒整顿衣冠；到教堂读经祈祷，求天父祝福万邦；乐群路出名馆店，跳达神（Dance）丁丁当当；番仔婆打扮漂亮，伊走路宾宾邦邦；番仔实在野阔，伊坐轿四只轿班；鹤龄英华书院，毕业后邮政海关；我表兄洋行买办，一个月一百光番……想发财，去番邦。"（陈德金：《忆〈旧电线书斋〉》，载吴修秉主编《福建文史资料》第 20 辑，全国政协福建省委文史资料委员会，1988）

以美会初入地方，“内地农村居民，视基督教为一种抉目剜心、不要祖宗的洋教，常存畏缩鄙视之心，嗣后，外人在中国，因有领事裁判权，政府亦尊重教会，怕与教会生事，惹起国际交涉，为此一般无知村民，误为教会有势力可依，由畏缩心理变为依附。”①

按照基督教卫斯理宗的传统，美以美会分为年议会、布道处年议会、布道处合众议会、连环议会、季议会、属长会吏会各级组织。② 教会权力集中在年议会，基层堂会权力较小，且实行巡回布道和调派制度，教牧人员流动性强。③ 值得一提的是美以美会对会友与牧职人员的教育。

1862 年，福州布道年议会成立时，沿用美国卫理公会制度，从申请入教，担任劝士、本地传道、出门传道，直至长老、牧师，每个层级都须通过专门考试，所考科目由年议会厘定。考试合格后，教会才发给证书。1903 年规定，本地传道（Local Preacher）欲升任出门传道（Traveling Preacher），除通过考试外，还需要经 4 年的试用期。其间每年都有修读课程和严格考试。课表中除了圣经、教义外，尚有慕维廉的《地理全志》，丁韪良的《天道溯源》《富国策》，谢卫楼的《万国通鉴》，林乐知的《中西关系论》，盖婉而译的《体学易知》，蔚利高的《大美国史略》，韦廉臣的《格物探源》，华立熙译的《三光浅说》，艾约瑟译的《希腊史略》《地质学启蒙》《罗马史略》，花之安的《自西徂东》，等等。④ 换言之，要成为一位美以美会全职传道人员，不仅要掌握圣经、神学与传道知识，亦须熟知历史、地理、政治、经济、卫生和宗教各科知识。单以知识结构论，一位出身贫寒的美以美会华人牧者较只知皓首穷经的儒生掌握更多近代西方知识。

除了严密的布道组织网络，盖教堂之前先建学校、诊所，是西方卫理宗的传统，近代福建美以美会继承了这一传统。在省内各大公会中，美以

① 《基督教传入永春七五周年史略》，多玛书局，1945，第 26 页。

② 《美以美会纲例》，美华印书局，1895，第 7 页。

③ 美以美会严格遵从美国总会的组织形式。教会分作属（Class）、循环（Circuit）、连环/教区（District）、年议会区（Conference）四个级别。年议会内设属长/劝士（Exhorter）、传道（Lay Preacher）、出门传道（Preacher）、执事/女执事（Deacon/Deaconess）、长老/副牧（Elder）、牧师/长牧（Pastor）、布道监督/布道使（District Superintendent）、监督（Superintendent）等职（《美以美会纲例》，美华印书局，1895）。

④ 《福州美以美年会记录（1903 年）》，第 110~119 页。

美会的学校教育、新闻出版独占鳌头。据统计，1939 年福建全省六大公会的教会学校共学生有 31066 人，隶属美以美会教会学校的有 12190 人，占近四成。[①] 美以美会学校遍布城乡，在省会福州参与设立福建协和大学、华南女子大学和协和神学院；在各县的传教中心，设立男、女高中，如闽清天儒学校、毓真女校，古田超古学校、毓馨女校，莆田哲理中学、咸益女中等。美以美会小学遍布城乡各处。[②] 1861 年底，美以美会在福州设立美华印书局，印刷出版各类书籍。1874 年，传教士武林吉创办福建近代史上第一份中文报纸《郇山使者》，中国信徒黄乃裳任主笔。1875 年前后，《郇山使者》改称《闽省会报》。1898 年，又改称《华美报》，成为全国美以美会的机关报。1906 年，兴化年议会亦设立“美兴印书局”，创办《奋兴报》。美以美会的这些文化出版工作，存在时间长，社会影响大，成为传播近代西方思想的载体，开拓了教内人士的视野，培养了一批新闻人才，加速了近代思想在福建的传播。在医疗卫生方面，美以美会活动的各个县份均有医院一所以上，如古田“怀礼医院”、闽清“善牧医院”以及莆田“兴仁医院”和“仁济医院”。

总体来看，美以美会之所以能够在福州较快发展，存在着阶层流动上一体两面的互动关系。此种关系可由图 1 表示。

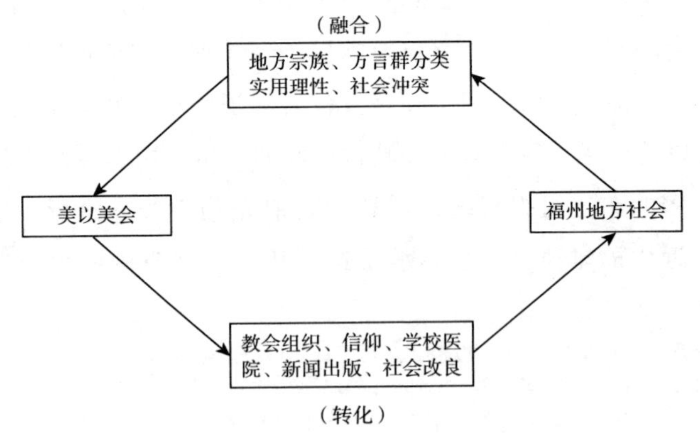

图 1　美以美会在福州地方社会中的作用

① 林显芳等：《福州美以美年会史》，美华印书局，1936，第 17 页。

② 张福基：《兴化卫理公会史》，兴化卫理公会，1947，第 261 页。

（二）华人教徒的维新与“救赎”

在美以美会的培养下，在福州乡村地区产生了第一代华人教徒知识分子，主要包括牧职人员、教会学校师生和医院职员等。这些人通过教会教育，有较强的文化自觉意识。面对中国传统文化与基督教信仰的矛盾，华人信徒有选择性地调适与妥协，以儒附耶，以耶补儒。中国儒家文化一方面是其建构自身基督徒身份的基础之一，“夫中国之善学莫如孔子。吾党当法孔子无常师之学……取其所长，弃其所短，以羽翼圣经，则诸子百家皆吾圣经注脚焉”[①]；另一方面，儒家文化也是他们要破除的“大敌”。美以美会广设教育机构，“俾执于儒教者见之，得知我教会曾深究乎进修之功，必重而亲之，亲而易使化，儒教化则大敌破矣，余必易从”。[②] 他们倾向改革，认为旧秩序、旧文化是阻碍基督教进入中国的原因。兴化年议会牧师宋学连在《谈新》一文中批评“守旧纵云不死，亦废人耳！”又谓“求新者，自强之机也”。“自古功盖宇宙名昭日月之圣贤，要皆从立志求新”。[③] 他们要求改革旧秩序与价值观。“当今之时，我中国虽尧舜为君，周孔为臣，亦断不能闭关而治。而治夫既不能闭关而治，则必难免事件交涉。折冲樽俎在在需人，一或办理不善而兵戎随之举。凡铁甲枪炮诸大端，苟非深得其法，安能雄长中原……中国昔时非不有富国强兵之策，然不过劝事农桑、申明礼义而已，此但可培之于太平无事之时，而不可用之于列国争雄之日。”[④] 此种改良社会的要求，不仅宣之于口，亦见诸行动。1882年，谢锡恩在《万国公报》上发表“救时急务十二则”，提出“变法”要求。其中涉及政治改良的有“变成法以省浩费”“破成格以达下情”“整陋规以息械斗”等条；属于社会民生方面的有“设公司以襄巨举”“禁游民以重正业”“广学校以正人心”“广新报以舒赈款”“申禁令以保女婴”等；亦有“禁淫祀以邀天眷”“察圣教以释群疑”进而“崇真主以召天和”等主张。这十二条变革建议，有改良社会政治、发展

---

① 黄乃裳：《续诸生出学》，《闽省会报》1888年，美华印书局，第1266页。

② 陈向真：《古邑培元书院报单》，《美会第二十次年录》，第31页。

③ 宋学连：《谈新》，《万国公报》卷149，1901年5月，第5页。

④ 咄咄山人：《英华书院论》，《闽省会报》1886年，美华印书局，第1127页。

商业经济和宣传基督教三方面的内容。1898 年，“百日维新”失败，康有为、梁启超逃亡海外。福建美以美会与康有为、丘菽园为首的保皇党人互通声气。1899 年 8 月，福州《华美报》刊载《康有为保国会序》，并引《天南新报》称：“此文为去年康有为在京师开保国会时所作也……其文之悲愤慷慨，实具一种忠君爱国之心，并无所谓保中国不保大清之语。”① 此时保守派当权，康、梁等是朝廷缉拿的要犯，福建美以美会报纸敢于刊载上述言论，可以想见其政治立场。1911 年 9 月，辛亥革命在福州爆发。英华、福音、培元三个教会学校的学生组成炸弹队参加。嗣后，福州组织学生军北伐，“毓英等校主理之英美女士及教友，亦来送行，且高声为颂‘亚哩路野’以祝其得胜凯旋”。②

在乡村入教者心目中，基督教会有着实实在在的“救赎”功能与意义。古田最早信教的 15 人中，有 12 个是身染鸦片烟瘾者。闽清茶口乡农林禄周，原“有一姐一兄一弟，姐出嫁，兄承祖业为商，他自己为农，耕种祖上未分的田业，还兼种他人的田园。惟其弟天天闲游，性好嗜赌，有一天因欠赌债过多服毒自尽。其兄因生意不振，时时忧郁在心，不久病逝”，并遗下一子。林禄周“经过上述许多家境剧变，屡次想出家做和尚……他时时想：为人到底是为什么？在此进退两难之际，”薛承恩来此讲道，力劝其入教。林禄周与侄儿成为当地首批美以美会友。美以美会在当地设立布道所，兴办夜校，林禄周在夜校内上了两个月的课，能念福州语圣经并记简单的数字。不久，林禄周的侄儿和福州的英国商人做樟脑及茶叶生意，林禄周自己则为美以美会“售卖圣书”。叔侄二人“家庭经济大有进步”。民国年间，林禄周成了当地林氏宗族的族长。③ 在近代福建社会，美以美堂会是部分乡村社区生产、生活及慈善活动的中心。以 20 世纪 30 年代闽清十五都美以美会黄贞清牧师负责的保惠堂为例。该堂下辖 15 个村 2 万余人口的教区。除布道事业、宗教教育外，该堂还负责卫生事业，开展卫生运动

① 《康有为保国会序》，《华美报》1899 年 8 月，第 7~8 页。

② 黄乃裳：《绂丞七十自叙》，载《诗巫福州垦场五十周年纪念刊（1901-1950）》，开明印务公司，1951，第 105 页。

③ 林文聪：《八十三自述》，中国信徒布道会，1971，第 33 页。

周、防疟疾、种牛痘、设平民施诊所、训练产婆，又组织生产工作，设农村服务试验区生产部、牲畜试验、园艺试验、稻麦选种、工业改良、创新制陶业、开垦堂会土地，以及休闲指导、设民众娱乐社、每季开教友娱乐大会、开辟体育场等。[①] 在福州乡村社区，宗教信仰与现实生活密不可分，教会必须在信仰与生活之间找到结合点，才能生存发展。“如果一位美国牧师与中国牧师同住一天，看看这位中国牧师的工作，他必定要十分惊奇，因其工作非常繁杂，如帮助教友打官司、调解纠纷、为人写信、写田契、散宗教传单、买圣经、种牛痘、救急，及助理家务等等，都是牧师所做的。”[②]

对于地方社会而言，基督教大规模进入社会公共领域（Public Sphere），完善了旧有的社会慈善机构，创立了新的社会服务机构。据学者研究，清代中叶后，社会慈善组织不断“儒生化”，基层儒生积极参与善会，借着善会的力量维护儒家价值，以掌握更多的符号资本，保住本身的社会文化地位，并加强社区认同感。[③] 近代之后，这类社会慈善组织转而呈现“基督教化”的倾向。在闽清，县内儒生在城隍庙右设有“养济院”，“原以处无告穷民及残废之人，惟闽省为麻风所占”。养济院成了麻风院。但因该院地近通衢孔道，地方士绅多次希望将其搬离原址。“邑绅黄乃裳、陈榕官，商于美国传教士，捐助建筑费银七百元，因请于县令杨公宗彬提倡募捐……”[④] 不久，黄乃裳等人择幽僻山地为养济院新址，建洋式新院一座。教会在社会事业领域的影响是深远的。地方士人在谈及当地基督教学校时感叹：“我国自有教育，外人转以教育施我，我甚自愧矣。”[⑤]

---

① 费尔顿（R. A. Felton）：《基督教与远东乡村建设》，杨昌栋、杨振泰合译，广学会，1939，第64~71页。

② 费尔顿（R. A. Felton）：《基督教与远东乡村建设》，杨昌栋、杨振泰合译，广学会，1939，第27页。

③ 梁其姿：《施善与教化：明清的慈善组织》，台湾，联经出版公司，1997，第246页。

④ 杨宗彩：《闽清县志·惠政志（1921年）》，中国方志丛书华南地区第101号，台湾，成文出版社，1967年影印版，第154页。

⑤ 杨宗彩：《闽清县志·外交志（1921年）》，中国方志丛书华南地区第101号，台湾，成文出版社，1967年影印版，第146页。

二　从乡村到海外

（一）教会自养及涉商活动的争论

19世纪70年代，福建美以美会内部出现“自养运动”（Self-Support Movement）的争论。自养运动（又称“自备运动”）的出现，有其内外多方面的因素，西方教士与华人信徒有各自的打算。如后来教会史家所说：“自备为教会自立之基础。不特西教士欲卸其经济之供给。移为新辟境界之用。即在地之职员，亦欲经济独立。以免长寄他人之篱下。”[①] 西教士是自养运动的最初推动者与主导人。他们运用自己在教会中的权力，半强制性地推动这一政策。1870年，金司理会督（Bishop Kingsley）到福州，决定开始福建美以美会的自备运动。金司理对福州的教牧人员说：“你们越快实现自养，人们皈依信主就越快，教会就会更有活力。”[②] 随后，福建美以美会开始订立章程，根据以往的统计资料评估每个循环的经济能力；然后由教会定出适当的比例，以决定国外资金补助额，来确保每个传道人应享有的薪金数。1871年1月11日的《北华捷报》（*The North China Herald*）报道：“我们很高兴看到在福州差传工作中涌现出一场朝着正确方向前进的运动。本地基督徒开始承担在支持其教牧方面所应有的义务。假如这一原则继续坚持下去，我们将很快看到中国信徒的信仰诚意。这是消除目前世人对这一新宗教（基督教）误解的重要一步。”[③] 华人信徒对自备运动的反应并不完全一致。华人牧师谢锡恩自述，“在向众人讲道结束时常听人问道：‘你说这些好话，外国人付了多少钱？’虽然他愿意为着基督的缘故受人责备，但实在无法面对自己的良心”。[④] 1871年谢锡恩在《中国教会新报》上刊文：“福州教会传道者等倘全赖美以美布道会之供给，则我等

① 林显芳等：《福州美以美年会史》，美华印书局，1936，第13页。

② Sites, Sarah Moore, *Nathan Sites: an Epic of the East*, New York: Fleming H. Revel, 1912, p. 135.

③ Walter N. Lacy, *A Hundred Years of China Methodism*, New York: Abingdon, 1948, pp. 202-203.

④ Walter N. Lacy, *A Hundred Years of China Methodism*, New York: Abingdon, 1948, pp. 202-203.

乃是布道会之人。当遍行各处传道，非本处会友之牧师。故会友欲明道，必须自给传道者，则牧师竟是我之牧师；二，我传道者等受别国布道会供给，则无怪乎在地之人民……常引谚诘我云：食其饭，说其话……”但更多的华人教牧和会友反对这项动议。他们指出：“假如这个运动继续深入进行下去，美以美会将会四分五裂被其它教会并吞。”反对最烈的当属林振珍。“林振珍长老说‘这样的要求太快了；到有些富人入会或是中国官员成为会友时再作自养也还不迟。’”[①] 1871 年，林振珍因抗议此事，被教会罢黜。次年表示悔改后才复职。显然，林振珍并不是反对教会自养，只是认为时机未成熟，强制执行只会削弱美以美会的发展。但在西方传教士主导的教会体制下，林振珍的意见只能被否决。此后，华人信徒对是否应该促进自养已无多少争议，福建美以美会也采取了很多措施推动自备运动。但事与愿违，运动开展 7 年后（1877 年），福建美以美会总共 77 座堂会中完全自养的只有 1 座。[②] 1936 年的福州年议会区，“除如福州之天安堂循环，福清之县中循环，平潭县之平潭循环，古田之二保循环，为完全自备外。余仍为半自备”。[③]

对于自养运动的失败，西方传教士与华人各有不满。一方面，西方传教士批评：信徒在承担责任上存在一些不正确的态度。很多基督徒由于长期接受太多传教士的帮助，因此养成错误的心态……以为西方差会有充足的金钱，且是乐意地支持中国教会。另一方面，西方传教士华雅各（J. H. Worley）在 1885 年警告：“自养、自治和自传固然是正当的口号。但没有自养，自治是危险的，自传是不可能的。”[④] 华人信徒对此则有自己的理解。传教士大力推动固然使会内华人加深了对建立中国本土美以美会的认识，所谓“自养运动”亦是西方教会控制本土教会的明例。不仅“自养运动”全由西方传教士一手拟订与推行，华人信徒无权置喙，甚有“自备自苦”之说。而且华人牧师与美国教士同工不同酬，如许播美谓：“余于

---

① Sites, Sarah Moore, *Nathan Sites: an Epic of the East*, New York: Fleming H. Revel, 1912, P. 136.

② “Statistics of Protestant Missions in China”, Records of the General Conference of the Protestant Missionaries of China: Held at Shanghai, 1877，台湾，成文出版社，1974，p. 480.

③ 林显芳：《福州美以美年会史》，美华印书局，1936，第 13 页。

④ Walter N. Lacy, A *Hundred Years of China Methodism*, New York: Abingdon , 1948, p. 200.

1856年受洗入会……至1860年派往他处传道，月资五元，时余已有二男二女，内顾多艰，基顺（西人）畜马一口，雇人饲养，月薪十余金，时人见余清苦，有人说：西人之待传道人曾不若马也。”① 20世纪初，华人信徒试图在教会事务上发出自己的声音，寻求经济上的完全独立。福州年议会的黄治基“回顾中邦教会，久托外人庇荫之下，甚非久远之计，慨然以改革基督教为己任，毅然创办基督教实业公司，欲以解除教会受西人经济之压迫”。②

传教士来华之初，无意将商业活动作为传教运动的一部分，认为商业活动对中国人的皈依有负面影响。早期来闽传教的麦利和将清政府、罗马天主教、西方商业视为中国福音化的三大障碍。1861年，他表示，“我们确信中国所需要的更多是精神和道德上的需求，而非物质匮乏的要求”。“几年后，清帝国将充斥着庞大的商业网络，这对中国人未来的性格有何影响呢？中国人性格中本来有着根深蒂固的无神论与宿命论，现在，又加上商业发展的激烈竞争和对金钱的疯狂追求。”“以商业促进中国文明开化的想法毫无意义。世界历史清楚表明商业是危险的开化者（dangerous civilizer）。商业发展是放荡与野蛮的漩涡。”③ 但在19世纪80年代，洋务运动兴起，西方商业文化进入福建地方社会，商业化与近代化成为社会发展的大趋势，有少数通商口岸买办商人因为与外人经商而加入美以美会。其中较著名的有张鹤龄。张鹤龄乃“闽之鹭江人，少时与某传道游”，“迨来省经商，又与西教士周旋，遂受洗进会”。“方其入教之时，仅与籍新加坡一中国人，伙作小贸易，未几成为巨商。”张鹤龄虽然不是教会的牧职人员，对教会却颇有影响，“当时教中之传道学生闲散者多就先生谋位置，或衣食其家，先生事以宾礼，异于其它之聘任者”。④ 面对这一变化，美以美会内部传教士渐因商业问题而发生分歧。第一次相关讨论的内容是应否在教会学校中开设英文。英文作为教学语言，原属于教育问题，之所以与商业活动有关，因为争论源于鹤龄英华书院（Foochow Anglo-Chinese

① 许乐宾：《美以美会初期来华传教概况》，载福建省政协文史资料委员会主编《福州基督教文史资料选辑》第2辑，福建人民出版社，2003，第37页。

② 林显芳：《福州美以美年会史》，美华印书局，1936，第92页。

③ 林显芳：《福州美以美年会史》，美华印书局，1936，第249页。

④ 林显芳：《福州美以美年会史》，美华印书局，1936，第107～108页。

College）的创建。该书院的赞助人是张鹤龄。在张鹤龄的影响下，英文的“价值”为当地华人信徒普遍认可。黄乃裳回忆，“谢君锡恩劝余用功英文，当有嘉获”。[①] 1880 年 12 月，张鹤龄会见传教士武林吉，要求捐赠一份财产，用于建设一所中、英文双语制书院。因此，鹤龄英华书院的创立是由中国商人信徒提出赞助，华人教牧从“商战”的角度附和支持。无论是买办商人还是华人教牧，强调的都是英文的商业价值。华人信徒关于英华书院的倡议在福建美以美会传教士内部产生激烈辩论。武林吉、薛承恩夫妇和曾大辟（D. W. Chandler）等人支持华人信徒的提议。李承恩夫妇、娲标利（Beulah Woolston）、娲西利（Sallie H. Woolston）反对[②]。李承恩强烈怀疑鹤龄英华书院这个“教会的新事业”，“这所学校不应该是传教工作的组成部分”。因为英华书院不仅教授明显带有商业性质的英文，而且会将差会的注意力从日常的传教工作转移到追求教育成就的工作上。“虽然薛承恩、武林吉曾力劝我加入学院的工作，但有一个理由就足以令我拒绝他们：我不愿意离开直接的传道工作。”“许多次，张鹤龄和几个本地长老也劝我参加学院的日常工作。每次，我都以上述的理由答复他们。”[③] 争论的结果是，美国总会采纳薛承恩等人和华人教牧在“英文教学”上的意见，李承恩被迫在 19 世纪 80 年代末改变了原先的立场，但双方的矛盾冲突没有就此结束。19 世纪 90 年代末，福建美以美会内部又爆发了关于“实业宣教工作”（Industrial Mission Work）的争论。

所谓“实业宣教工作”，即用教会集合资本，进行工业投资，从事商业活动。其发起者是蒲鲁士与孟存慈。华人信徒大都支持实业宣教。据 1896 年华雅各在年议会的报告，“为司布道者，须购西洋机器来闽变换中土人民之劳力。其人曰：此事只需微利，可获大益，则大半我会内之人可先获益不浅矣。更有数处传道已经畴画以为不用布道之款更妥，但以借款

---

① 黄乃裳：《绂丞七十自叙》，载《诗巫福州垦场五十周年纪念刊（1901-1950）》，开明印务公司，1951，第 98 页。

② Sites，Sarah Moore，*Nathan Sites*：*An Epic of the East*，New York：Fleiming H. Revel，1912，p. 211.

③ “The Letter from Plumb to Dr. Fowler”（1883，Feb. 24th），Missionary Files：Methodist Episcopal Church，China Wellmington，Scholarly Recources Inc.，1999（here after MFMEC.），Roll 8，pp. 0908-0973.

或以微利积成巨款，作一大公司，设一机器厂。则后来所赚之款可归为传道之束脯，而成自主矣”。然而，华雅各、李承恩等人反对，指责这是“邪惑甚恶，须谨慎而敌之”。他警告会内华人信徒，“凡为传福音者当竭力为一工，如昔使徒保罗，决不识世人之事务，但知吾主耶稣基督十字架之道而已”。[①] 1897 年，李承恩向美国总会提交两份相关报告，历数蒲鲁士一意孤行，在福清等地创设工厂的经过。“1895 年 10 月，蒲鲁士牧师在福州差会上宣读了一份报告。在报告中，他提出实业宣教工作的计划，打算兴建一处或更多处的大工厂，引进西方的机器。他确信工厂利润足以向持股者提供 6%的现金股息，从而平衡宣教工作的预算。福州差会考虑过这份报告，多数人反对。但是，蒲鲁士却按着报告的想法，开始制订计划，进行调查。这些计划和调查耗去了他大量的时间和精力。1896 年蒲鲁士开始教唆本地教徒引进西洋机器，组织公司……”[②]

李承恩批评，这些工厂均以失败收场，“不仅令教会在中国和美国蒙羞，而且无助于宣教工作。我们深信，要采取严厉措施规定：凡在中国的传教士都必须脱离任何形式的世俗工作”。1897 年 5 月 13 日，李承恩、施美志、华雅各三人联名致信美国总会。信中称，“近来，福州教会发生的事迫使我们认真思考传教工作。我们发现：有些同工过去的所作所为和将来的打算会导致教会世俗化”。“目前的形势令我们非常困扰。但我们坚信理智的沟通与正确的决定将使我们渡过这场危机。直接宣教的重要性终将得到肯定。”[③] 信上附着 5 月 12 日福州传教士关于蒲鲁士“实业宣教工作”的决议，决议中列举了“实业宣教工作”的“五宗罪”（见表 1）。

表 1　福州传教士关于“实业宣教工作”的决议内容

	决议原文
1	鉴于中国人的特质，我们相信只有将商业活动与传教工作完全分开，才有望克服中国人物质主义的倾向（material tendency）

---

① 《美会第二十次年录》，美华印书局，1896，第 18 页。

② Plumb，“Industrial Enterprises at Hinghwa and Elsewhere”，MFMEC. Roll 8，pp. 0908-0973.

③ “The Letter to the Corresponding Secretary”（May 13，1897），MFMEC. Roll 8，pp. 0908-0973.

续表

	决议原文
2	我们相信，沉溺于世俗事务，无论程度的深浅，都将削弱并最终摧毁差会在民众中属灵的影响力
3	它将鼓励本地教牧中本已十分强大的对世俗事务的兴趣
4	它终将严重削弱我们在民众中的影响力。这种影响力原本来自我们有明确的属灵目标
5	过去我们批评中国人因世俗原因进入教会，“实业宣教工作”却令我们的批评流于空谈

决议再次要求美国总会规定：“所有在华传教士都必须完全与任何形式的商业活动脱离干系，无论这些商业活动是暂时的，抑或长期的。”[①] 但上述决议并未阻止华人教徒以教会为平台开展工商业以实现自养的计划。武林吉、蒲鲁士等教士支持黄治基等华人信徒继续推动与商业有关的工作，认为在传教的同时，须兼顾华人的经济、教育和社会生活，肉体的需要和精神的感化有同样的宗教价值。传教士应重视华人信徒的声音和能力，响应中国社会发展与华人教徒的要求。[②] “自养问题”及其衍生的“实业宣教”争论是清末民初教会内部矛盾的集中表现。在此背景下，部分华人信徒与传教士开始组织教友离开福建，踏上移民海外之旅。

（二）教会组织与移民海外

近代最著名的福州乡村移民组织者是黄乃裳（1849~1924）。黄乃裳本是清贫的农家子弟，“累世业农，父为木工”。[③] 小时候半耕半读，有一定的旧学基础。1866 年，美以美会教士薛承恩来到闽清六都。黄乃裳与族叔黄福居同时受洗，成为闽清首批基督教美以美会信徒。1866 年底，美以美会调派许扬美常驻闽清六都。次年，19 岁的黄乃裳已随许扬美牧师到各乡

---

① “Resolution Adopted by the Foochow Mission” (May 12, 1897), MFMEC. Roll 8, pp. 0908-0973.

② “The Letter from Ohlinger” (1878, Nov. 9th), MFMEC. Roll 8, pp. 0581-0590.

③ 黄乃裳：《绂丞七十自叙》，载《诗巫福州垦场五十周年纪念刊（1901-1950）》，开明印务公司，1951，第 97 页。

传道。从许扬美处，黄乃裳获“劝士执照”，学习传道 7 年。1869 年，美以美会正式“按立”一批华人教牧。黄乃裳“于是年考进年议会为传道”。1870 年，黄乃裳因病辞去传道职回家。1871 年，他又随许扬美到闽江上游各地传道。1872 年秋，他被聘为传教士保灵的文案。1873 年，他改任年议会中文书记，负责编辑年议录。1879 年，他任教于美以美会的福音书院。因此，黄乃裳从 19 岁到 47 岁，主要是在福州美以美会圈内工作。基督教美以美会为黄乃裳个人及家庭的社会流动提供了上升途径。黄乃裳到教会任职之后，有了一份固定的薪金，家庭经济条件好转。[①] 黄乃裳在教会从事文字工作之余，苦读儒家经书。因为他“见夫流俗藐宗教中少文人学士与夫上流社会之人材，乃励志学为八股”，“且读书博科名以餍流俗，以拓教中青年之胸次理想。”[②] 他在科场连中秀才、举人。1895 年，他在光绪甲午科乡试中举[③]，并与同科的南洋知识分子丘菽园等交游。

1898 年，维新变法失败，黄乃裳失落返闽，受丘菽园等人的影响，遂移民东南亚，确立“新福州”的计划。黄乃裳对英国人在东南亚的统治较有好感，决定将移民的地点选在砂拉越拉让江流域的诗巫。经古晋富商王长水介绍，黄乃裳与砂拉越政府签下移民合同。1900 年 5 月，黄乃裳与砂拉越政府签署 17 条合约。根据合约，砂拉越政府引进中国农民“种植稻谷”，以解决粮食短缺问题，也承认垦农从事其他生产项目的权利。砂拉越政府除了提供一系列的优惠开垦条件外，还应允将诗巫的垦区更名为“新福州”，贷款 3 万元为其作开办费。黄乃裳与力昌则负责招募华人垦农

① 詹冠群：《黄乃裳传》，福建人民出版社，1992，第 20 页。

② 对于信徒是否可以参加科举考试，福州传教士内部曾有争论。美部会传教士反对信徒参加科举，美以美会内也有华人传道者因在礼拜天参加童生考试，被教会撤销传道资格者。但基本上，美以美会不反对会友参加考试，获美国学位的西教士也喜自称为“美国进士”。在黄乃裳参加科举考试之前或之后，均有华人会友甚至教牧人员参加科举考试者，如许显美、余淑心、黄治基等人。

③ 1895 年，黄乃裳参加福建乡试甲午科的题目共分 4 道，包括三道命题作文、一道诗文。一，“颜渊、季路侍子曰：盍各言尔志。子路曰：愿车马衣轻裘、与朋友共敝之而无憾。颜渊曰：愿无伐善、无施劳。子路曰：愿闻子之志。子曰：老者安之，朋友信之，少者怀之。”（《论语》）；二，“使天下之人，齐明盛服，以承祭祀，洋洋乎如在其上，如在其左右。”（《中庸》）；三，“昔者，王豹处于淇，而河西善讴绵驹处于高唐，而齐右善歌。”（《孟子》）；四，“赋得溪声凉傍客依秋—得秋字五言八韵。”（顾廷龙主编《清代朱卷集成》卷 340，台湾，成文出版社，1992）

千名到砂拉越诗巫工作。[①] 1900 年 8 月，黄乃裳与力昌回到福州，“分往招农，奔走侯官、闽清、古田、永福各邑，选择有身家妥实强壮者充之”。1900 年，黄乃裳等招到垦农 500 余人，“皆侯官、闽清、古田所招集，属基督教者三之二，屏南、尤溪、闽县不过三十耳。并筹备一切农种与农具，以及铜铁竹木发诸工匠，中西医传教师”。[②] 此后另有两批移民，共计 1118 人[③]。这三批移民以古田、闽清、屏南三县为主，基督徒占 2/3。黄乃裳的移民活动受益于教会网络的支持。黄乃裳、力昌两人回国招农时，黄乃裳“咄嗟得勤壮之农五百余人，而力君赴原籍永福，愿往者仅数人”。招农效果相差悬殊，与黄乃裳在福州美以美会的地位与教会网络不无关系。虽然黄乃裳招募的对象并不限于基督教徒，但招募渠道以教会为主。[④] 黄乃裳的移民计划与美以美会传教士蒲鲁士、孟存慈和部分华人教牧开展“实业宣教”、创办工商业公司的观点一拍即合。古田籍美以美会陈长惠、陈文畴牧师等人“正与黄乃裳志同道合，遂应黄乃裳之请，在古田为其宣传提倡，然乡人安土重迁，虽间有动于心，然实行则非容易。没有保证，及没有素有信仰的人为先导，或与之偕行，谁敢冒昧南来诗巫？于是黄乃裳力劝长惠参加破天荒的垦荒伟业，组织一商业公司，专贷款给一般垦场经济缺乏的会友”。[⑤] 陈长惠、陈文畴、朱邦镇、郑超廷四人合组“福隆公司”，负责供应垦农粮食和日常生活用品。黄乃裳本人则成立“新福州垦

① 黄乃裳从新加坡回国时，友人丘菽园赠诗勉励：“眼前六千里风雷，粤海闽山取次回，终古笛声含壮思，楼头吹得岛云开。”“长明海月印归鸿，看取天山早挂弓。未吼晓鲸犹恋别，干云虎气认宵中。”言语中多有期待，将黄氏移民开垦南洋，视作维新大业（丘菽园：《梁子刚黄黻臣连翩内渡各返乡国余饯之于市楼书此为别》，《菽园诗集》，台湾，文海出版社，1977，第 61 页）。

② 黄乃裳：《绂丞七十自叙》，载《诗巫福州垦场五十周年纪念刊（1901-1950）》，开明印务公司，1951，第 101 页。

③ 其间，第一、二批移民中，有部分人在移民途中逃往他处。如力昌、陈观斗率领的第一批移民，出发时有 91 人，但在新加坡换船时只剩下 72 人，故第一批到达砂拉越诗巫的只有 72 位移民（刘子政：《黄乃裳与新福州》，新加坡南洋学会，1979，第 11 页）。

④ 美以美会闽清教区长称“梅邑风气，凡所租民屋为教堂者，该租屋中不准人生死其屋中……二年前有一学妇在塾沾病临危，被厝主迫出，竟卒于中途，仆复被该厝主人等交迫凌辱殆尽，甚至擒殴，幸经黄君黻臣救解，不然未知如何了局”（《闽清连环情景报单》，《美以美福州年会录（1903 年）》）。

⑤ 陈观斗：《砂罗越诗巫榕侨开荒史》，载刘子政《黄乃裳与新福州》，新加坡南洋学会，1979，第 169 页。

场公司”，贷给移民川资，组织移民生产。[①]

19 世纪末 20 世纪初，美以美会友处境艰难，压力来自政治、经济两方面。1899 年，维新失败对福建乡村教会有影响。“守旧维新两党决裂之后，民间弗识变政之原委，弗辨扬言之虚实，妄凭臆揣，散布谣言——国家有谕旨，京员有奏章，将行悉数扫灭教会，擒拿教民，尽法治罪等谣，如是一传十，十传百，如火燎原，势不可扑。继则谣惑食盐洋粉暗被西人搀入毒药等，荒谬实难枚举。”[②] 1900 年，义和团运动更加深了教徒的不安与恐惧。1901 年，古田美以美会超古学校负责人报告：“旧夏间，北乱异常，敝处亦谣言四起，风闻警信，日甚一日，过于惊心者，早有适彼乐郊之意。时适有素言时务、屡涉南洋者（指黄乃裳），来集众于敝县两教堂中，放论南洋有岛名波罗，土肥且厚，地广人稀，甚易开垦，会友中有便而愿往者，且先与备川资粮食。聆其所论，俨然别有天地处。致学生有年长而壮者，或从其父兄乡里，或订其戚属友人，竞投笔学陈，相负耒耜而远去。”[③] 经济上，1899 年闽清美以美会教友因“粮米昂贵，百物高抬，较之旧年，又增一倍，谋食之计，颇为艰难，俯仰之资，恒虞不足”。1901 年，情况仍未改善。陈文畴牧师报告：“论民间时景，前数年荒歉太甚，虽然本年五谷颇有收获，无如长不抵短，歉不抵丰。”“因之，各会友应黄九美先生之招往砂罗越者，共 99 人，其中热心之本处传道亦往数人，是以本连环内不特年会议之传道少，即本处热心之传道亦属不多。”[④] 1902 年西教士报告，形象地描述了基督教乡民的心态：“本年最扰教会者，莫若波罗洲开垦一事，客岁年会议时，众人耳闻波罗洲之富丽，咸思鼓棹南行，以冀腰缠十万而返，是时决即起程者约数百人，其余虽身在本土，心已在波罗洲者，亦不乏人，故众人之心不在教会，而在波罗洲也。”[⑤]

---

① 黄氏率领垦农南下，途经新加坡，垦农们被安排在北麒麟地方（该处原为被骗卖猪仔客所住的地方）。次日，有新加坡福州人告知垦农，“是为黄乃裳所卖到砂拉越做猪仔之工人”，垦农一阵骚乱。黄乃裳解释自己是宗教中人，绝不会干那些伤天害理的事（林文聪：《八十三自述》，中国信徒布道会，1971，第 8 页）。

② 《闽清连环全年情景报单》，《美会第二十三次年录（1899 年）》，第 46 页。

③ 陈向真：《古田超古中学堂报单》，《美会第二十五次年录（1901 年）》，第 35 页。

④ 《闽清连环情景报单》，《美以美教会年录（1901 年）》，第 26 页。

⑤ 《古田连环情景报单》，《美以美教会年录（1901 年）》，第 28 页。

结　语

近代基督教美以美会进入福州，通过教育、医疗、出版等方式，为地方乡村的华人教徒提供了一个向上流动、改革维新的网络，帮助华人教徒从社会边缘走向中心。虽然和漳、泉地区相较，福州并不是传统的移民迁出地，但在教会内外的压力和张力下，基督教会也为华人教徒提供了一个世界性的横向流动网络，帮助华人教徒从乡村走向海外，拓展新的生存空间。[①] 这一现象似乎颇为独特，实际与英国工业革命期间农民向工人阶层转化流动的过程相类似。据研究："卫斯理宗打开教堂的大门，为工业革命弄得无家可归的人们提供某种社会联系，来代替那些旧的被消灭了的社区模式。作为一种非国教的（虽然是非民主的）教会，劳动人民感到它是他们自己的教会；卫斯理宗在其中生根的社区（如采矿、捕鱼或从事纺织的乡村）的联系越是紧密，这种情况越为明显。……对于移居的工人来说，当他从一个城市转到另一个城市时，卫斯理宗就成了他进入一个新社区的门票。正如我们所看到的，在这个宗教社区内，有它自己的戏剧，有它自己的地位等级和重要性等级，有它自己的谈话内容，还有大量的相互帮助。……当在教堂里时，男人们和女人们都感到自己在一个就其它方面而言是敌对的世界中有了某些地位。"[②] 通观中西，在社会巨变中，宗教在促进群体流动方面均表现出重要的社会功能。

---

① 近代天主教亦曾参与海外华人移民活动，但多以失败告终（林泉：《福安教徒被骗充当契约华工的经过》，福建省政协文史资料委员会编《福建文史资料选编·基督教天主教编》，福建人民出版社，2003，第14~18页）。

② E. P. Thompson：《英国工人阶级的形成》，转引自罗伯特·鲍柯克、肯尼思·汤普森编《宗教与意识形态》，陈耀庭译，四川人民出版社，1992，第176页。

领事、教士及教徒：晚清美国驻闽领事与地方基督教关系初探

朱　峰

众所周知，美国驻华外交官与近代中国基督教会关系密切。以往的论述倾向于从基督教视角考察教士、教案对美国驻华外交官的影响，较少从美国驻华外交官的视角出发，具体观察双方的复杂关系。考虑到晚清福建是美国教会势力较集中的地区，也是唯一长期设有两个美国领事馆的省份，研究美国驻闽领事与福建基督教会间的互动，有助于从地方社会层面深入观察中美外交对基督教的影响。因此，本文拟以晚清美国驻闽领事官员为个案，探讨基督教会与美国驻闽领事体制间的相互渗透与冲突争论，分析美国驻闽领事官员在复杂利益关系下处理传教问题的策略及其对华人教徒的复杂心态，希望能管窥全豹，推动基督教与中美外交关系的深入研究。

一

1842 年，美国归正会（Reformed Church in America）进入厦门传教。1847 年，美国美部会（American Board of Commissioners for Foreign Missions）、美以美会（The Methodist Episcopal Church）进入福州传教。1849 年、1852 年美国先后在厦门、福州派驻领事后，上述教会均不同程度地介入美国

驻闽领事体系。

（一）关于教会人员介入领事体制的背景与模式

一方面，美国以新教立国，领事不讳言与教会的紧密关系。1889年福州领事温若瑟（J. C. A. Wingate）参加美以美福州年议会时称，“吾莅任以来，闽中真理渐见振兴，间与各牧师谈论情景，则不忍去。吾道之益人亦溥且厚矣，今者不获对尔众言别，想返国后有机便往各堂畅言中国布道振兴气象，当多派牧师莅闽襄助，目前外来容有迫逐之事，愿尔众暂忍片时，即得神助制胜，此后纵不能与尔长聚，可望在天之灵可得永远同居”。新任领事甘斌弟（J. J. Campbell）亦称参加美以美会年议会，参观美部会格致书院时“不知身在中国……但吾新来，未知闽省风土民情，情愿自今夜起与尔众作莫逆之交”。[①] 另一方面，美国驻闽领事馆组织简陋。1853年，美国在世界的近200名领事中，仅有10名是受薪专职领事。驻华领事馆一般设有正、副领事，通事，法警，中文文案，监狱看守等职，以维持正常运作。1863年，美国8个驻华领事馆一共只有3名正式翻译。[②] 驻闽领事馆经费更为紧绌，仅能维持领事及其家属生活、办公需要。福州领事1869年之前长期租用美以美会物业，[③] 其余职位则聘请在闽美国公民兼任或以较低薪资聘用华人。教士是晚清寓闽美国公民的主体。1862年，厦门16名美国公民中有10人是教士。1847~1880年，福州共有美国教士72名，平均居留时间为8年。[④] 表1显示的是19世纪末福州地区美国公民的人数。

---

① 《闽省会报》第179卷，1889年，无页码。

② 〔美〕韩德：《中美特殊关系的形成：1914年前的美国与中国》，项立岭、林勇军译，复旦大学出版社，1993，第179页。

③ “The Letter From M. M. DeLano” (1869. Dec. 12th), *Dispatches from U. S. Consuls in Amoy, China*.

④ 〔美〕韩德：《中美特殊关系的形成：1914年前的美国与中国》，项立岭、林勇军译，第31页。

表 1　19 世纪晚期居住在福州的美国公民人数

福州领事区	1881 年①	1884 年②	1889 年③	1892 年④	1897 年⑤
美国公民总数	43	44	73	95	130
教士及家属	27	37	56	88	125
领事官及家属	3	3	4	6	4
商人及其他	12	4	13	1	1

教会人员介入领事体系有三种形式。一是领事离职或前后领事交接期间，因领事馆无人照管，临时请教士兼任美国驻闽领事工作，如美部会教士罗啻（Doty）曾兼任厦门副领事、美以美会教士保灵（S. L. Baldwin）曾兼任福州副领事。二是直接任命教会神职人员为领事官。福州领事葛尔锡（S. L. Gracey）是美以美会牧师，神学博士，在美传教 27 年，1890 年被共和党政府委任为福州领事。葛尔锡称赞福州美以美会是“上帝灯台前的羔羊……所有人来到此都会满意地看到我们教会用智慧和慷慨取得的巨大成绩”⑥。1893 年民主党执政，免去葛尔锡的福州领事职务。美以美会为其争取留任或改任驻上海总领事未果。1897 年共和党人主白宫，美以美会再次推荐葛尔锡任福州领事。⑦ 1899 年，葛尔锡在福州美以美会年会表示，“前四十四年，仆为求进试用，亦犹今传道诸君也。故能相谅，有可助者，无不心愿焉。且四十四年中，深悉福音之权深能救人，吾甚喜此道入中土”。⑧ 三是聘用与教会关系密切的华人任翻译。归正会教士简明

① “The Register of American Residents in Foochow” (1881. December, 31th), *Dispatches from U. S. Consuls in Foochow*, *China*.

② “The Register of American Residents in Foochow” (1884. December, 31th), *Dispatches from U. S. Consuls in Foochow*, *China*.

③ “The Register of American Residents in Foochow” (1889. December, 31th), *Dispatches from U. S. Consuls in Foochow*, *China*.

④ “The Register of American Residents in Foochow” (1892. December, 31th), *Dispatches from U. S. Consuls in Foochow*, *China*.

⑤ “The Register of American Residents in Foochow” (1897. December, 31th), *Dispatches from U. S. Consuls in Foochow*, *China*.

⑥ *Chinese Recorder*, Vol. 22. pp. 48–49.

⑦ “The Introduction of Gracey” (1904, June, 15th), *Dispatches from U. S. Consuls in Foochow*, *China*.

⑧ 《美会第二十五次年录》，1901，第 3 页。

（Cumming）的中文教师林缄，1847~1849年随简明赴美留寓，中英文娴熟，1849~1870年间在福州、厦门领事馆任翻译，为美国驻闽历届领事官倚重。林抱怨薪资太低，多次要求美方增加薪资。[①] 1870年，清廷因天津教案密令沿海各督抚整顿军务，闽浙总督英桂密奏福建兵力虚实，密折为厦门领事李让礼（C. W. Le Gendre）侦获。1871年，李让礼携密折求见时任闽浙总督文煜，意图要挟。[②] 文煜暗中召见林缄"惕以威棱，加以温谕，并与之更新，约以从前功过，皆所不计，此后有劳必录，有犯必惩，将厦门通商事宜，妥为经理，照旧给予薪水"，林缄则"情愿放过图功"。在林缄居间调解下，文煜向李让礼表示密折"并不秘密"，"示以无关紧要"，化解风波[③]。19世纪80年代，华人教徒群体逐渐出现，驻闽领事直接聘用华人教牧许承美、许播美等任翻译工作。1885年，美国教会举办英华书院、格致书院等教会学校，采用双语教学课程，为福州、厦门领事馆提供急需的翻译人才。

（二）教会人员介入领事体系引发的争议

一方面，清廷坚决反对美方以教士兼任领事，认为"为害不可胜言"。1875年，南洋大臣刘坤一奏报"教士只能传教，向不准干预公事。兹既身为领事，万一遇有教案，经其查办，诚恐循（徇）情任意，假公济私，在所不免"。[④] 另一方面，领事与教会之间因此发生多次争论，理由如下。一是卷入美国在华外交系统人事纠纷。五口通商之初，"外交官代表的是国家的利益，而领事更多的是为商人办事，乃至通常公开为商人的代表"[⑤]。福州领事闰士（Caleb Jones），厦门领事裨烈利（O. W. Bradley）、海雅特

① "The Letter From Lin Kein to W. H. Seward"（1868, April 15th）, *Dispatches from U. S. Consuls in Amoy, China*.

② 《总署收署闽浙总督文煜函》，《中美关系史料》同治朝下，中研院近代史研究所编印，1968，第823页。

③ 《总署收署闽浙总督文煜函》，《中美关系史料》同治朝下，中研院近代史研究所编印，1968，第819~823页。

④ 《总署收南洋大臣刘坤一函》，《中美关系史料》光绪朝一，中研院近代史研究所编印，1968，第49页。

⑤ 爱德华·V. 吉利克：《伯驾与中国的开放》，董少新译，广西师范大学出版社，2008，第157页。

(T. H. Hyatt）等均有商人背景，不接受美国驻华代办、原美部会教士伯驾领导，尤其反对伯驾干预任命代理领事的权力。[①] 1857 年，因海雅特回美休养，伯驾要求将厦门领馆档案交归正会保存，并请罗啻代理领事工作。罗啻最初不同意接任领事工作，海雅特则未经伯驾同意请商人韦尔森(Wilson）代理，但韦尔森并未履职，后来罗啻同意代理领事，称“自己作为教士，本不愿兼任领事，但此时厦门茶叶贸易迅速增长，又逢第二次鸦片战争爆发，在厦门的美国商船无人照管，自己作为美国公民，有责任照管国家利益”。[②] 1858 年 3 月，美国国务院正式任命罗啻任副领事。但海雅特对此非常不满，11 月返厦后即扣发罗啻的代理领事薪金，讥讽伯驾只是“碰巧当上美国驻华委员”，自己未任命罗啻为副领事，罗啻却想拿走领事薪酬，“这样的人竟是美国教会指派来向异教国家传福音的牧师”。[③] 二是违反美国政教分离传统。1873 年，福州领事戴兰那致函美国国务院，认为福州教士只会说榕腔，不通官话，无法担任翻译，强调“不应该让教士介入我们的领事工作，因为中国官员现在很担心美国政府和在华传教事业是否存在某种联系。其次，教士或商人兼任领事官，即便获地方政府正式认可，对中国当局也没有影响力，很难处理公共安全或外国人生命财产等问题”。[④] 1875 年戴兰那离榕休假时，因无合适的美国公民暂代，美国国务院仍批准教士保灵任副领事。但保灵很快提交辞呈，称“领事工作超过传教活动所能允许的时间限制，而且教士兼任领事，难免就有冲突，造成尴尬……当美以美会延平教堂被毁时，我须履行领事职责与地方当局交涉，这令我感到非常尴尬，我是负责该堂的教士，却以领事官员身份向地方当局投诉”。保灵强调“传教与领事官之间任何联系都会导致本地民众的猜想：传教是我国政府直接关注的一件事，而这恰恰是我们极力不想让

---

① 爱德华 · V. 吉利克：《伯驾与中国的开放》，董少新译，广西师范大学出版社，2008，第 158 页。

② “The Letter to Haytte from Doty” (1859, February, 22th), *Dispatches from U. S. Consuls in Amoy, China.*

③ “The Letter to Doty from Haytte” (1859, February 5th), *Dispatches from U. S. Consuls in Amoy, China.*

④ “The Letter to Hamilton from Delano” (1873, Nov. 17th), *Dispatches from U. S. Consuls in Foochow, China.*

他们形成的印象，因为唯一后果就是许多徒有其表的人加入教会。在美国严格执行的政教分离原则，在这一样重要”。[①] 三是不同差会间的利益冲突。美部会、美以美会同在福州领事区活动，领事需要处理好两个差会间的关系。1897 年福州领事馆翻译职务空缺，葛尔锡拟聘用美以美会推荐的英华书院毕业生。此事引发美部会教士夏察理（Charles Hartwell）的不满。30 余名教士联名推荐在闽北邵武传教的美部会教士和约瑟（Jospeh E. Walker）任翻译，称“翻译职位应尽可能由美国公民担任；这一任命可以保护美国利益”。[②] 葛尔锡坚持聘用英华书院毕业生，力陈任用华人翻译还可使其兼任中文秘书，可节省领事经费。[③]

二

如前所述，晚清美国在闽群体主要包括外交官、商人及教士三个群体，三者间相互配合，亦有争论和冲突。

（一）外交事务与传教利益的配合与冲突

一方面，美国驻闽领事利用教务纠纷拓展领事权力，通过教士报告研究对华外交政策，包括如下几点。一是借助教案扩张领事权力。1850 年，教士罗啻、打马字的中文教师杨乔年被许牛殴伤，杨、许均是华人，案件应由福建当局审理，厦门领事裨列利要求“拿许牛到本领事面前详察是非，方合本领事与中国官宪平时所行之法”，批评“道宪大人受本领事照会，俱各以言回覆，不用照会。但照会乃万国往来之式，亦道宪大人自己与大英钦命驻镇厦门办理通商事务管事府往来之式，与本领事何以异”。[④]

---

① “The Letter to Delano from S. L. Baldwin”（1876, Oct. 14th）, *Dispatches from U. S. Consuls in Foochow, China*.

② “The Petition to William R. Day”（1897, July 19th）, *Dispatches from U. S. Consuls in Foochow, China*.

③ “The Letter to William R. Day from Gracey”（1897, Aug. 25th）, *Dispatches from U. S. Consuls in Foochow, China*.

④ 《厦门美领事裨列利致兴泉永道照会》，《中美关系史料》同治朝上，中研院近代史研究所编印，1968，第 127 页。

禅列利借此单方面扩大对领事裁判权的解释，提出用“照会”处理领事与地方官员的联络。二是以教务纠纷反对美国外交当局对华政策。1868 年 7 月中美签订《中美天津条约续增条约》（蒲安臣条约），允许华人赴美经商求学，给予中国最惠国待遇。9 月，福州领事公开反对，称福州“口岸 50 公里外的中下层民众对《中美天津条约》一无所知，我们无法依靠中国当局保护教士和华人教徒，美国外交部门向总理衙门交涉也没有效果。在此情况下，与其签订新约，不如强化旧约的落实工作”。① 三是利用教士报告建议美外交当局调整对华政策。1902 年 6 月，教士蒲鲁士（Brewster）报告福州领事葛尔锡，清廷为偿付庚子赔款，在其所在的兴化府设立厘金总局，征收重赋，激起民变，当地官民请蒲鲁士出面调停，但前来剿办的清兵滋事寻衅，致使多名教徒和百姓伤亡。葛尔锡很快向美国国务院转呈蒲的报告，称庚款赔偿在福州领事区引发多次骚乱，建议考虑调整美国处理庚子赔款政策。②

另一方面，美国驻闽领事对教士活动采取的限制措施，包括以下几点。一是批评教士要为教案承担部分责任。厦门领事李让礼称“教士自视为真理的绝对拥有者，对儒家伦理和一切中国本地事物都公开表示轻蔑，又以文明先行者自居，想要让所有人感到恐慌”，而且教士内部不团结，传教政策没有弹性，不愿遵从早年天主教士沙勿略的传教策略，对中国信徒参加传统礼仪一概予以反对。教士翻译《圣经》时不使用中国文化阶层使用的语言，文字水平很差，也不认真挖掘基督教伦理与儒家道德间有限的联系，关于天主、上帝神性的幼稚争论延续了数百年，当“骄傲的中国知识分子发现教士意图摧毁他们在人民中的形象时，对基督教的仇视愈发不可遏止”。③ 二是阻止教士插手司法诉讼，规定须通过领事与清廷官员联络。1900 年义和团运动期间，福建共有 50 座教堂损毁，其中美部会在邵武的部分产业被毁，归正会在漳州的五六座教堂被破坏。④ 其后美国驻闽

---

① “The Letter to W. H. Seward”（1868，Sep. 12th），*Dispatches from U. S. consuls in Foochow, China*.

② “The Letter From Gracey”（1902，July 22th），*Dispatches from U. S. consuls in Foochow, China*.

③ Le Gender，*How to Deal with China*，Amoy：Rozario，Marcal & Co，1870，pp. 23-25.

④ “The Letter of Johnson”（1900，Nov. 7th），*Dispatches from U. S. Consuls in Amoy*，*China*.

领事认为，教士随意干预世俗事务是义和团运动的根本原因。《天津条约》第 28 款规定，“大合众国民人因有要事向大清国地方官辩诉，先禀明领事等官，查明禀内字句明顺、事在情理者，即为转行地方官查办”，据此教士并没有直接与地方官员交涉的权利。1900 年 5 月，葛尔锡通知福州教士不得直接与中方官员联络，向福州地方官通报：凡未经美国领事转呈，不要接洽教士信件，亦不要参加教士活动，应视教士为普通民众。① 葛尔锡此举引起教士团体的不满。美部会教士夏察理向美驻华公使康格（Conger）投诉，称葛尔锡取消“教士一直以来享有的与地方官员直接联络权利”，因为《天津条约》赋予教士有关权利；1870 年闽浙总督也曾表示在内地的教士可直接联络地方官而不必事先报告领事；教士与官员直接联络符合中西交往惯例，中法两国已就天主教与中国官员联络礼仪作明确规定。② 葛尔锡致信康格辩驳称，自己不反对在内地的教士遇到紧急情况时直接与当地官员接洽，但《中美天津条约》“从未赋予教士涉入华人信徒与其他华人之间的司法案件的权利，也未赋予教士可以不通过领事直接处理迫害案件的便利”。③ 1901 年 10 月，两广总督陶模与美国驻广州领事默偕同（R. M. Mcwade）、法国驻广州领事商订“整顿教务章程”，规定“教民若因教务与他人起衅，先请绅耆善为调处妥结，两造可禀控于县官，若再无法解决可报知该管教士秉公办结。案关真正教务须查明的证据，先由教士报知县官及地方官，并须将案情按照应行款式明白书写，使华官易于明晓。如县官判断不公或不按例查办，可将该案控于领事官，唯须将全案原委报明”。分管远东事务的美国助理国务卿柔克义（Rockhill）对章程颇为赞许，认为有利消弭教案，转发各口领事参照执行。葛尔锡则指出章程上述条文使教士可绕过领事直接介入司法案件，这不仅会削弱领事职权，违反条约规定，也是导致义和团运动爆发的直接原因。他强调“中国公文有正式格式，有关禀呈应由领事官修改。我曾收到教士代华人教徒禀呈的案件，其中涉及世俗纠纷、家庭困难、宗教矛盾、地产争夺以及教徒困难等。我和教士都没有权利介入这些案件，但若按默领事的教务章

---

① “The Letter of Gracey”（1900, May 25th）, *Dispatches from U. S. Consuls in Foochow*, *China*.

② “The Letter of Hartwell”（1900, May 21th）, *Dispatches from U. S. Consuls in Foochow*, *China*.

③ “The Letter of Gracey”（1900, May 25th）, *Dispatches from U. S. Consuls in Foochow*, *China*.

程，这些案件会直接由教士交给地方官员处理”。①

（二）“抚教” 与“通商” 间的平衡

由于晚清美国在闽“贸易既多，传教亦复不少”②，拓展商务、保护教务是美国驻闽领事的主要工作。但商务占据更重要的地位，商业贸易不仅关系到领事的切身利益，“领事馆经费从口岸输美货物发货单中抽取”③，且商务纠纷较教务纠纷数量更多。表 2 是同治、光绪年间，福建地方报送总理衙门的中美交涉情况。

表 2　同治、光绪年间福建中美交涉情况

单位：件

	1868 年④	1871⑤	1876 年⑥	1877 年⑦
交涉案件	26	17	8	21
涉商	15	11	4	10
涉教	8	6	3	4

由于《中美天津条约》第 12 款规定“其大合众国人泊船寄居处所，商民、水手人等只准在近地行走，不准远赴内地乡村、市镇、私行贸易，以期永久彼此相安”，美国商人迟迟无法进入福建内地拓展商务，建立商业网络。但《中法北京条约》中文版条约第 7 款规定法国教士“在各省租买田地及建造自便”。美国教士根据最惠国待遇，得以大规模进入内地拓

① “The Letter of Gracey” (1900, Feb. 13th), *Dispatches from U. S. Consuls in Foochow, China.*

② 《总署收闽浙总督英桂等文》，《中美关系史料》同治朝下，中研院近代史研究所编印，1968，第 127、641 页。

③ “The Letter from Samuel L. Gracey” (1892. Sept. 16th), *Dispatches from U. S. Consuls in Foochow, China.*

④ 《总署收福建巡抚英桂文》，《中美关系史料》同治朝下，中研院近代史研究所编印，1968，第 602~613 页。

⑤ 《总署收闽浙总督李鹤年文》，《中美关系史料》同治朝下，中研院近代史研究所编印，1968，第 945~952 页。

⑥ 《总署收闽浙总督李鹤年文》，《中美关系史料》光绪朝一，中研院近代史研究所编印，1968，第 113~117 页。

⑦ 《总署收闽浙总督何璟文》，《中美关系史料》光绪朝一，中研院近代史研究所编印，1968，第 197~205 页。

展教务，建立传教网络。这一问题引发了美国驻闽领事的关注与讨论，主要有两种观点。

1. 利用教士活动为拓展商贸准备条件

美国在福州领事区的传教规模较大。1883 年，福州口岸出口到美国的茶叶总价 73.1192 万美元，同年美部会、美以美会产业总值约 10 万美元。1892 年，福州口岸输美茶叶总价约 90 万美元，上述教会产业总值则增至 50 万美元。[①] 福州领事倾向于利用传教网络打通闽北茶叶产区的商路。1876 年 3 月，福州领事戴兰那（M. M. DeLano）向美国务院呈报《福州捷报》（*Foochow Herald*）文章，鼓吹"条约明显赋予外国人持护照到内地自由旅行的权利，没有人能质疑"。福建地方官以"民情未浃洽"为由阻止教士进入，表面上是当地士绅反对，但实际上是粤籍茶叶经纪商在幕后抵制的结果。因此，北京的外交代表应敦促清廷在半年内开放建宁等闽北产茶区。文章承认，"目前条件，我们自然不能要求有在内地通商的权利，可俄国人一年有好几个月都在延平、建宁指导生产茶砖。因此，在茶叶产区建立与茶农更直接的联系，对外国商人和华人无疑都有利。当然，这会引起粤籍经纪商的强烈反对，因为他们要垄断巨额利润。常有人告诉教士：这是他们在闽江上游府县难以立足的重要因素。粤籍经纪商担心，一旦教士得以在产茶区立足，外国商人就会跟进，其垄断地位将会消失"。[②] 1879 年，教士薛承恩（N. Sites）在延平城内开堂传教时与绅民冲突受伤，尽管薛本人很快表态不再追究，但美国驻闽领事却就此与福建地方当局交涉长达 4 年。1880 年，戴兰那向美国驻华公使西华（G. F. Seward）提交报告时，谈及其处理薛案的动机："延平、建宁华人极端仇外，而这两个地方恰位于该省茶叶产区对外出口的要道上。自我履职以来，美国教士和其他公民不止一次在官方认可下被强制驱离，而我持续争取条约权利获官员保障的努力毫无结果。这些城市远离口岸，而省当局考虑到当地官员对条约和法律不了解，处理有关教案的态度不积极。但我

① "The Letter from Samuel L. Gracey" (1892, Sept. 16th), *Dispatches from U. S. Consuls in Foochow, China*.

② "Our Treaty Rights-What Are They" Foochow Herald (1876, March 30), *Dispatches from U. S. Consuls in Foochow, China*.

对教士工作很感兴趣，他们在这个省有重要利益，传教行善，尽力到内地推广基督教文明，这将使我们国家其他阶层的人民也能安全地到访省内各地。"①

2. 优先拓展内地商务，再考虑传教事务

美国在厦门领事区传教利益较少，驻厦领事更倾向于先争取商人进入内地。李让礼批评 1842 年、1858 年中美条约是"基于宗教和文明的利益"，却没有支持美国商人进入内地发展，称"我无意贬低传教事业的作用，但坚信我们最应该关注的是为美国商人拓展中国内地提供有效保护。使美国公民可基于条约对华投资是我们神圣的职责，也是在东方推广先进文明最可靠有效的办法。因此，最理想的办法并不是让基督教冲在前面，商业追随其拓展，而是先开拓商业，基督教再随之进入发展"。李让礼解释"开拓内地商业不仅有助在华的外国利益，还会开启我们与中国人民关系的新纪元。通过拓展内地商业，外国人与本地人更频繁、更密切地接触，将学会如何欣赏各自的特点，适应彼此的文化方式和礼仪。两个民族的互信将会出现，彼此的敌意和冲突将减少"。中国文士"不怎么害怕外国商人，因为他们的目标是清晰的——财富，获得财富后，通常就离开这个国家，不会造成更多的麻烦"。② 1901 年 3 月，巴詹声（A. B. Johnson）对教士能先于商人进入内地十分不满，强调应推动美国与中国内地的商业往来，"教士能在排外的内地常驻被视为美国外交上的胜利。但既然中法条约及最惠国条款明确保护教士在内地常驻，还有什么理由拒绝洋商在内地发展？自身利益会促使他们透过住地向内发展。商人及其商品不会触犯中国人，比教士麻烦少，遭到的反对不多。《天津条约》不允许外人在内地居住，当时或有防止鸦片输入的考虑。但现在饱受偏见歧视的教士和信徒都能在最排外的内地常驻，那些受欢迎的商人们没有理由不可以进驻内地"。③

---

① "The Letter from Delano" (1880, May 29th), *Dispatches from U. S. Consuls in Foochow, China.*

② Le Gendre, *How to Deal with China*, Amoy: Rozario, Marcal & Co, 1871, pp. 2-5.

③ "The Letter form Johnson" (1901, March 20th), *Dispatches from U. S. Consuls in Amoy, China.*

三

随着美国教会在福建的发展，19 世纪末出现了与美国联系较密切的华人教徒群体。表 3 是 1897 年美国教会在福州、厦门领事区的基本情况。[①]

表 3　1897 年美国教会在福州、厦门领事区情况

单位：人

美国教会	教士	华人牧师	传道妇女	受洗信徒	教会学校	学生
福州	53	95	57	7000	451	9370
厦门	20	12	2	1221	20	574

驻闽领事对华人教徒的态度比较矛盾，具体表现如下。一是意图培植华人教徒成为亲美的社会变革力量，又常质疑华人教徒是否可靠。1905 年，葛尔锡评论清末新政时称中国官员都不喜欢外国人，在正式场合表面上对外国人友好，但只是政策和条约要求他们如此。商人强调“中国人的中国”，不愿向外国公司让利，撕毁对外国公司的合约。“维新派曾留学海外或在外国、中国学校毕业，接触现代文明却不知道如何使用，叫嚷改变，但引入的理论却造成混乱。他们开创的许多事业成了谎言、无用和败坏的项目”，希望应寄托在华人教徒身上，因为“本地教徒接受基督教义，在教会学校学习，在教会医院治疗，学习基督教的道德精神生活，阅读基督教书报，对美国友好。他们因信教被剥夺继承权，因不向偶像献祭而被异教徒持续攻击，他们的英勇可与历代圣徒比肩”。[②] 厦门领事巴詹声则强调华人教徒不可靠，入教仅是由于世俗原因，“华人很狡猾，编造各种故事，博取教士的同情”。随着教会势力增大，“登记的‘教徒’迅速增加……这种情况使上等华人对本地信徒戴上有色眼镜，那些长期在华的洋

① “The Report of Bulingjames Johnson”（1897，Sept. 11th），*Dispatches from U. S. Consuls in Amoy，China*.

② “The Letter from Gracey”（1905，Dec. 7th），*Dispatches from U. S. Consuls in Foochow，China*.

商也不愿聘请本地信徒，认为他们不可靠”。[①] 葛尔锡也表示要“对本地信徒和其他人的投诉非常小心，考察这些人。虽然保护美国公民和财产的办法，常常是为他们的华人雇员或本地信徒出头，因为这些人是与美国人联系而受迫害，但在这些案例中，我要遵守条约，不让我的同情心影响我处理与条约规定无直接关系的案例”。[②]

二是视华人教徒为与清廷交涉的筹码，与清廷关系紧张时以华人教徒保护者自居，与清廷关系融洽时亦可牺牲华人教徒利益。1895 年，福州领事贺格森与地方官员关系紧张，指责“闽督与领事遇有公事，不按睦谊妥商办法，往往有须面谈之事，迭经推却，不肯面商，于领事照会公事，复含糊作覆，不为妥办”。[③] 同年，贺格森在古田教案中利用华人教徒提供斋教徒名单干预清廷司法审判，声称“在官员默许下，会匪公开威胁本地基督徒。正义没有得到充分、迅速伸张和完整调查，将对美国在这个省的利益带来持久的伤害，激起对本地基督徒最致命的迫害”。[④] 福州领事雅麟在任期间与清廷官员关系融洽，福建通商总局“不仅运用权力协助我保护我国公民，还对我的个人事务考虑周到，提供超过我职权范围之外的关照”。[⑤] 在清廷笼络之下，雅麟对华人教徒涉案的处理上比较配合。1868 年，福建地方官指控美以美会“教民林振珍等三人庇匪，捏造挟制，不安本分，自应分别移行查拘，照会革究。经雅领事申请销案，姑念林振珍知罪哀求，具结到案，尚知畏法，姑宽免究，准如该领事所请销案，照会雅领事，转饬教士林振珍等三人一并革教，免其拘究完案”。实际上，林振珍从未真正被革教，其后更成为福建著名教会领袖，雅麟却因此得到清廷官员赞许。雅麟离职时，福建通商总局向其致送“修和有礼”匾额，“备

---

① “The Letter of Johnson”（1900，Aug. 25th），*Dispatches from U. S. Consuls in Amoy，China.*

② “The Letter from Gracey”（1898，Oct. 15th），*Dispatches from U. S. Consuls in Foochow，China.*

③ 《总署收美使田贝照会（光绪二十一年十月二十七日）》，《中美关系史料》光绪朝三，中研院近代史研究所编印，1968，第 2202 页。

④ “The Telegrams from Hixson in Cipher”（1895，Sep. 28th），*Dispatches from U. S. Consuls in Foochow，China.*

⑤ “The Letter from Allen”（1869，April 1th），*Dispatches from U. S. Consuls in Foochow，China.*

物送行”。[①]

三是对参与抵制美货运动的华人教徒采取怀柔与压制两面手段。19 世纪末 20 世纪初，华人教徒的民族身份认同与意识不断增强。美以美会华人牧师谢锡恩在 1887 年参加美以美会总议会会议期间，亲历美国排华运动，“刻薄者愈生轻视之心，屡加凌辱，无故登门勒索酒资者，余亲见之矣；群众缠扰嗾犬咬龇者，余亲受之矣；其余或非言或非礼所在皆有”[②]。谢锡恩受到美国总统哈里森接见时，虽赞赏美国“国俗民风”，技术“巧且奇”，但明确表示“爱贵国更爱敝国”。[③] 1905 年爆发抵制美货运动，福州英华、格致等有美国背景的教会学校学生参加“福建公立保工会”，呼吁“运动商帮停办美货、各学堂停购美货”[④]。英华学院师生向葛尔锡陈情，要求美国向赴美华人提供与其他国家平等的待遇，修改歧视华人的排华法案等十项诉求。葛尔锡虽为美国排华政策强加辩解，但承认英华学院师生的建议合理，值得美国政府考虑。[⑤] 福州抵制美货运动对美国商业利益影响较小，“无处销售之美国货，如洋油、面粉仍复源源输进闽中”[⑥]。葛尔锡对华人教徒参加抵制美货运动的态度较和缓，持同情态度，承认“排华运动伤及美国货物对华出口，更伤害华人对美国的感情，美国人被认为是残酷的、不公正的。这不幸的状态需要较长时间才能平复”。[⑦]

抵制美货运动对美国在厦门的商业利益影响较大，当地的纽约人寿保险公司几近停业，美孚公司因民众罢买洋油而损失惨重。1905 年 6 月，厦门华人教徒集会讨论抵制美货，厦门领事安德森（G. E. Anderson）动员归正会教士做华人教徒工作，阻止其采取激烈抗议活动，成功促使“较冷静

---

① 《总署收闽浙总督英桂等文》，《中美关系史料》同治朝下，中研院近代史研究所编印，1968，第 127~641 页。

② 谢锡恩：《续使西日记》，《闽省会报》第 179 卷，1889 年。

③ 谢锡恩：《续使西日记》，《闽省会报》第 171 卷，1888 年 7 月。

④ 《福建公立保工会之成立》，《闽报》1905 年 6 月 17 日。

⑤ “The Letter from Gracey”（1905，June 3th），*Dispatches from U. S. Consuls in Foochow, China*.

⑥ “The Letter from Gracey”（1905，Dec. 18th），*Dispatches from U. S. Consuls in Foochow, China*.

⑦ “The Letter from Gracey”（1905，Set. 13th），*Dispatches from U. S. Consuls in Foochow, China*.

的华人教会领袖主导了集会，最后要求中国外务部采取更有力措施，并向美国驻华公使表达诉求"[1]。安德森对此颇为得意，认为可透过华人教徒缓解厦门的抵制美货运动。但黄乃裳等部分华人教徒不为所动，继续推动抵制美货运动。黄乃裳是近代福建著名的基督教知识分子，原与美国驻闽领事关系友善，福州领事贺格森曾评价黄乃裳"是有影响的富裕上等华人，与外国人熟稔，支持西方进步思想"，"非常热心教士的工作，不遗余力地促进传教事业"。[2] 抵制美货运动爆发时，黄乃裳寓居厦门，与连横、华人牧师周之祯（字寿卿）创办《福建日日新闻》，不断"以文字鼓动闽中社会"。[3] 为打击黄乃裳和《福建日日新闻》，安德森和葛尔锡共同面见闽浙总督，一是指控黄乃裳等有革命党背景，称"厦门教士报告，凡涉及在省内推翻现政权的人都参加了这场反美运动，他们可能出于自身目的，把现政权与美国牵扯在一起"[4]；二是诬蔑黄乃裳等参与抵制美货运动是日本幕后操纵的结果。他们还称《福建日日新闻》表面由华人经营，实际是日本报纸，是为扩大日本利益而号召抵制美货。[5] 8月，参与抵制美货运动的群众冲击厦门海关，《福建日日新闻》更成为美国领事的眼中钉。[6] 厦门税务司、法国人嘉兰贝在10月致函厦防厅黄遵楷，称就《福建日日新闻》报社事已"会商美国领事官，拟定办法四条"，包括"该报馆之黄乃裳、周寿卿应具保单银五百元，呈缴厦防厅收存并抄录二纸，一送美国领事署，一送税务司关署存案。如该报将来再有损害美领事署及海关、邮政局人等名誉或妨碍地方治安之事，即将此项银元提出由美领事、税务司会商厦防厅，拨充厦门善举之用"[7]。黄乃裳晚年忆及此事时仍感到不解，称"彼非皆为基督徒以传教与施行慈善教育为我中华谋幸福者耶，于商业乎何关?

---

① "The Letter from Anderson" (1905, July 25th), *Dispatches from U. S. Consuls in Amoy, China.*

② "The Letter from Hixson" (1896, Apr. 16th), *Dispatches from U. S. Consuls in Foochow, China.*

③ 黄乃裳：《绂丞七十自叙》，载《诗巫福州垦场五十周年纪念刊：（1901-1950）》，开明印务公司，1951，第72页。

④ "The Letter from Anderson" (1905, July18th), *Dispatches from U. S. Consuls in Amoy, China.*

⑤ "The Letter from Anderson" (1905, July25th), *Dispatches from U. S. Consuls in Amoy, China.*

⑥ "The Letter from Lupter" (1905, Aug. 31th), *Dispatches from U. S. Consuls in Amoy, China.*

⑦ 《旧厦门海关钞字》，厦门海关档案室藏，档案号：76。

而因同为国人同为一种族，乃不顾四十年在宗教中举中国皆知之人而倾之覆之，则爱国爱种之心之作用，其真不可思议矣”。①

四

从晚清美国驻闽领事官员的个案看，美国驻华外交官与基督教会的互动关系呈现出两方面特征：一方面，基督教作为美国对华外交的重要平台，宣传基督教价值观和精神，总体上有利于美国政治、经济利益在中国全面、深入拓展，双方在人事安排上互相渗透，在传教问题上互相配合，扶植华人教徒、扶植基督教发展是美国对华外交战略的目标之一；另一方面，基督教对美国驻华外交官的影响有其局限性。美在华政治、经济和宗教的各利益集团间存在着矛盾冲突，不仅领事官员与教会人员相互兼任会造成领事、教会内部的争论，且各利益集团在维护条约体制与扩张宗教版图、发展商务与推动教务、宗教信仰与国家认同等问题上存在明显差异。从根本上讲，基督教打着拯救灵魂的“利他”主义旗号入华，与美国对华外交的政治、经济“利己”动机之间存在难以调和的矛盾。

原载《世界宗教研究》2016 年第 1 期

① 黄乃裳：《绂丞七十自叙》，《诗巫福州垦场五十周年纪念刊（1901－1950）》，开明印刷公司，1951，第 72 页。

宗教与外交：近代美国驻华公使柔克义的个案研究

朱　峰

柔克义（William Woodville Rockhill，1854－1914）是近代美国重要的驻华外交官、中国问题专家和东方学学者，藏传佛教造诣甚深，与天主教会关系复杂，任职期间多次就美国在华基督教会事务与清廷交涉。以往学术界对其专题研究多限于其参与辛丑条约谈判、美早期涉藏政策等，目前尚未就宗教对其外交生涯、对华政策取态以及晚清中美外交关系走向影响等做系统整理和比较分析，缺乏相关的专题研究。鉴于此，本文拟在前人研究基础上，综合整理相关史料，力图透过柔克义个案分析，尝试探讨宗教与外交间的相互影响。

一　藏传佛教与美国早期西藏政策

（一）藏传佛教研究与柔克义的外交生涯

柔克义投身美国驻华外交官行列，缘于其对东方学研究，特别是对藏传佛教的兴趣。柔克义幼年随母移居法国，在巴黎孔多塞中学、中央帝国艺术工艺学院求学，后入读圣塞尔军校，其间在法兰西学院旁听时阅读了天主教神父古伯察（Evariste Regus Huc）的《鞑靼西藏旅行记》（*Travels in Tartary*，*Tibet and China*，*1844－1846*），从此对藏地文化产生浓厚兴趣。巴黎国立图书馆学者里昂·费里（H. Leon Feer）是其东方学入门导师，在其帮助下，柔克义着手翻译藏传佛教典籍，1883年出版了《自说品》（*Udonvarga*）英文版[①]。柔克义加入美国东方学会（American Oriental Society），与同为该会成员的时任美国驻华代办、传教士卫三畏（Samuel Wells Williams）往来密切，曾请卫三畏在华协助其搜罗藏传佛教典籍。卫三畏主张，只有通过实地考察才能准确认知东方文化。[②] 柔克义受此影响，也认为“只有居住在亚洲，才能深入研究东方学，那里有我感兴趣的人类语言和宗教信仰”[③]。1883年，柔克义请卫三畏等协助推荐他赴美国驻华公使馆任职。1884年，他如愿任美国驻华公使馆二等秘书，次年升任一等秘书。柔克义利用公余时间学习汉、藏语言，在北京成立美国东方学会分会，并考察五台山喇嘛庙、龙门佛教石窟等。1884年、1885年，他据藏文佛教文献《甘珠尔》和《丹珠尔》译注《佛陀的一生》（*The Life of Buddha*）英文版，译注藏传佛教经典《解脱经》（*Pratimksha Sutra*）法文版。1888年，他在美国《东方学通讯》发表《甘露丸制作》（*Making of Mani Pills*）[④]。由于醉心学术，柔克义与时任美国公使民主党人田贝（Charles Denby）、二等秘书田夏礼（Charles Denby，Jr.）父子发生矛盾。1888年，田贝具函国务院，迫使柔克义辞职[⑤]。

1888~1889年、1891~1892年，离职后的柔克义在美国博物馆组织史密森尼基金会（Smithsonian Institution）资助下，游历河北、山西、陕西、蒙古、甘肃、前藏、川康等地，其后在美国《世纪》（*The Century*）、《英国皇家地理学会期刊》发表多篇论文，出版《喇嘛之地》（*The Land of the Lammas：Notes of a Journey through China Mongolia and Tibet*）、《1891-1892蒙古藏地游记》（*Diary of A Journey through Mongolia and Tibet in* 1891 *and* 1892）。宗教是上述著作的重点内容。一是考察西北各民族宗教信仰。具

① Paul A. Varg，*Open Door Diplomat：the Life of W. W. Rockhill*，Urbana：The University of Illinois Press，1952，p. 9.

② 卫斐列：《卫三畏生平及书信：一位美国传教士的心路历程》，顾钧、江莉译，广西师范大学出版社，2004，第302页。

③ Kenneth Wilmmel，*William Woodville Rockhill：Scholar-Diplomat of the Tibetan Highlands*，Bangkok：Orchid Press，2003，p. 14.

④ 玛尼丸又称观音甘露丸，制造玛尼丸是藏传佛教格鲁派的重要宗教传统。

⑤ Kenneth Wilmmel，*William Woodville Rockhill：Scholar-Diplomat of the Tibetan Highlands*，Bangkok：Orchid Press，2003，p. 36.

体细致描述青海、川康地区的藏传佛教缘起、发展及僧侣制度、宗教器物、经忏仪轨，讨论原始佛教与藏传佛教的异同等，比较柴达木地区藏人、蒙古人的信仰特点，专章讨论《嘛尼卡布经》（*Om Mani Padme Hum*）的起源、传播和仪式演化。二是分析藏地苯教与喇嘛教的异同。柔克义是较早对苯教与喇嘛教进行比较研究的西方学者，指出“虽然苯教教义、服饰和寺庙等与喇嘛教其实颇为相似，但后者对他们十分轻视……苯教在藏东南的信众甚多，在此传教的法国人发现他们远不像喇嘛那么偏执”，“藏人会告诉你苯教与喇嘛教的一些明显区别，如围着神圣建筑或遗迹（转经）时，前者是左向，后者是右向”，“苯教献祭时用活物，特别是禽鸟，喇嘛们对此却深恶痛绝”，“苯教在藏区农村信众甚多，但在牧民部落中较少，几乎所有牧民都是格鲁派正统佛教徒”[①]。他推断苯教“代表前佛教时期的萨满主义”，“应纠正将苯教视为道教的错误论点。虽然汉人常把苯教徒当作道教徒，但那只是为了比较的方便”。他认为佛教对汉人道教的影响与喇嘛教对藏人苯教的影响比较相似，“前者对后者均产生压倒性影响，而后者则毫无疑问地保留非佛教的理论以及汉、藏两地的原始信仰”。[②] 三是实地考察与历史记载相结合。记述清中央政权对藏区和藏传佛教行使管理的沿革，解释1793年《钦定藏内善后章程》的由来，批评佛教僧侣干预世俗事务，“中国当局称一个西藏家庭就有三个喇嘛，这不是夸大其辞。我从玉树到打箭炉共600哩的途中经过40余座喇嘛庙，他们是当地实际统治者，占有地方上几乎全部财富，通过贸易、奉献、借贷和遗赠牟利，寺庙地产广袤，农奴、仆役众多”[③]。拉萨的达赖政权“不顾地方民众的武装反抗，用各种手段扩展其在东部藏区的势力”，绕过当地政府“直接任命14座大喇嘛庙的住持，这些寺庙对僧侣，甚至对农奴和佃户有约定俗成的

① Kenneth Wilmmel, *William Woodville Rockhill*: *Scholar-Diplomat of the Tibetan Highlands*, Bangkok: Orchid Press, 2003, p. 91.

② Kenneth Wilmmel, *William Woodville Rockhill*: *Scholar-Diplomat of the Tibetan Highlands*, Bangkok: Orchid Press, 2003, p. 218.

③ Kenneth Wilmmel, *William Woodville Rockhill*: *Scholar-Diplomat of the Tibetan Highlands*, Bangkok: Orchid Press, 2003, pp. 215, 216.

审判权”。[①] “喇嘛庙拓展势力，不愿只使用和平手段，倒似圣殿骑士团般拥有大量僧兵。这里丝毫不像爱好和平的佛教徒的居所，倒像座武装军营。喇嘛们装备精良，随时准备打斗，不是与当地头人或汉人对抗，就是攻击敌对的喇嘛庙”[②]。柔克义对中国的考察及相关著述，使其成为欧美公认的西藏问题专家，《1891－1892 蒙古藏地游记》获英国皇家地理学会金奖，他也由此结识西奥多·罗斯福（Theodore Roosevelt）、海约翰（John Hay）、亨利·亚当斯（Henry Adams）等美国“进步主义时代”的代表人物。在他们的帮助下，柔克义在美国外交界崭露头角，1893 年任国务院办公室主任（Chief Clerk），1894 年任第三助理国务卿，1899 年任国务卿海约翰的远东事务顾问，直至 1905 年出任美国驻华公使。在此期间，他坚持藏传佛教研究，撰述了《藏传佛教本生故事》（*Tibetan Buddhist Birth Stories*）等论文。

（二）与十三世达赖交游及西藏政策

清末中国边疆危机中，西藏是英、俄争夺的重点。美国对西藏的政策目标，是在实力不足以和英、俄争夺的条件下通过承认清廷对西藏的管辖权，维持“门户开放”政策，与英、俄争夺涉藏问题的主导权。英国在 1903 年 12 月入侵西藏，1904 年逼迫拉萨地方政府签订《拉萨条约》，时任美国驻华公使康格担心条约将使西藏成为英国势力范围，“影响到西藏是否成为中华帝国的一部分，这事关各国能否根据最惠国待遇在西藏享有同样权利”。柔克义认为，拉萨地方当局不具备签约的法律地位，推断英国政府要和清廷重订条约。[③] 英国只承认中国对西藏的宗主权（suzerainty），但柔克义 1906 年向美国务院呈报英国驻华大使与中国全权代表唐绍仪在北京签署《中英续订藏印条约》时，则强调“中国对西藏的

---

① Kenneth Wilmmel, *William Woodville Rockhill: Scholar-Diplomat of the Tibetan Highlands*, Bangkok: Orchid Press, 2003, p. 216.

② William Woodville Rockhill, *The Land of the Lammas: Notes of a Journey through China Mongolia and Tibet with Maps and Illustrations*, Taipei: Cheng Wen Publishing Company, reprinted, 1972, p. 216.

③ “The Letter from Conger to John Hayes” (1904, Sep. 23rd), *Dispatches from United States Ministers to China, 1843-1906*. Microform, Washington, D. C.: National Archives, 1958

主权（sovereignty）最终得到完全承认”。①

1904 年 7 月，因英军入侵，十三世达赖不顾清中央政权反对，出逃外蒙古，乞求沙俄政府出面保护，但遭冷遇。柔克义任美国驻华公使后，十三世达赖从俄人处获悉其曾游历西藏，遂遣使联络并致送礼物，初步建立往来。1908 年 6 月 21 日达赖进京陛见途中，柔克义前往五台山与其会面，相谈甚久。十三世达赖请柔克义转送罗斯福《八千颂般若波罗蜜多经》、唐卡等礼物。会面后，柔克义向罗斯福呈交长达 12 页的报告，颇为激动地称自己“体验了一次如此非凡而令人惊奇的经历”，“简直令人难以置信”。罗斯福复函祝贺“这是我们这个时代最有趣、最非凡的经历之一”，称十三世达赖为“教主”。②

柔克义与十三世达赖交往的目标，一是试图以“政治上不介入”政策阻止英、俄继续染指西藏事务，以维持“门户开放”政策；二是极力对西藏宗教上层势力表现“宗教情感的同情”，以扩大美国的影响。由于柔克义藏传佛教造诣深厚，运用这一策略颇为得心应手。达赖在北京期间，柔克义两度率使馆人员拜会，多次致送礼物，自夸是“达赖在北京的唯一朋友”。柔克义在西方社会公开赞誉十三世达赖的能力和智慧，反驳西方传媒所说达赖是“嗜血、残酷、报复心强的独裁者”，致使“西藏丧失独立”的观点。1911 年 5 月，十三世达赖致信柔克义：“欣闻你为西藏的福祉所做的努力。西藏与美国的关系依旧和睦。因此，我请求阁下继续一如既往地促进这种共同利益。”③ 另外，柔克义倾向于视达赖为宗教领袖而非世俗政权首脑。十三世达赖在京期间向其表示，不反对清廷在西藏的军事、教育改革，但要求保证藏传佛教的荣誉，提出绕开驻藏大臣直接向朝廷奏事的愿望，希望美国从中协助。柔克义劝慰称，清廷在西藏的改革不是针对达赖，确信藏传佛教的尊严不会受到任何削弱，直接奏事合乎情理，但建

---

① “The Letter from Rockhill to the Secretary of State” (1906, May3th), *Dispatches from United States Ministers to China, 1843 - 1906*, Microform, Washington, D. C.: National Archives, 1958.

② Kenneth Wilmmel, *William Woodville Rockhill: Scholar-Diplomat of the Tibetan Highlands*, *Bangkok: Orchid Press*, 2003, *p*. 168.

③ Karl E. Meyer. Shareen Blair Brysac, *Tournament of Shadows: The Great Game and the Race for Empire in Central Asia*, New York: Connterpoint Press, 1999, p. 422.

议私下先确认该要求能否为清廷接受。当清廷拒绝达赖直接奏事权的请求时，柔克义表示无力帮助，劝说其接受清廷安排，并在呈送罗斯福的报告中批评“达赖对其人民的利益没有兴趣，只想维护自己的特权”。①

1910 年，已转任美国驻俄大使的柔克义出版《拉萨的达赖喇嘛与中国满洲皇帝：1644 – 1908》（*The Dalai Lams of Lhasa and Their Relations With the Manchu Emperors of China 1644–1908*），上溯蒙元时期对藏传佛教的管理，宗喀巴宗教改革及根敦朱巴后的历世达赖传承和藏传佛教流变，注释部分援引 1904 年驻藏大臣裕泰在达赖逃离拉萨后宣布“达赖喇嘛此后将负责宗教事务，对于公务仅稍微关注。驻藏大臣将和藏区官员一起处理全部藏区事务，重要事务将禀奏皇帝”。柔克义认为这“完全符合 1793 年《钦定藏内善后章程》的规定，既未丝毫增加中国的权力（authority），也未剥夺任何中国政府已赋予西藏官员的权力”②。柔克义总结道：“藏人对在过去 150 年享有的自治十分满意，没有从中国完全脱离出去或争取更大独立性的要求，不希望失去中国给予他们的指导和帮助，并未对 1793 年改革表示不满，因为改革完全迎合当地人及其风俗。藏人只是抱怨中国官吏的管理方式，或没有能力履行其职责，在困难的时候不能或不愿正确指导或充分支持他们。”③

二 天主教会与教案纠纷

（一）与天主教会的渊源

柔克义幼年在法国成长和求学，母亲从基督教徒皈信天主教，他在 1888 年至 1892 年两度赴中国西北考察途中，又得到圣母圣心会蒙古教区主教韩默理（Hamer）、打箭炉地区巴黎外方传教会教士丁盛荣（Abbe Desgodins）等的接待，因此与在华天主教会关系较好。一方面，他赞扬天

① Paul A. Varg, *Open Door Diplomat: the Life of W. W. Rockhill*, Urbana: The University of Illinois Press, 1952, pp. 94, 95.

② W. W. Rockhill, *The Dalai Lamas of Lhasa and Their Relation with the Manchu Emperors of China 1644–1908*, reprinted by Indraprastha Press, New Delhi, 1998, p. 95.

③ W. W. Rockhill, *The Dalai Lamas of Lhasa and Their Relation with the Manchu Emperors of China 1644–1908*, reprinted by Indraprastha Press, New Delhi, 1998, p. 75.

主教教士生活简朴，平易近人，改变了他原先认为蒙古人只信仰佛教的片面印象。他虽批评有些华人天主教徒是“懒惰的乞丐”，“从不愿自食其力或设法帮助神父”，但肯定天主教女信徒“社会地位有很大提高，常有些女士来探访我，能像男士一样坐在房间里和我自由攀谈。总体上，基督宗教对中国的有益影响在女性中表现得较男性明显”。① 另一方面，他尖锐地批评基督教会的在华传教工作，嘲讽保定传教士“住所舒适，工作责任似乎不重”②；兰州教士家庭雇有佣工，“非常舒适地住在这城市里”③；“像教士柯乐赛（Crossette）、景雅各（James Gilmour）这些不计较、不讲究饮食日用、只为信仰过贫穷生活的人，却被其他教士视为异类”。④ 他不仅质疑基督教内地会的入藏策略不切实际，还批评基督教教士不到西安传教，仅派人贩售《圣经》。“中国人告诉我，他们的书既未被急切地购买，亦未被仔细地阅读。我和很多在华教士非常怀疑这样做有何好处。”⑤

受天主教教士影响，柔克义对教案问题态度比较强硬。他对1887年巴塘教案处理结果感到不满，断定地方当局应为教案负责，而内地官员之所以排斥外人，是因为中法战争后“外国人在中国内地的声望已降至1861年英法联军远征以来的最低谷。在山西、甘肃和四川各地，我都听说官员们完全改变了对外国人的态度，内地的外国人全被严密监控，几乎所有官员都流露出仇恨和傲慢的态度”，“许多资深天主教传教士告诉我，他们在这个国家所谓开放前享有的真正自由比现在要多得多。我能够理解这种感受”。⑥ 1896年7月柔克义代理国务卿期间，就因教案事宜训令驻华公使田

① William Woodville Rockhill, *Diary of A Journey through Mongolia and Tibet in 1891 and 1892.*, Washington: the Smithsonian Institution, 1894, p. 34.

② William Woodville Rockhill, *The Land of the Iammas: Notes of a Journey through China Mongolia and Tibet with Maps and Illustrations*, Taipei: Cheng Wen Publishing Company, reprinted, 1972, p. 5.

③ William Woodville Rockhill, *Diary of A Journey through Mongolia and Tibet in 1891 and 1892*, Washington: the Smithsonian Institution, 1894, p. 57.

④ William Woodville Rockhill, *Diary of A Journey through Mongolia and Tibet in 1891 and 1892*, Washington: the Smithsonian Institution, 1894, p. 61.

⑤ William Woodville Rockhill, *Diary of A Journey through Mongolia and Tibet in 1891 and 1892*, Washington: the Smithsonian Institution, 1894, p. 24.

⑥ William Woodville Rockhill, *Diary of A Journey through Mongolia and Tibet in 1891 and 1892*, Washington: the Smithsonian Institution, 1894, p. 274.

贝照会清廷设法“阻止排外骚乱”，称“此等事最易办法，唯有遇何滋事之案，即行罪及地方官，如此办理，以后自免滋事”。[①]

美国基督教会团体对柔克义倾向于天主教的言论十分不满。1897 年，共和党人麦金莱（William McKinley）当选总统，部分美国政商人士推荐柔克义出任美国驻华公使。但基督教会激烈反对，批评柔克义有天主教背景，扬言“绝不相信一个天主教徒能在基督教传教士占美籍侨民群体大多数的国家代表美国利益”[②]。在基督教会的压力下，麦金莱被迫改任柔克义为美国驻希腊公使。1900 年义和团运动爆发，美国政府研议派柔克义任赴华专使，在华美国教士纷纷致函白宫，批评柔克义“反华”“反传教士”“反基督教会”，要求搁置任命。[③] 国务卿海约翰（John Hayes）向麦金莱担保：美国政府相信柔克义能够捍卫美国传教士利益，基督教会的疑虑是因其“从历史和哲学角度而非宗派主义观点，深入研究东方神秘主义”[④]。由于海约翰的说项，柔克义得以出任赴华专使，会同美国驻华公使康格参加列强与清廷的谈判。

（二）后期对天主教会态度的转变

谈判期间，法语是公使团通用的外交语言。康格不通法语，柔克义成为美方谈判的实际负责人。他目睹列强对华侵略行径，触动较大，在私人信件中批评天主教会“从高级主教到最低级的神职人员，每个人都在偷窃、掠夺，抢劫、胁迫，干着让自己羞耻的事”，“这次远征将作为本世纪最可耻的事载入史册。令人难过的是，我们竟也涉入其中”[⑤]。他在呈交海约翰的报告中提及在华美国传教士几乎天天向公使馆提交要求处死的官员

---

① 《总署收美使田贝照会（光绪二十二年十月十九日）》，《中美关系史料》光绪朝三，中研院近代史研究所编印，1968，第 2219~2220 页。

② Kenneth Wilmmel, *William Woodville Rockhill: Scholar-Diplomat of the Tibetan Highlands*, Bangkok: Orchid Press, 2003, p. 75.

③ Kenneth Wilmmel, *William Woodville Rockhill: Scholar-Diplomat of the Tibetan Highlands*, Bangkok: Orchid Press, 2003, p. 105.

④ Paul A. Varg, *Open Door Diplomat: the life of W. W. Rockhill*, Urbana: The University of Illinois Press Urbana, 1952, p. 41.

⑤ Kenneth Wilmmel, *William Woodville Rockhill: Scholar-Diplomat of the Tibetan Highlands*, Bangkok: Orchid Press, 2003, p. 133.

名单，而罪证仅是本地信徒的一面之词。他承认“天主教、基督教教士都一样，极端嗜血残忍”。[①] 此后，柔克义不再主张通过惩罚地方官吏解决教案问题，认为排解教案纠纷的首要问题在教会自身。1901 年，两广地区民间宗族常借天主教、基督教争端械斗，美国驻广州总领事默偕同（R. M . Mcwade）与两广总督陶模、法国驻广州领事哈德安（Monsieu Charles Hardouin）会商，咨询当地传教士，议定《会同商定教务章程》，内容包括“凡非教案，教士等一概不得藉词干预”，“案关真正教务，须查明之证据，先由教士报知县官及地方官，并须将案情按照应行款式明白书写，使华官易于明晓，如县官判断不公或不按例查办，可将该案控于领事官，唯须将全案原委报明”等 7 条[②]。柔克义对该章程很赞赏，认为它将影响“中外关系的未来”，“假若中国各地基督教、天主教教士能被劝服接受并严格执行类似的规章，我坚信基督宗教在华和平发展、与中国官民建立友好关系的一大障碍将被移除”。他还建议国务院批转美国驻华各口岸领事参照，并就此与英、德、法等国达成谅解。[③]

1905 年，柔克义出任美国驻华公使。时逢中国各地爆发抵制美货运动。与美国政府高层和部分驻华领事相比，柔克义的态度相对温和。[④] 1905 年 10 月，广东连州发生教案，5 名美国长老会教士被杀；1906 年 2 月，接连发生广州沙面教案、福建漳浦教案以及江西南昌教案。美国政府高层认为，上述教案标志着抵制美货运动已发展为全面排外性质。塔夫脱（Taft）声称中国局势已和义和团运动类似。美国当局批评柔克义太过软弱，总统罗斯福向德国驻美大使抱怨柔克义“驻亚洲太久，总是从中国的角度而非美国的立场看待问题”。[⑤] 时任美国国务院办公室主任的田夏礼抨

---

① Paul A. Varg, *Open Door Diplomat: the life of W. W. Rockhill*, Urbana: The University of Illinois Press Urbana, 1952, p. 41.

② 广西师范大学组织整理《美国驻中国广州领事馆领事报告（1790-1906）》卷 19，广西师范大学出版社，2007，第 296 页。

③ “The Letter from Rockhill to John Hayes”（1901, Dec. 6th）, *Dispatches from United States Ministers to China, 1843-1906*, Microform, Washington, D. C.: National Archives, 1958.

④ 王立新：《美国对华政策与中国民族主义运动（1904-1928）》，中国社会科学出版社，2000，第 93~107 页。

⑤ Paul A. Varg, *Open Door Diplomat: the Life of W. W. Rockhill*, Urbana: The University of Illinois Press Urbana, 1952, p. 150.

击柔克义处理连州教案的手法“是最差的外交政策”。[①] 南昌教案次日，美国国务卿罗脱（Root）向柔克义发来长电，指责中国政府忘记义和团运动的教训而支持排外，要求采取措施，阻止类似义和团运动的事件爆发，严惩同情运动参与者和组织者的行为，撤去不遵谕旨、怠忽职守的官员等，训令柔克义即按电文内容照会清廷。[②]

柔克义坚持中国不存在全面排外现象。在罗脱发来长电的同日，柔克义复函称“要注意这场中国民族生活的‘新纪元’，虽然它在某种程度上是排外的，就其性质而言却不会导致公开、有组织、暴力的仇外”，认为“美国基督教会的教士遇到的困难和过去并无分别，连州、漳浦教案是局部个别事件”[③]。柔克义将教案归咎于天主教会，反复向国务院说明，“天主教、基督教和其他信仰民众间的斗争和世仇，造成长期、重大而深远的困难，这种情形又因 1899 年中国皇帝对罗马天主教教士的让步而迅速恶化”。教案的主因是天主教教士干预地方事务。在南昌教案、漳浦教案中，“天主教教士愚蠢地干预地方冲突”，“所有报告均表明天主教方面不当的夸示是冲突原因，神职人员在中国社会有官阶，可以在中国官吏面前胡作非为”。[④]

三　基督教会与华人教徒

（一）协助争取政府采认教会学校学历

1905 年，西奥多·罗斯福任命柔克义为美国驻华公使前特别提醒：美国基督教会指责他对传教事业不友好，要注意处理与基督教传教士的关

① “Memorandum for the Secretary From Jr., Charles Denby” (1906, Jan. 23th), *Dispatches From United States Ministers to China, 1843-1906*, Microform, Washington, D. C.: National Archives, 1958.

② 张存武：《中美工约风潮》，中研院近代史研究所编印，1982，第 230~231 页。

③ “The Letter from Rockhill to Root” (1906, Feb. 26th), *Dispatches from United States Ministers to China, 1843-1906*, Microform, Washington, D. C.: National Archives, 1958.

④ “The Letter from Rockhill to Root” (1906, April. 5th), *Dispatches from United States Ministers to China, 1843-1906*, Microform, Washington, D. C.: National Archives, 1958.

系。柔克义复函承诺将妥善处理与基督教会的关系。[①] 他赴华任职后，随即协调美国在华教会学校的学历采认问题。

教会学校涉及美国在华重要利益。1904 年，美国教会在华共设立了 944 所日校和 186 所高中校，在校学生数约 6 万人[②]。由于清末教育改革，学制丕变，教会学校担心受到冲击。1904 年 1 月，清廷颁布《奏定学堂章程》，1905 年 9 月废除科举。由于教会学校未经清教育部门批准设立，不能与新学制衔接，毕业生失去仕进或公派留学机会。9 月 20 日，东吴大学校长孙乐文（D. L. Anderson）致信柔克义称，科举废除对中国教育体制和教会学校影响深远，教会学校是中国组织最好的教育体系，其中美国教会学校占多数，请其劝说清廷从中国教育发展利益考虑，承认教会学校享有与官立学校同等的学历。[③] 12 月 12 日，东吴大学校董会主席林乐知（Young John Allen）致信柔克义，抱怨基督徒或教会学校毕业生无缘政府职位，“若我们不坚持争取政府更宽容的承认，可预期教会学校将被人忽视，其对中国的巨大价值将被抛弃，最终失去”，又表示中国若要推行新政和立宪，最急迫和合适的是实行“完全的宗教自由”。“我们不同意中国人声称有权视察我们高等教育机构，有权指令采用何种课程，还试图以孔教代替基督教课程，但我们无意否认政府课程，愿意将我们的系统、课程与其对接，以便学生能够进入政府部门工作。”[④] 两人分别从教育发展和“宗教自由”出发，要求清廷给予教会学校与官立学校同等的待遇，以便教会学校毕业生进入政府任职，但只字未提接受遵守政府的课程要求和注册登记问题。

柔克义很快做出回应，请使馆中文秘书卫理（Edward T. Williams）调查教会学校在中国的发展及教育新政并向国务院呈交报告。卫理在报告中

---

① Paul A. Varg, *Open Door Diplomat: the Life of W. W. Rockhill*, Urbana: The University of Illinois Press Urbana, 1952, p. 71.

② Hongshan Li, *U. S. -China Educational Exchange: State, Society, and Intercultural Relations*, 1905-1950, Rutgers University Press, 2008, p. 22.

③ “The Letter from D. L. Anderson to Rockhill” (1905, Sep. 20rd), *Dispatches from United States Ministers to China, 1843-1906*, Microform, Washington, D. C.: National Archives, 1958.

④ “The Letter from Y. J. Allen to Rockhill” (1905, Dec. 12th), *Dispatches from United States Ministers to China, 1843-1906*, Microform, Washington, D. C.: National Archives, 1958.

批评清廷对教会学校有偏见，“官员们怀疑教会办学包藏政治动机，以致许多拥有现代知识的教会学校毕业生无缘政府公职，只是因为商贸繁荣对外语人才的需要，教会学校才得以发展”，但不认同学制改革将使教会学校失去发展空间，“和我交谈的传教士多数认同学制改革的意义，他们对中国社会的更好发展感到欣慰，但也有些人抵制政府教育系统，认为这意味着教会学校影响力的损失”，推断“若不能安排教会学校毕业生参与官方职位考试，教会学校的影响力的确会削弱，但教会学校仍将培养为教会服务的男、女同工，最终为现代教育系统培养大量师资”。①

根据卫理报告，柔克义复函林乐知，同意中国确应有“全面的宗教自由”，但怀疑“中国政府现阶段能否迈出如此深远的一步”，认为较易成功的是促请清廷承认教会学校毕业生与公立学校毕业生在公职申请中享有同等待遇。圣约翰大学校长孟嘉德（A. S. Mann）致函询问柔克义应否通过办校方所属国家的驻华使馆申请注册，柔克义在答复中明确表示教会学校应向中国教育主管部门申请。② 他建议教士组成委员会与学部磋商，作为交换条件，教会学校应同意接受学部视察。柔克义居间协调，与清廷交涉。③ 柔克义其后致函清外务部，称“会内学堂、书院自行考试毕业生所发之文凭，中国学部应认定其与官立学堂一律同等。又请贵部、学部设法定章，如会内学堂、书院有愿照法办理者，可由学部派员稽查，确定是否按照奏定章程教授。学堂学生或升级或毕业，于其考试时，学部亦可派员观试，使贵国学部知其程度，将有明效”。外务部就此咨询学部，学部表示“外国人设立学堂概不承认稽查考试之责，所请毕业升级出身与官立学堂一律办理，碍难照办”。④ 虽然协调未成，但此事有效改善了柔克义与教会的关系。柔克义致信国务卿罗脱，解释其协助教会学校争取学历采认，是“真诚希望协助中国政府和教会学校间相互理解，同情这场争取平等权

① “The Letter from Williams to Rockhill” (1905, Dec. 26th), *Dispatches from United States Ministers to China, 1843–1906*, Microform, Washington, D. C.: National Archives, 1958.

② A. S. Mann, “Foreign School and the Chinese Government”, *The Chinese Recorder*, 1906.

③ “The Letter from Rockhill to Y. J. Allen” (1906, Jan. 3th), *Dispatches from United States Ministers to China, 1843–1906*, Microform, Washington, D. C.: National Archives, 1958.

④ 姬红：《北京地区美国基督教教会中学研究》，转引自章开沅主编《中西文化与教会大学》，湖北教育出版社，1991，第416页。

利的运动，假若成功，不仅有利于两国人民的关系，也能将教会学校机构置于与中国官立学校平等的地位”。[①]

（二）教士个人内地置产权争议

教会在内地置产是中外教务纠纷的主要议题之一。通过1860年《中法北京条约》中文本及其后的柏德美密约，天主教会攫取了内地置产权，但清廷坚持承买方应属教会而非教士个人，“卖为本处天主堂公产字样，不必专列传教士及奉教人之名”[②]。1895年，清廷咨行《教堂置产章程》，重申这一原则。义和团运动前，美国外交当局未正式认可美国教会依最惠国待遇在内地置产的法律权利。1903年《中美通商行船续订条约》规定：“准在中国各处租赁及永租房屋地基作为教会公产，以备传教之用。”但此项条约是否赋予教士个人内地置产权，柔克义、美国国务院和教士有不同理解。

1906年初，柔克义致函一位在河南传教的美国独立教士，指责其为购置地产而与当地官民争吵是“误解获得护照的条件。教士个人可依照条约在内地传教，但只有教会或差会有权租赁地产”[③]，提醒其要服从中国地方官权威，通过美国领事与地方官来往，提出“地方官让步是因为怕事，担心上级责罚，不想引发中外交涉”。[④] 柔克义的意见遭到艾迪（Adee）、田夏礼等国务院官员的反对。后者主张应承认教士个人有内地置产权。[⑤] 国务院法律顾问致函国务卿罗脱，称“教士个人在中国内地购房固然没有法律基础，但基于惯例和传统，他们确有类似或相近的权利”，“至于我们要越过法律条文走多远，这是个政策问题。而您是政策

---

① “The Letter from Rockhill to Root” (1906, Mar. 20th), *Dispatches from United States Ministers to China, 1843–1906*, Microform, Washington, D. C.: National Archives, 1958.

② 张贵永编《教务教案档》第1辑，中研院近代史研究所，1981，第51~57页。

③ “The Letter from Rockhill to Root” (1906, Jan. 13th), *Dispatches from United States Ministers to China, 1843–1906*, Microform, Washington, D. C.: National Archives, 1958.

④ “The Letter from Rockhill to Root” (1906, Jan. 9th), *Dispatches from United States Ministers to China, 1843–1906*, Microform, Washington, D. C.: National Archives, 1958.

⑤ “The Letter from Charles Denby Jr. to. Bacon” (1906, Mar.. 9th), *Dispatches from United States Ministers to China*, 1843–1906, Microform, Washington, D. C.: National Archives, 1958.

问题的老手。”[①] 罗脱赞同田夏礼、艾迪等的主张，训令柔克义既然其他列强的公民可通过修筑铁路、开矿或开办企业，或寻找避暑场所等方式购置土地，美国公民应当拥有内地置产权。[②] 国务院官员不仅是在争取教士个人内地置产权，而且是在试图突破《中美通商行船续订条约》的限制，争取美国公民的内地置产权。

此时恰逢河南鸡公山教产转让纠纷。美国教士李立生（Daniel Nelson）于1905年在信阳鸡公山以传教名义购买避暑用地，在骗取地方官用印后将土地倒卖给外商牟利。1906年，河南地方官查验原契与条约不符，与美国驻汉口总领事交涉，要求收回教士转卖给外国商人的土地。事后，清廷咨行各地，要求严格按1895年《教堂置产章程》订立教产契约，须有“本处教会公产”字样，杜绝流弊。柔克义对清廷抗议李立生倒卖鸡公山地产事未表异议，但反对沿用《教堂置产章程》。他认为该章程是据中法之间条约制订的，中美间应照《中美通商行船续订条约》重新确定教会契约格式，如将“本处”改为“美国”。他照会外务部，称“美国各教会是按美国公司章程设立，其他项教会名称相类者，系按照别国章程设立，是以该教会之租地必欲在契上书明为何国教会，方能分明清楚”。[③] 外务部复照同意在契约上缮列国别，但坚持沿用《教堂置产章程》规定的“本处”字样，称“本处教会公产”意为“教会坐落之地方而言，犹言本处美国某教会”，而1903年《中美通商行船续订条约》中的“各处”“与二十一年章程内本处处字语意并不相背”。[④] 柔

① “The Letter from Solicitor to Mr. Alvey A Adee” (1906, Mar. 6th), *Dispatches from United States Ministers to China, 1843 - 1906*, Microform, Washington, D. C.: National Archives, 1958.

② “The Letter from Elihu Root to Rockhill” (1906. Mar. 14th), *Dispatches from United States Ministers to China, 1843-1906*, Microform, Washington, D. C.: National Archives, 1958.

③ “柔克义致清外务部庆亲王照会”（1907年8月8日），*Archives of the Legation of the United States of America to China and Dispatches and Their Replies in Chinese Language*, Microform, Washington, D. C.: National Archives, National Archives and Records Service, General Service Administration, 1963。

④ “庆亲王照会柔克义”（1907年8月14日），*Archives of the Legation of the United States of America to China and Dispatches and Their Replies in Chinese Language*, Microform, Washington, D. C.: National Archives, National Archives and Records Service, General Service Administration, 1963。

克义坚持“各处”与“本处”语意不同，强调“美国教会准在中国各处租赁及永租房屋地基作为该教会公产，非云美国教会在各处设立之分会准其自行永租房地之意”，强调产业属于美国教会所有而非“本处教会”，反复要求使用“美国教会在某州县本处地方永租之公产”。[①] 清廷最终退让，同意照此咨行各省施行。[②]

美国务院则企图借此攫取教士个人内地置产权。1907 年 5 月，助理国务卿培根（Bacon）致函柔克义询问“公产”的涵义。柔克义解释“公产”指“公共的不动产”，如行会、公司、教会拥有的产业，而非政府财产。[③] 但艾迪认为，既然“教会公产”在《中美通商行船续订条约》中列明是要“以备传教之用”，故凡教士为传教目的而在内地置产，均可视为“教会公产”，故教士个人可借此购置地产。[④] 这一非分要求，实际是要争取教士个人的内地置产权，遭清廷拒绝。1908 年，美以美会女传教士郭恺悌（Kate Louise Ogborn）以个人名义在九江城租地，地方官拒绝用印核准，坚持不接受教士以个人名义购置教产，最终改以美以美会公产名义申请才得以核准。[⑤] 清外务部就此专门照会柔克义，柔克义亦未置一词。

（三）关于华人教徒参加革命的交涉

清末部分华人教徒革命意识觉醒，教会常因其外国背景而成为革命活

① “柔克义照会庆亲王”（1907 年 8 月 21 日），*Archives of the Legation of the United States of America to China and Dispatches and Their Replies in Chinese Language*, Microform, Washington, D. C.: National Archives, National Archives and Records Service, General Service Administration, 1963。

② “庆亲王照会柔克义”（1907 年 8 月 29 日），*Archives of the Legation of the United States of America to China and Dispatches and Their Replies in Chinese Language*, Microform, Washington, D. C.: National Archives, National Archives and Records Service, General Service Administration, 1963。

③ “The Letter from Rockhill to the Secretary of State” (1906, July 18th), *Dispatches from United States Ministers to China, 1843 - 1906*, Microform, Washington, D. C.: National Archives, 1958.

④ “The Letter from Adee to Rockhill” (1906, Sep. 10th), *Dispatches from United States Ministers to China, 1843-1906*, Microform, Washington, D. C.: National Archives, 1958.

⑤ “庆亲王照会柔克义”（1908 年 6 月 5 日），*Archives of the Legation of the United States of America to China and Dispatches and Their Replies in Chinese Language*, Microform, Washington, D. C.: National Archives, National Archives and Records Service, General Service Administration, 1963。

动的掩护。所谓“武昌圣公会与刘静庵被控设立违逆会、散放叛党书籍案”就是典型案例。美国圣公会在武汉圣约瑟堂办书报阅览室，成立日知会，该会成员刘炳炎，字静庵，曾在黎元洪处任“书识”，入圣公会后称贞一，在文华书院任教习。1906 年 10 月，同盟会策动湖南会党和矿工起义，刘炳炎策划湖北新军起义配合，于 1907 年 1 月被武昌道逮捕，被罗列“日知新会系注重联络军学两界人士为革命之预备”，邀请法人鄂西禄来会演说法国大革命，代售《民报》，翻印《训兵谈》，与孙中山派来湖北“运动军队”的朱元成来往，借银万两以“运动军学两界预备革命”等 7 项罪名。[①] 在审讯中，清廷官员将教会组织救世军误指为革命团体。

美国圣公会湖北教区主教吴德施（Logan Herbert Roots）认为刘炳炎属于屈打成招，称湖北当局“系株连教会”，多番营救，请美国驻汉口总领事照会武昌道，要求“将此案再行审讯，并准该总领事派员到堂听审”，但遭湖北当局拒绝。柔克义于 3 月 11 日照会清外务部，提出：一是湖北当局“以公文控诉教堂”，“有意诬陷美国教会有至重之罪”，“日知会为革命党人之会，此可为笑谈。该教会所用传教之法，即系使人以革命为预备，直似以耶稣教为邪教”[②]；二是刑讯逼供的供词不能作为司法凭据；三是湖广总督张之洞“立即将刘静庵释放并声明刘静庵与圣公会确均无罪”，或“公同广众之前立即裁判此案，准圣公会延请代理律师并准美政府派员会审”。[③]

张之洞致电外务部反驳柔克义，表示：一是事证确凿，“该犯供认革命党售卖劝人为逆之《民报》及借报布置革命等事，先有侦探禀报，嗣有

---

① “外务部收美国公使馆照会来文”（1907 年 2 月 23 日），*Archives of the Legation of the United States of America to China and Dispatches and Their Replies in Chinese Language*, Microform, Washington, D. C.: National Archives, National Archives and Records Service, General Service Administration, 1963。

② “外务部收美国公使馆照会来文”（1907 年 3 月 11 日），*Archives of the Legation of the United States of America to China and Dispatches and Their Replies in Chinese Language*, Microform, Washington, D. C.: National Archives, National Archives and Records Service, General Service Administration, 1963。

③ “外务部收美国公使馆照会来文”（1907 年 5 月 31 日），*Archives of the Legation of the United States of America to China and Dispatches and Their Replies in Chinese Language*, Microform, Washington, D. C.: National Archives, National Archives and Records Service, General Service Administration, 1963。

证佐凭据”；二是领事观审违约，“华人在内地犯罪，约内无准领事观审之条，又欲集证来堂质办，尤属条约所无，万难照办”；三是刑求供词合法，“考查既确如臬司督员审讯。该犯于供内字句一再考较”，当局“毫无逼勒”，《大清律例》规定“罪犯应死，证据已确而狡不认供者，准其刑讯”；四是与教会无关，“该犯行迹诡秘，虽其父刘淇且不得而知，安有告知教会之理。该教会恐损声誉，未免过虑。总之，中国谋逆于外国教会无涉，案已定谳，未便复讯。”[①] 6月10日，张之洞稍有退让，咨复外务部，为“保美圣会之声名，已允由所认七条代内除去二条，故以此案于教会最为无涉，现与臬司酌拟刘以永远监禁之罪，实是情浮于法”。[②] 11日再电外务部，“美使所拟办法，均难照办。刘贞一谋为不轨，证据确凿，与教堂并不相涉，现在长江一带，伏莽甚多。革命党潜运军火，谣言尤众……恳请查照敝处咨文各节，极力与美使辩驳。唯敝处与臬司、谳局酌核此案办法，刘贞一本只拟定以永远监禁之罪，并非欲治以死罪，并请告知美使为要。若美使以无干教堂之事而强行干涉，并欲免其监禁之罪，则断断不能照办也”。[③]

柔克义于7月6日照会外务部，坚持刘炳炎参加革命的证据“大概系虚而弗实”，强调“何能以刑逼而得之七条以定其罪”，但不再坚持原立场，声明“非欲证刘决无谋逆之罪，缘该督属下谳员与他人或系实无知识或素系恶教之人，预先拟有该供词数条，按照刑逼，使刘承认”，强调美方要保全教会名誉，“唯本国政府视现在情形，不欲执意按以上所言疑受逼迫之情办理，然又言此案最要情形似系言谳员以办理美教会之事即可坐其叛逆罪名，故虽有此退让之意，仍嘱设法催请贵政府，保全美教堂之名

① “外务部致美国公使馆照会去文”（1907年3月20日），*Archives of the Legation of the United States of America to China and Dispatches and Their Replies in Chinese Language*，MicroformWashington，D. C.：National Archives，National Archives and Records Service，General Service Administration，1963。

② “外务部致美国公使馆照会去文”（1907年7月6日），*Archives of the Legation of the United States of America to China and Dispatches and Their Replies in Chinese Language*，Microform，Washington，D. C.：National Archives，National Archives and Records Service，General Service Administration，1963。

③ 苑书义等主编《张之洞全集：电牍》第11册，河北人民出版社，1998，第9626页。

誉，不使稍沾有暗昧之污”。[①] 张之洞于9月23日咨复外务部，“兹美国驻京大臣既再三以保全圣公会名誉为词”，札饬按察司出示晓谕，“声明刘贞一罪案确系一人之私罪，平时行为秘密，为圣公会所不知，湖北地方官办理民教案件向来持平，圣公会在鄂名誉极好”。[②] 双方至此达成谅解。

柔克义就日知会刘静庵案与张之洞多次交涉，不是因其同情革命党人。相反，他对革命的看法较为负面，表示“无论当前中国政府有多少问题，但它最适合这个奇特的民族。试图改变现政权，代以符合西方思想的政治制度，必然是愚蠢的……中国治理改革只能在外部持续、谨慎的压力下实现。剧变必然会带来革命，随之而来的是长年混乱”。[③] 1906年，美国驻华使馆通过基督教教士收集到在华北流传的革命小册子——《无政府主义原理》，柔克义批评“多数人不明白这些理论，但那些浅薄、头脑发热的学生却深受其影响”，提醒美国政府“注意中国革命党人在散布无府主义书籍，主脑明显在日本，但夏威夷、旧金山似乎也有相当多追随者”。他希望清廷警政制度逐渐健全，“失序事态将逐步减少，朝廷能采取更有效措施阻止和镇压动乱”。[④] 因此，他就刘静庵案的交涉，主要目的是维护美国教会利益，及中美间对司法审判程序的不同理解。

余　论

古希腊城邦时代，宗教在外交关系中已扮演着十分重要的角色。近代民族国家形成以来，宗教与外交间互相交织，更是信仰传播、外交角力中

① “外务部收美国公使馆照会来文”（1907年7月6日），*Archives of the Legation of the United States of America to China and Dispatches and Their Replies in Chinese Language*, Microform, Washington, D. C.: National Archives, National Archives and Records Service, General Service Administration, 1963。

② “外务部致美国公使馆照会去文”（1907年9月23日），*Archives of the Legation of the United States of America to China and Dispatches and Their Replies in Chinese Language*, Microform, Washington, D. C.: National Archives, National Archives and Records Service, General Service Administration, 1963。

③ Kenneth Wilmmel, *William Woodville Rockhill: Scholar-Diplomat of the Tibetan Highlands*, Bangkok: Orchid Press, 2003, p. 127.

④ “The Letter From Rockhill to Root” (1906. April. 21th), *Dispatches from United States Ministers to China, 1843-1906*, Microform, Washington, D. C.: National Archives, 1958.

的常态。美国驻华公使柔克义的个案，为在近代中美关系背景下理解宗教与外交间的复杂关系提供了一个典型案例。从个人而言，柔克义继承了卫三畏等教士的学术传统，因与宗教相关的学术研究投身美国对华外交，亦因学术研究而与田贝等美国驻华外交官发生矛盾，美国基督教会更因其与天主教会的渊源而数度反对其任驻华公使，但相关学术研究最终使其在19世纪末20世纪初美国“进步主义运动”下的外交政坛中崭露头角，成为美国远东问题专家，并如愿担任美国驻华公使。就近代中美关系而言，美国在华宗教以基督教为主，基督教问题更多涉及美国在华条约权利等所谓“国家”利益，但并不妨碍天主教、藏传佛教成为影响美国对华外交的重要因素，在处理抵制美货运动、中美条约权利乃至涉藏问题上扮演了重要角色。其中，外交人员的宗教、学术背景及其对宗教文化的学养和认知，在相当程度上影响了政府运用宗教因素处理外交关系的水平和能力。

原载《宗教学研究》2017年第2期

种瓜得豆：清季福州鹤龄英华书院的学生运动

谢皆刚

19世纪60年代，在华传教士改变了自明末以来奉行的科学传教策略，转而办学校、启民智，以传教救道。1881年，为培养对中国有影响的人才，福州美以美会创建高等学校鹤龄英华书院。国人选择教会学校则旨在学习英语，以进入与洋务相关、待遇优厚的海关或邮局等机构任职。为吸引生源，鹤龄英华书院采用美式教育，并兼顾科举。

接受西式教育的鹤龄英华书院学生，接受外来观念，萌生了权利意识，积极参与政治与社会事务，成为福建学生运动的先驱。既往学界，对近代中国教会学校的学生运动已有注意，关于鹤龄英华书院的学生运动亦有所涉及，[①] 但深入讨论的空间尚在。本文力求在先行研究的基础上，广泛地利用史料，展现清季鹤龄英华书院学生运动的脉络，考察学生运动与教会办学的相互作用，讨论其对地方与社会的价值与影响，进而体味近代中国历史的丰富与复杂。

---

① 如陈秀萍《浮沉录——中国青运与基督教男女青年会》（同济大学出版社，1989）研究基督教青年会与教会学校的学生运动；黄新宪《基督教教育与中国社会变迁》（福建教育出版社，2000）第七章“教会学校的爱国行动与民国时期社会的变迁”，注意考察教会学校的学生运动对中国社会的影响；殷琦《奋进的历程：中国基督教的本色化》（商务印书馆，2004）设有“基督教学生运动”专节，简略地介绍了教会学校学生运动史。

一　拒美约

明末耶稣会士东来后，利用科学吸引士大夫入教。19 世纪初，新教传教士入华，继承其先辈的做法。然而现实却与期望相背，以知西闻名的王韬尚称西学“愈出愈精”，而西教“其理荒诞，其说支离”，以致“人心受其害”①。19 世纪 60 年代，有传教士经过反思，认为传播科学“并不是推进福音传播的直接工作”②，转而办学堂、启民智，试图以传教救道。

福州自明末以来即为基督教各派重视的教区，又是近代中国第一批开放的通商口岸，但直至 19 世纪 70 年代末“只办了一些初级学校和一所培养年轻人参加事奉的学校，尽管大家都感到除了神学院外，还应该创办培养年轻人的高等学府”。③ 于是在各方的推动下，福州美以美会在 1881 年 2 月 17 日创办了鹤龄英华书院（Anglo-Chinese College）。

1881 年 2 月 17 日，福州美以美会创办鹤龄英华书院，旨在以传教救道。在对学生进行广泛深入的宗教教育的同时，为吸引生源，书院采用美国高等学校的办学模式与课本，聘请美籍教员任教，外来观念不免根植其中。如对团体生活的训练，使其早在 1885 年便首创幼徒会（1892 年定译名为青年会），并由第一届学生陈孟仁任会长。1888 年，福州美以美年会公举托事考察书院课艺，认为“皆为有益国家、教会之用”④。1891 年，书院华人教员黄乃裳指出书院学生“练力则洋师率其队”，强身健体，培养团体观念，“为我国家培育有用之才”⑤。其时，鹤龄英华书院学生因为英语水平较高，甚易谋得洋行、海关等薪金优厚的职位，故“四方就学者近年来多至百余人”⑥。

---

① 《王韬日记》，方行、汤志钧整理，中华书局，1987，第 82、83、92 页。

② 沈国威编著《六合丛谈》，上海辞书出版社，2006，“解题”，第 35 页。

③ 《1908 年英文版〈英华书院介绍手册〉》，转引自《八闽之光：福建师范大学附属中学校志（1881—2001）》，福建师范大学附属中学自印本，2001，第 29 页。

④ 《考问英华书院报单》，转引自《八闽之光：福建师范大学附属中学校志（1881—2001）》，福建师范大学附属中学自印本，2001，第 25 页。

⑤ 《1891 年黄乃裳为〈鹤龄英华书院章程〉所作序言》，转引自《八闽之光：福建师范大学附属中学校志（1881—2001）》，福建师范大学附属中学自印本，2001，第 26 页。

⑥ 《八闽琐谈》，《申报》1897 年 2 月 9 日第 2 页。

庚子后国难日亟，国人痛言挽救。1903 年 5 月 17 日，《鹭江报》指出中国“乃中国人之中国也”，政府不能“保我护我”，唯有组织团体“以共担民权之责任”①。7 月 5 日，该报又称爱宗族、同种、祖国，是国民的公共义务与责任。② 鹤龄英华书院的学生“既得先受新文化之熏陶，师生间爱好自由的思想当然较为浓厚”③，故积极组织、参加社团，合群救国，成为福建民众运动的先锋。

1902 年，郑权、郑祖荫联络鹤龄英华书院校友林馥村、陈能光、林雨时，教员王鉴和、王求定及部分学生，成立益闻社，“冀以大声疾呼，警醒国人之迷梦”。同年，林雨时等人创办桥南公益社，“而实则为党人集合之场所”。1903 年，革命党组建共和山堂，成员大多为鹤龄英华书院学生，入会者六十人。1904 年夏，福州学生联合会联络会党，为布政使周莲察觉，被迫避走。“自是同志益愤满人之所为，革命之志乃益决”④，鹤龄英华书院学生加入激进社团汉族独立会、体育会，提倡暴力革命者亦不在少数。

1904 年，《限禁来美华工保护寓美华人条约》期满，美方欲续前约，中国交涉无果，激起国人义愤。1905 年 5 月 10 日，上海总商会电外部、商部、南北洋大臣倡言抵制，并“分电通商二十一埠美不废约，定于两个月后相戒不用美货以为抵制”。福建“在美经商者亦不下数十万”，与修约甚有关系。在沪闽商曾铸邀同乡于 14 日在泉漳会馆筹议“抵制之方”⑤。16 日，闽商再开会议，曾铸演讲，称先请政府交涉，2 个月后如无果，将抵制美货，且“美人所设学堂华人子弟不应入堂读书”⑥。

舆论视拒美约为对国家、民气、团体的考验，谓“国家的强弱，只看民气的强弱。民气强弱怎么看呢？只看他有团体没有团体”⑦。又称此前美

---

① 林砥中：《中国人之中国》，《鹭江报》第 31 期，1903 年 5 月 17 日第 1~2 页。

② 林砥中：《论国民公共之义务》，《鹭江报》第 36 期，1903 年 7 月 5 日第 1~2 页。

③ 王穆和、曹佩实：《英华教育对于社会国家（节录）》，转引自《八闽之光：福建师范大学附属中学校志（1881—2001）》，福建师范大学附属中学自印本，2001，第 43 页。

④ 《福建辛亥革命光复史料》，载张研、孙燕京主编《民国史料丛刊》第 889 册，大象出版社，2009，第 15~19 页。

⑤ 《抵制美国苛例邀请集议传单》，《时报》1905 年 5 月 14 日第 1 张第 3 页。

⑥ 《补志闽商会议抵制美国禁约事》，《大公报》1905 年 6 月 1 日，“时事要闻”第 4 版。

⑦ 《现在正是试验我们中国人团体的时候》，《大公报》1905 年 6 月 9 日第 5 版。

国禁华工，因中国民智未开、文明不足，“所以就任他们去了”。现在民智已开，文明已足，“中国若此时不翻身，恐永没有兴起的日子了”，故望国人爱国，“不为汉奸，不为美奴”①，为拒美约抵制美货。

其时，初步形成一个新阶层的新式学堂学生，积极介入拒美约运动。南洋中学堂学生同盟会制定禁买美货传单，谓“既赞斯举，愿先实行，缘联合各学堂，请自今日始，凡自一书一籍一纸一墨，以及教具杂物”②，皆不用美货。上海教会学校学生亦提出抗议，并呼吁各省学生共起支援。

鹤龄英华书院学生起而响应，指出美禁华工“凡有人格者莫不发指”，即美人亦知政府违背公理，“况生同种、居同国者，岂忍坐视其兄弟姊妹甘为美人所苛待乎？于是各省均力争之，冀得挽回，雪国耻，保同胞，莫过乎此。”③ 故上自政府、疆吏、使臣，下而学生、商贾、平民皆当谋抵制。缘此，公推庄考文、游燕卿、林衡可、谢子廉、翁安石 5 人为代表，向监学刘星轩陈述情由，又请精通英文的教员林曾代为起草抗议书。

5 月 31 日晚，鹤龄英华书院 300 余名学生及华人教员，要求主理美国人高智将抗议书电美国政府，并要求两星期内答复，否则全体退学。高以事关重大，特请驻闽美领事葛尔锡出面与学生交涉。次日晨，葛尔锡至书院，学生推举林曾为对话代表。林说：“贵国国民非最自由、最平等乎？非人人皆有选举之权利、参政之义务乎？”然“吾权利独抱乎向隅，而不之救，故于华工之约”，中国有人格者“莫不思反抗之”。且外人入华，“中国未尝辱以罪囚裸体量法，亦未尝苛以木屋监禁等情”④。葛称此次禁工，并非专指华人，且中国在秦时即修万里长城，近时又不准外人进入内地，何只言美国禁工？中国人凭旅美华人一纸空言，就议论抵制美货，“此非所以敦友谊也”⑤。

林指出秦筑长城是为边防，“岂禁外人之进口乎？”又因中国无见识之人视洋人为怪物，即使是有见识的人，“闻贵国苛待华人于外洋，转以增

---

① 《中国爱国的商民请看》，《大公报》1905 年 6 月 14 日，“附件”，第 5 版。
② 《学生同盟会实行禁买美货约》，《大公报》1905 年 6 月 15 日第 2 版。
③ 《福州鹤龄英华书院全体公议抵制美国禁工事》，《大公报》1905 年 7 月 15 日第 2 版。
④ 《福州鹤龄英华书院与美领事驳苛待华工论》，《大公报》1905 年 7 月 15 日第 1 版。
⑤ 《福州鹤龄英华书院全体公议抵制美国禁工事》，《大公报》1905 年 7 月 15 日第 2 版。

其排外思想”，以致发生毁教堂、杀洋人的教案，故不准洋人进入内地是为保护洋人，“非有约束洋人之意也”。贵国旧金山虐待华人，人所共知，敝院毕业生殷雪村、谢天安、季天宝皆曾身受其害。我等“非欲与贵国为难，特欲存我国体，还我利权”，故拟条陈十条，期以改良。[①] 葛最后谓，条陈“具见爱国热诚，所拟一切不啻先得我心，请即缮折代为传递转回，可乎？”[②]

条陈即《福州鹤龄英华书院公拟达美政府论改良禁约稿》，大致要求：华人入境检验检疫，等待安置时与各国人一律平等；入境讯问可以自行延请律师；留美学生与各国留学生等同对待，可以自选学校、自筹学费、自择工作；有技艺的华人须合例入美，不得以华工对待；放宽对在美华人资产出境的限制；在美华人权利应与最优待国相同等。[③] 舆论报道葛将条陈转达美国务院，鹤龄英华书院毕业生林馥村又将人镜学社的抵制条款译成英文，“请该领事转向美政府转圜”。葛遂将译稿印成数份，转寄美政府及驻沪美领事。[④] 同时，驻沪美商及苏州、广东各处教士均联名禀请“其本国公使转圜此事”[⑤]。

6 月 11 日，鹤龄英华、格致书院等福州新式学堂学生及热心志士 500 余人，在魁辅里阅书社会议，设立福州公立保工会，并制定拒约策略：一，运商帮停办美货；二，印刷广告散布公众；三，各学堂学生停购美货；四，印刷美货号牌、号表散布公众；五，与外埠商会联络；六，美约果有实行之日，凡美立学堂学生一概退学。[⑥]

鹤龄英华书院学生与葛尔锡约定的时间到期后，渺无消息，学生遂计划罢课。为壮声势，庄考文等前往格致书院联络学生，希望共同行动，被其主理何乐益扣留。高智将学生代表带回鹤龄英华书院，迫其认罪悔过。学生认为这是正义行动，无罪可认，无过可悔，高给予停膳处分，并威胁

---

① 《福州鹤龄英华书院与美领事驳苛待华工论》，《大公报》1905 年 7 月 15 日第 1、2 版。

② 《福州鹤龄英华书院全体公议抵制美国禁工事》，《大公报》1905 年 7 月 15 日第 2 版。

③ 《福州鹤龄英华书院公拟达美政府论改良禁约稿》，《大公报》1905 年 7 月 15 日第 2 版。

④ 《各报所记各地人民抵制美货情况》，载朱士嘉编《美国迫害华工史料》，中华书局，1958，第 160 页。

⑤ 《汕美教士自谓禁约不公》，《槟城新报》1905 年 7 月 12 日。

⑥ 《福建公立保工会议决抵制办法》，《时报》1905 年 6 月 18 日第 3 版。

开除学籍。校方的行动激起学生的义愤，林鼎章、侯德榜、杨子玉等200余人退学，但也有少数学生反对退学。退学学生仍以庄考文等为代表，向福建教育会陈诉，要求转请当局设法收容。教育会会长陈宝琛与当局磋商，决定由政府拨款2000元、陈捐款300元、华侨胡子春捐款2400元，设立全闽公学，收容退学学生。

鹤龄英华书院学生的拒美约运动，以学生退学告终。实际上，其在发起运动时，对结局就已有所预感，故谓同人拒美约的效果，“固非所敢逆料。然自信此举，实足以证内地风气之进步，俾外人他日不敢恣行强硬政策，则同人深望于未来者也。若夫目前旅美数十万同胞翘首企望之殷，将来留学界、工商界之关系犹大且远者”。[①]《台湾日日新报》称华人集群抵制美约，因政府无能而致外交失败，“可谓具有爱国心，知顾大局矣”。其“无须政府，不假外人”，坚拒美约，“不贻外人以国民无团体之讥，务期克收美约改良之结果”，“盛哉清国之民气乎”[②]。

二　争选举

1905年底，清廷宣布“立停科举”，新式学堂大兴。同时，国人掀起留日浪潮，仅1906年当年就有1万多人东渡求学。福州美以美会担心，“我们将给中国一个按照美国的办法和标准、带有明显的基督教影响的教育，还是不能抓住属于我们的时机，而任之得到一个相似却带有明显的反基督教的影响的教育”。

实际上，鹤龄英华书院一直致力于营造浓厚的宗教氛围，《圣经》被列为必修课，及格方能毕业。学生还须在青年会的带领下，参加种种宗教活动，否则就要扣品行分数。暑假、寒假等假期，书院还会联合格致书院等教会学校开展夏令会和冬令会。缘此，来自不同阶层、大多与基督教没有任何联系的学生，在毕业时几乎都会成为基督徒，从而使数以千计的家

① 《福州鹤龄英华书院全体公议抵制美国禁工事》，《大公报》1905年7月15日第2版。
② 《论拒美约（二）》，《台湾日日新报》（汉文）1905年8月6日第2版。

庭与基督教产生直接联系。且随着“基督徒毕业生分散到全国各地甚至海外”[①]，基督教的因子也被撒播。为进一步加强宗教教育，书院改变课程的设置，将每日半日汉文、半日西学，调整为预科圣经、数学、科学、阅读语法翻译、中文五部分；书院部圣经、数学、科学、历史、英语文学、翻译、中文六部分，历史又分欧美历史与教会历史二部分。[②]

院方致力于办基督教的教育，学生却在经受拒美约运动的洗礼后，一方面民族与国家主义迸发，乃至在1906年青年会开幕时“奏军乐，学生全体唱爱国歌”[③]；一方面源于对清政府的失望，学生大多认同改革乃至革命。9月1日，清廷颁布预备仿行宪政的谕旨，各地纷纷建立立宪团体。1908年8月，又宣布预备立宪以九年为限，第一年即1908年筹办谘议局；第二年举行谘议局选举，各省一律开办谘议局。为筹备宪政，福建成立谘议局筹办处，要求各属在1909年1月1日前完成选举权调查。

2月，闽侯选举事务所公布谘议局初选选举人名单，闽口要塞学堂与鹤龄英华、格致书院毕业生，以及去毒社、茶亭公益社等团体均未获列入。鹤龄英华、格致书院千余名毕业生，自认符合选举章程规定的中学堂毕业之条件，遂组织团体向当局提起诉讼。闽口要塞学堂与去毒社、茶亭公益社等，亦根据选举章程提起申诉。

9日，高智与格致书院主理弼履仁致函福建谘议局筹办处，代毕业生争选举权，又请葛尔锡出面交涉。是时，国人权利觉醒，对外人干涉极为敏感。时论称“英华、格致两书院毕业生要予选举权一节，议绅原议姑予选举资格”。但驻闽美领事来函要求选举权，故12日在福建谘议局筹办处参加会议的官绅均谓，“外人不宜干涉，遂援上年学部来谘外国人在内地设立学堂不立案不给奖一条，批驳所请”。[④]

13日，福建谘议局筹办处复美领事函云，“局章于此项学生并无专条，碍难照准”。22日，其批两书院禀云，“因英、格两书院毕业生各，衙门无

① 《1908年英文版〈英华书院介绍手册〉》，转引自《八闽之光：福建师范大学附属中学校志（1881—2001）》，福建师范大学附属中学自印本，2001，第29~30页。

② 《福州英华书院课程（1909年英文版）》，转引自《八闽之光：福建师范大学附属中学校志（1881—2001）》，福建师范大学附属中学自印本，2001，第123~124页。

③ 《青年盛会》，《申报》1906年12月7日第9版。

④ 《福建谘议局筹办处纪事》，《时报》1909年3月9日第3版。

案可稽，请照谘议局章程第三条第二项办理碍难照准，仰闽侯初选事务所遵照传谕该生等知照”。23 日，又电宪政编查馆，“旋得复电，亦不准”。葛尔锡不甘，致函闽浙总督及福建全省洋务总局交涉，并电驻京美公使与中国政府交涉。洋务总局复函称转请谘议局筹办处查复，选举章程第三条第二项“系指在外国中学堂毕业者而言，至外国人在本国设立之学堂，其毕业生之选举权章程内尚无专条，碍难照准等因函复美领事，查照转达在案，兹准前因除详明督宪外，移复照准”。[①]

鹤龄英华、格致书院毕业生在失望之余，通电上海各报馆，“福州英华、格致中学毕业生应有选举权，闽省谘议局筹办处不承认，经公诉未判示期，近乞申公论”。[②] 同时，美方的介入，使鹤龄英华、格致书院毕业生争选举权的举动，俨然成为外交事件。为与院方切割，“遂刊传单布告海内外同胞云”，英华、格致两书院设立数十年，“课程与外国中学埒”，当事者不能对两书院一视同仁，故本“公权所在不可弃耳”之意争之。至于两书院主理与谘议局争，“则系保全两院之价值，宗旨各别，吾全体实不与闻，各界文明诸君子万勿误认”。[③]

就福建全省而言，选举人资格调查乱象丛生，若漳州众人诟病选举名单，监督曹本章特出告示，谓“谘议局为宪政基础，倘选举人有不合舆论之处，自可投函更正。岂容任意毁谤？奈告示煌煌，而匿名揭帖愈激烈”[④]。闽侯选举事务所自称初选名单问题太多，决定进行复查。3 月 9 日，《闽报》则谓福建谘议局筹办处核查各地名单，邵武最多，“额至三千余”。然而闽、侯两首县合计不过四千，与邵武相去甚远，为多占名额，乃有复查之事。故复查“仅行于城内区”，其他各区则“万不可多出议员，以分城内区之权利。故向所欲剥夺之者，当绝不复查”[⑤]。

13 日，《厦门日报》称前报去毒社、福州说报社、茶亭公益社等公举代表十二人，前往闽侯选举事务所争选举权，“兹闻事务所已将各该社人

---

① 《福州英华格致两书院要求选举权详闻》，《时报》1909 年 3 月 20 日第 3 版。

② 《公电》，《申报》1909 年 3 月 6 日第 1 张第 3 版。

③ 《布告公权之被削》，《闽报》1909 年 3 月 11 日第 3 版。

④ 《初选举情形》，《闽报》1909 年 3 月 2 日第 3 版。

⑤ 《论选举复查之不公》，《闽报》1909 年 3 月 9 日第 1 版。

员姓名列册，补行宣示矣。又此外有资本五千元以上，及要塞学堂毕业生等若干名，亦统行补示矣”。[①] 同日，《闽报》报道清政府认为各省上报的选举表册，“为选举之发轫，即为宪政之初基”，拟由宪政编查馆特派精通宪政者四名，专司调查各省表册，“稍有不合，即应指示该省另为更易，以昭慎重”。[②] 14 日，鹤龄英华书院、格致书院毕业生代表陈敏望、陈开政电宪政编查馆云，两书院学生“八年毕业有充各省高等学教员者，有直入欧美专门学者，程度实在中学之上”。福建谘议局筹办处“竟以外国人所设学堂不立案、不给奖之例，擅行剥夺”，但选举资格当以是否有中学程度为准，“断不当以办学何人为断”。[③]

19 日，时论指出，“选举权者，人民之权利也”，故不可不普及。现因人民知识未开、程度尚低，不得已而限制之。鹤龄英华书院、格致书院毕业生读西文、通西语，“浸灌于文明之说，濡染于文明之气”，何必设苛例限制。民权、民气不伸为中国贫弱的一大原因，今日“正宜浑融官民之意见，一洗从前隐秘闭藏之积习，奈何为此泾渭显分之举，示人以不广哉”。[④]

22 日至 24 日，福建各府县举行谘议局初选举。27 日，《闽报》称鹤龄英华书院、格致书院毕业生力争选举权，当局各机关对其要求推诿搪塞，与立宪开诚布公的宗旨相悖。有人肆意排挤、抑制诸生的利权，“盖以该生素有团体，若亦享有选举权，则他日倘有被选为议员，则多一异己者厕乎其间，恐不免多掣肘”。[⑤]

鹤龄英华书院、格致书院毕业生争选举权之事，终于不了了之，但症结尚在。29 日，《时报》刊登 28 日北京电，谓“美公使为闽省美人所设之英华、格致学堂毕业生要求选举权，外务部援据定章却之，美公使仍力争不已”。[⑥] 4 月 6 日，《闽报》报道“枢府又电饬各省严禁外人书院毕业生

① 《补示人名册》，《厦门日报》1909 年 3 月 13 日第 3 版。

② 《政府郑重初期选举》，《闽报》1909 年 3 月 13 日第 2 版。

③ 《电争公权》，《闽报》1909 年 3 月 18 日第 3 版。

④ 《论谘议局有选举资格不必限制太严》，《厦门日报》1909 年 3 月 19 日第 2 版。

⑤ 《再论剥夺公权事》，《闽报》1909 年 3 月 27 日第 1 版。

⑥ 《要电》，《时报》1909 年 3 月 29 日第 2 版。

干预选举权”[①]。《东方杂志》指出选举资格争论，“则莫纠纷于福建福州之英华、格致两书院毕业生，被摈于选举调查一事”。察二书院毕业生似非挟洋自重，然而美人在华享有领事裁判权，“遇事辄犯嫌忌”。故其“争之宜也，争而不得，似亦只可听之，以全国体”[②]。是时，并非所有鹤龄英华书院、格致书院毕业生皆无选举资格，如鹤龄英华书院毕业生陈之麟因有举人功名，被选为议员，并当选为副议长。[③]

三 闹革命

鉴于拒美约、争选举的失利，鹤龄英华书院学生及毕业生愈益倾向于革命。福建革命同志散处上海、厦门、兴化等地，南洋侨胞亦缺乏革命宣传。1908 年，六年级学生祁暄、黄家辰等在鹤龄英华书院内创建《警醒报》，通过发行《警醒报》宣传革命思想，且“以香港为中心，由陈寿绥去香港负责发行至南洋小吕宋各地，并联络侨胞”[④]，销量却难称人意。1909 年 5 月 24 日，《厦门日报》则谓近来购买《警醒报》者渐多，“是亦风气开通之一验也”[⑤]。舆论称其“盖欲警醒时流，共维邦国者也”。[⑥]

同年，流散各地的革命同志陆续返回福州，仍在古榕书院设汉族独立会。不久，该会奉孙中山之命，改为中国同盟会福建支会，对外则称丙午俱乐部。1910 年，同盟会会员、鹤龄英华书院教师黄乃裳当选福州青年会会长。1911 年春，黄乃裳出任福州鹤龄英华、福音、培元三书院教务长。3 月 1 日，福州安立甘会、美以美会和美部会联合创办《左海公道报》，聘黄乃裳为主笔。其宗旨为传播福音、移风易俗，然鼓吹革命的文章亦不在少数。同时，警醒报社办《民心》，接续《警醒报》，在社会及学生中宣传民主革命。

① 《学界二则》，《闽报》1909 年 4 月 6 日第 2 版。

② 孟森：《宪政篇》，《东方杂志》，1909 年 4 月 5 日，第 116~117 页。

③ 《福建谘议局开幕纪事》，《申报》1909 年 10 月 21 日第 2 张第 2 版。

④ 陈寿绥：《桥南社、警醒社的活动与光复福州时占领电报总局的经过》，载《福州文史资料选辑》第 20 辑，2001，第 70 页。

⑤ 《报纸渐增》，《厦门日报》1909 年 5 月 24 日第 2 版。

⑥ 《警心报章》，《台湾日日新报》（汉文）1910 年 10 月 25 日，“十六日发”，第 3 版。

4月8日，革命党人刺死广州将军孚琦，震动东南。福州驻防旗人人心浮动，孚琦的姻亲福建藩台尚其亨甚至运动离闽。① 福州将军朴寿奏请将驻防旗营改练新军，时论称"夫以朴军宪之留心振作，极意尚武，际此编练维新之初，想必加番整顿，用意经营。谅不致因循，改头换面，绝无实际之气习也"。② 军机处电闽"着饬各属，严行防范革党。凡有形迹可疑者，均立即拘案彻究，以弭祸胎，而安地方"。闽浙总督松寿"奉电旋饬所司飞转各属，遵照防缉矣"。③ 感于革命形势的大好，祁暄剪掉发辫，"表示坚决反抗满清帝制"，丁先诚等纷纷响应，鹤龄英华书院成为福州最早一批剪发辫的学堂。1911年夏，鹤龄英华、培元、福音等书院的学生，以桥南体育社的名义每早在麦园顶集会，进行军事操练。④

10月10日，革命党人在武昌发动起义。福州得湖北警电，闽浙总督松寿即电召驻厦门提督孙道仁回省，"以便商议防务诸要端"。⑤ 16日，孙道仁返回福州。福州将军朴寿"特与督宪商计防患之议，谕令城守，晚间各城门早些关闭，并饬东西井北汤各城门，添兵把守，防有偷越情事。军帅则拨出旗营之捷胜兵一队，派弁督带，日夜沿街巡逻，夜间分驻南水两关厅看守"⑥。又有传闻朴寿"令将所存积贵重之物十六大皮箱，雇工由水部门、南门分挑出城，赴轮他去。另派该署募左某押管，旗人大起恐慌。越日，并饬购平底鞋数双应用，传其女眷亦将离去"。⑦

为推动福建革命，上海同盟会派鹤龄英华书院1908届毕业生程拱宸回榕，联络各方准备起事。30日，新军将领许崇智加入同盟会。鹤龄英华书院学生亦积极准备，机密文件、印信以及枪械弹药，全部储藏在林雨时家，秘密会议也多在林家举行。

11月3日，《台湾日日新报》载2日发自福州的报道，"革命党有布密

---

① 《尚藩近信》，《台湾日日新报》（汉文）1911年4月28日，"廿四日发"，第3版。

② 《编练旗营》，《台湾日日新报》（汉文）1911年4月26日，"廿一日发"，第3版。

③ 《电防革党》，《台湾日日新报》（汉文）1911年4月28日，"廿四日发"，第3版。

④ 李一凯：《民主革命时期福州鹤龄英华中学师生革命活动事略》，转引自《八闽之光：福建师范大学附属中学校志（1881—2001）》，福建师范大学附属中学自印本，2001，第45页。

⑤ 《电召孙提》，《台湾日日新闻》（汉文）1911年10月20日，"十七日发"，第3版。

⑥ 《军宪派兵守城》，《槟城日报》1911年11月21日第6版。

⑦ 《福建辛亥革命光复史料》，载张研、孙燕京主编《民国史料丛刊》第889册，大象出版社，2009，第59页。

檄文行迹，文意似谓福州将起义师，所关为政治的，满汉一视，不别土人种族，唯敢反抗者戮之”。[①] 又谓 2 日夜，“革党刊分文告，其中意义，谓满人苛待汉人，且占据尊官厚禄，以鱼肉汉人，语多不逊。末又云如满人肯倒戈归命，亦一视同仁，决不加害，否则无贻悔云云。民间得此又启惊慌。唯查该文告之由来，闻系某报馆所刊发，其执笔人闻系李某人”。其哀叹“噫！以报馆之价值，而乃鼓吹革命，煽惑民心，其能免于报律之标封，亦云幸矣”。[②] 殊不知利用报刊宣传鼓动，历来为革命党的重要手段，且革命军起，秩序已失，何谈法律。

5 日，黄乃裳偕程拱宸以及其他同盟会会员，与新军领导人孙道仁、许崇智，在闽江魁岐江面英商乾记洋行的游艇上举行秘密会议，孙道仁由彭寿松主盟加入同盟会。会议决定 11 日起义，并讨论起义部署及学生炸弹队配合作战等问题。时论谓“闽省革命党与新军联络，推孙道仁为国民军大都督”[③]。旋因福州驻防旗人成立杀汉团，全力备战，势将先行发动，遂决定提前起义。在起以前的军事会议上，与会者一致认为占领电报总局极为重要，决议由警醒社负责。其社长祁暄立即前往川石，联络在大东海电报局服务的社员陈寿绥，议定一切计划。

8 日，福建谘议局向松寿、朴寿提出和平光复四条件，朴寿予以拒绝，并令捷胜军整顿备战。是夜，以新军为主力的民国军举义，“树招降大旗于城外大桥头及南门兜。略谓，凡旗人弃械投降者，均全其生命，绝不伤害”。然旗人降者甚少，“故汉军急急进攻”，但旗城地势甚好，“汉兵不易得手，孙提督又深恐擅用大炮，有伤汉人，于是战事遂未能即决其胜负焉”。[④]

民军发动之际，鹤龄英华书院学生祁暄、黄清铨、黄家成、柳大杰、丁先诚、卢月波、黄乃辰等 42 人，在对湖黄乃裳家中加入学生炸弹队。23 时，学生炸弹队在桥南公益社集合，每人在手臂上缚一块书有“公权”二字的白布条。黄进行了慷慨激昂的战前动员，随后在队长李藩等的带领

① 《福州革军布檄》，《台湾日日新报》（汉文）1911 年 11 月 3 日第 2 版。
② 《革党文告》，《台湾日日新报》（汉文）1911 年 11 月 10 日第 3 版。
③ 《榕垣革党起事光景》，《台湾日日新报》（汉文）1911 年 11 月 16 日第 1 版。
④ 《树招降旗》，《台湾日日新报》（汉文）1911 年 11 月 16 日，“八日发”，第 3 版。

下，每人携带炸弹一枚，利用夜幕的掩护潜入城内，参加起义。此外，丁先诚等被编入一分队，由刘通带领，负责进攻并接收台江区各机关及仓前街盐仓、中洲海关等。

9日3时，起义军掷炸弹破坏南门，入城占据于山，与旗军交战。于山炮响之际，陈寿绥即同精于技术的林保铨、杨敏捷等占领电报局。① 学生炸弹队在彭寿松的带领下，直扑高节里，与许崇智统辖的起义新军并肩作战。炸弹队员则编成小分队，分别参与高节里、古仙桥、大王府八旗都统衙门、于山天君殿等处的战斗。② 又有敢死队80人，“手捧炸药直入旗界。观者咸鼓掌称艳之，唯闻该军队自入旗界之后，不闻丝毫消息，大约误中旗人计算矣”。③

《台湾日日新报》称“天未黎明，放火为号，先烧都统将军二署，后烧旗下街一带”，总督松寿、布政尚其亨“俱闻变先逃，唯朴将军率旗兵备战”。④ 以鹤龄英华书院学生为主的炸弹队作战非常英勇，江荫培、游优民等多人在于山参战，郑敏杰、江汉、陈友鱼等“则奉令调遣省城消防队，驰赴战斗线附近之旗汛口、鳌峰坊一带扑灭火警，并巡查城市秩序，及侦查敌方态度，效力前驱，尤不怕死”。两军相持不下，“革军及炸弹队迭报死亡”。王清铨误入旗界，“为满虏所获，被其剖心碎首，抛尸河内”⑤。江义、陈星中弹而亡，王杰功伤唇。革命军遂调长门大炮。

9日上午，福州体育会、南台商团及鹤龄英华书院学生等组成的洋枪队300多人齐集桥南公益社，由黄乃裳擎十八星红方大旗，在同盟会福建支会会长郑祖荫等的带领下，冲向花巷民军总司令部。其后，洋枪队大队保护仓前山领事馆及外侨，又分三小队进占大清银行分行、中洲水亭税厘局、泛船浦电报局。战斗中，程拱宸、林步云乘快轮到福州船政局造船

---

① 陈寿绥：《桥南社、警醒社的活动与光复福州时占领电报总局的经过》，载《福州文史资料选辑》第20辑，第71页。

② 陈毓洸、李一凯编《峥嵘岁月》，海峡文艺出版社，2013，第31页。

③ 《敢死军队》，《台湾日日新报》（汉文）1911年11月16日，“八日发”，第3版。

④ 《榕垣革党起事光景》，《台湾日日新报》（汉文）1911年11月16日第1版。

⑤ 《福建辛亥革命光复史料》，载张研、孙燕京主编《民国史料丛刊》第889册，大象出版社，2009，第71页。

厂，将旧存枪械、子弹全部送到机关部接济军用。[①]

午后，“革军用大炮轰击，法政学堂立成灰烬。此时英华、格致两书院学生所组炸弹队决死进攻，旗军不支而走，伤亡百余名，渐次退却”[②]。15时，“因旗界民房发火，旗兵被创已重，仓皇失措，势已不支”，乃伪降。又“突发数百人，向九曲亭蜂拥而至，侵越界线，劫夺大炮五次。我军勇气百倍，急擎炮还击，且经炸弹队奋勇掷弹助击，卒将其击退，可谓苦战矣！”[③] 10日黎明，旗军作最后一搏，派决死队二百余人突击于山，“民军炸弹队奋力防战，旗军遂被击退”。眼看大势已去，松寿自杀，朴寿乔装逃匿。[④] 9时，“旗兵无弹药，无救援，乃愿扯白旗，缴军械”，福州全城光复。舆论称“是役也，鹤龄英华书院学生百余人，亦编入民军之中”。[⑤] 14时，“民军一队进袭击青都观时，适朴将军在内负伤藏匿，经英华书院学生队刘德官二名捕获”。[⑥]

福州起义后，秩序顿失，清残兵、社会流氓流窜各处，烧杀抢劫。革命党称9、10二日，“城厢内外火起者，到处皆有，均系旗人所为”。[⑦]《台湾日日新报》报道，“满军残兵之逃连江县方面者，恣行杀掠”。[⑧] 又据驻闽副领事土屋电称，国民军“遂捷。常备军福宁统制孙道仁为都督，定部署，力护内外人”[⑨]。11日，鹤龄英华书院学生主动请缨，参与维持秩序。

12日，福州各界在麦园顶操场为学生炸弹队员王清铨、王耀西烈士举行追悼大会。13日，福建军政府成立，决定授予参战的学生炸弹队员勋章、奖状和奖金。队员们见新政府刚成立，财政困难，只收奖状、勋章，

---

① 陈毓洸、李一凯编《峥嵘岁月》，海峡文艺出版社，2013，第31页。

② 《闽省光复记》，《申报》1911年11月20日第2张第2版。

③ 《福建辛亥革命光复史料》，载张研、孙燕京主编《民国史料丛刊》第889册，大象出版社，2009，第70页。

④ 《闽省光复记》，《申报》1911年11月20日第1张后幅第2版。

⑤ 《闽垣光复之详纪》，《槟城日报》1911年11月21日第3版。

⑥ 《闽省光复记》，《申报》1911年11月20日第2张第2版。

⑦ 《福建辛亥革命光复史料》，载张研、孙燕京主编《民国史料丛刊》第889册，大象出版社，2009，第71页。

⑧ 《满洲残兵恣行杀掠》，《台湾日日新报》（汉文）1911年11月15日第1版。

⑨ 《福州起事别报》，《台湾日日新报》（汉文）1911年11月12日第2版。

不受奖金。政府遂决定把奖金换成金牌，上刻“闽海光复，将士同心，奖金不受，其志可钦”①。

福建军政府设十部，鹤龄英华书院教师及毕业生掌四部，分别为军务部长林之夏、外交部长陈能光、财政部长陈之麟、交通部长黄乃裳。12月，书院学生柳大杰、林文聪等四人，响应孙中山组织北伐学生军的号召，投笔从戎。② 此外，就职于各地的书院毕业生、肄业生，亦不乏参加革命者，如在江西的林森、在上海的史家麟等。

福州美以美会创办鹤龄英华书院，施行宗教教育，目的是将学生培养成虔诚的基督徒，并将基督教的因子传播至其家庭，乃至其毕业后工作与生活的场所。然而，书院完全采用美式教育与教科书，接受了团体、权利等外来观念的学生，民族与国家意识迸发，积极介入时人关注的时事与时政，成为清季福建学生运动的主要参与者及推动者。鹤龄英华书院培养的学生，与其初衷相背，既展现了教会学校的多重面相，又诠释了近代中国历史的丰富与复杂。《台湾日日新报》论辛亥革命称，“夫既为欧美思想所喝破，则半壁今日之江山所扰扰而不定者，欧美人为思想之酵母，汉人特发酵之材料耳”③，或可为鹤龄英华书院种瓜得豆之一解。

原载《教育史研究》2019 年第 1 期

---

① 陈毓洸、李一凯编《峥嵘岁月》，海峡文艺出版社，2013，第 31 页。

② 李一凯：《民主革命时期福州鹤龄英华中学师生革命活动事略》，转引自《八闽之光：福建师范大学附属中学校志（1881—2001）》，福建师范大学附属中学自印本，2001，第 45 页。

③ 《时事小言》，《台湾日日新报》（汉文）1911 年 11 月 19 日第 1 版。

中西之间：第二代基督徒倪文修

谢皆刚

明末清初，基督教进入中国。开始传教的主要对象是宫廷与士大夫，而非下层民众。[①] 康熙后期以来，礼仪之争愈演愈烈，终至清廷禁教。19世纪初，新教传教士东来，在东南亚与中国东南沿海活动。1858年，通过武力获得在华自由传教等权利的基督教，以获得民众的皈依为目标，在中国各地强势推进，信徒日多。这种外来的宗教信仰与行事规范，极大地改变了中国信徒的观念与行动。从中选取典型个案进行剖析，有助于深化对历史的理解。

第二代基督徒倪文修（1877~1941），在自小接受西教的同时，受时代及出身的限制，仍然难以摆脱固有观念与行事的影响，观念与行事介乎中西之间，是清季民国时期具有代表性与典型性的中国基督徒。考察其时处于中国社会边缘的基督徒个人史，第一手的证据与文字可遇不可求，只有发挥史学求实与艺术相合的特性，尽可能地搜集相关资料，并将其置入清季民国中西新旧并立的历史现场，才能理解其言论与行事的表意与本意，从而接近历史的本相。

一　中西兼顾的教育经历

1877年，倪文修出生于福州的一个基督教家庭。他的父亲倪玉成入读福州的教会学校并受浸，不久成为当地最早的华人牧师之一。其时福州号

① 《利玛窦书信集》下，载刘俊余、王玉川合译《利玛窦全集》4，台湾，光启文化事业、辅仁大学出版社联合出版，1986，第427页。

称海滨邹鲁，儒学极盛，人们尊崇孔孟之道，热衷于科举仕进，若陈宝琛一门父子四进士、兄弟六科甲的荣光，备受艳羡。而第一代基督徒多是因信仰以外的种种因素皈依的下层民众，与三坊七巷的世家大族与科举新贵相比，处于社会的边缘。缘此，倪玉成牧师虽然在教内位置较高、待遇亦优，[①] 但在福州难以觅得门当户对的结亲对象，被迫打破当地不与外地人结婚的惯例，千里迢迢地迎娶了一位信仰基督教的广东女子为妻，组成了基督教家庭。

倪玉成鉴于自身的经验与时代的大势，请名师为倪文修进行中式童蒙教育，试图让其走科举仕宦之路。其后，并没有显示出科举天赋的倪文修，进入鹤龄英华书院接受西式教育。关于倪文修入鹤龄英华书院的时间，目前没有发现明确的记载。据书院章程，"生童年宜十三岁以上，身家清白，子弟爱善，通晓汉文，可者着一妥保，方准肄业"[②]。西人计岁习惯用周岁，故其人学时间应在 1890 年或稍后。

鹤龄英华书院由美以美会于 1881 年创办，分为八年制班级及四年制的书院班与英文班。查鹤龄英华书院自 1890 年第一届毕业学生以来的历届名单，并无倪文修的名字，故其就读的可能是八年班。至于书院的教学内容，1887 年《闽省会报》刊登的《考问英华书院报单》称，书院有学生 60 余人，多欲速成，又不愿舍弃科举之路，因此书院考试"首先为诗文"[③]。为适应中国人的需求，扩大生源，鹤龄英华书院规定生童通论文、诗释、五经一二部本书注方可入学，甚至声称"官话为中国通行之语，不容缺少。并特聘真正官音一师，将各班每日课一点钟，以便后来官场应酬"[④]。

其时，不仅鹤龄英华中学，海通以来基督教会在中国创办的学校，目的虽为启蒙下层民众，普及智识，传播宗教，但由于科举根深蒂固的影

---

① 案：18 世纪后期，福州的洋牧师待遇极为优渥，月入在 200~300 英镑，华人牧师待遇的具体数字虽未见到，但亦当极为可观，否则倪玉成仅靠个人的收入，如何可供子女入读学费高昂的教会学校。

② 《八闽之光：福建师范大学附属中学校志（1881—2001）》，福建师范大学附属中学自印本，第 1 页。

③ 《考问英华书院报单》，转引自《八闽之光：福建师范大学附属中学校志（1881—2001）》，福建师范大学附属中学自印本，2001，第 23 页。

④ 《八闽之光：福建师范大学附属中学校志（1881—2001）》，福建师范大学附属中学自印本，2001，第 96 页。

响，为吸引学生入学，多中西并重甚至以科举为主。号称西洋办学第一校的上海徐家汇公学的《章程》，声称欲办“纯粹中国学校，国文授课”，直言“教育学生学习国文的目的就在于参加科举考试”[①]。在与中国官方沟通后，其学生获得直接入场参加县考的资格，仅在 1850～1875 年就有 20 名学生取得功名。19 世纪 60 年代中期，其课程为儒家经典，“外加拉丁文、地理和宗教科，以便学生毕业后可在一般职业和任教二者中进行选择”[②]。1873 年 3 月 1 日，英国《伦敦新闻画报》报道，北京的一所教会学校，开办已经八年，除“教一些基督的书外”，“学校的课程中还有音乐和地理”，“但从外表上看，它跟中国的其他学校似乎没有什么区别。在墙上挂着的一两幅地图也许是唯一表明该学校与众不同的特征。这里的教学模式跟中国的私塾是完全相同的”，即背诵四书五经。因此，“虽然这是一个教会学校，但它必须教授儒家的经典，而且还得按中国的方式教，这样它的学生们才能在科举考试中与别人竞争”[③]，并且所有学生都未皈依基督。

基督教会创办学校的主要目的是“以传教救道为事”，期望学生若皆入教，就有同等数量的家庭接受基督。鹤龄英华书院的学生入教者在十之六七，但学生多欲速成，又期望中西兼通，由于中西学皆甚难，多“陷下流”[④]。因此，教会创办的学堂虽多，但学有所成的人甚少，时人感叹“沪上西塾林立，而学有成者卒鲜”[⑤]。开中国风气之先的上海尚且如此，遑论僻处东南一隅的福州。

中国学生进入教会学校接受西式教育，最重要的原因是西学实用。福州美以美会经营的各学校，主要是参照美国高等学校的办学模式，加以中国化的改革，宗教、英文、算术、自然常识和劳作等课程“多采用美国的

① 赵昕：《西洋办学第一校——徐汇中学》，硕士学位论文，复旦大学，2007，第 320 页。

② 亨利·絮贝尔：《中国通讯 1866—1867——亨利·絮贝尔旅华散记》，袁树仁译，中国社会科学院近代史研究所近代史资料编辑部编《近代史资料》总 67 号，中国社会科学出版社，1987，第 5 页。

③ 沈弘编译《遗失在西方的中国史》，北京时代华文书局，2014，第 195～196 页。

④ 《考问英华书院报单》，转引自《八闽之光：福建师范大学附属中学校志（1881—2001）》，福建师范大学附属中学自印本，2001，第 23 页。

⑤ 《广告：育英书馆》，《申报》1891 年 8 月 29 日第 5 页。

英文原版课本，由美籍教员任教，国文科则聘请中举文人和社会名士教授”①，“以启蒙读物、三字经、千字文为教本，用福州话讲解”②。各学校学费较为高昂，若全日住读寄宿管理格致书院，一学年西文系是25元、中文系是10元，试验费3元与赔偿费3元（此二项中文系不交），寄宿费4元。各学校的中文系收费虽较西文系低廉，但仍相继停办，主要则因“西文系学生英语水平高，有的不到毕业就可以入洋行、邮政、海关各部门就业，地位巩固，薪金优厚，因而纷纷转入西文系”③。

福州教会学校的学生虽然热衷于学习西文，但亦不愿放弃中式教育与科举之途。1903年，进入格致书院的陈绍宽“亲族多在水师服役”，萨镇冰“鼓励他多读古书”。1902年7月，出生于教会家庭的陈锡恩，其父为格致书院的英文教员，自幼即有英文名字Teddy，但“父亲对他用心良苦，执教极严，除亲自教他学英语，每天要他背一页英文字典外，暑期还请中举文人教他古文，背诵古书和诗词”④。在此大势下，倪文修亦在接受西式教育的同时，坚持参加科举考试，中学还没毕业，就通过院试中了秀才，取得出仕的资格，又因精通英语，得到在海关供事的机会，于1896年3月进入潮海关任职。考福州府院试的时间，距1896年较近的为1892年与1895年。如果倪文修在志学之年即取得功名，既无在教会学校兼受西式教育的必要，也没有初次乡试不遂而放弃举业的可能，可推当为后者。

二　海关供事

1896年3月，倪文修进入华员中近三分之一为福建人的潮海关任职。⑤

① 郑瑞荣编著《榕城格致书院——福州和立格致中学简史（1848—1952）》，格致中学，1995，第12页。

② 郑瑞荣编著《榕城格致书院——福州和立格致中学简史（1848—1952）》，格致中学，1995，第3页。

③ 郑瑞荣编著《榕城格致书院——福州和立格致中学简史（1848—1952）》，格致中学，1995，第16页。

④ 郑瑞荣编著《榕城格致书院——福州和立格致中学简史（1848—1952）》，格致中学，1995，第154页。

⑤ 倪文修1896年至1908年前后在潮海关任职期间材料，皆据广东省档案馆：全宗101，76~85卷《潮海关呈总税务司文》，后不一一赘述。

在近代中国，海关是最能体现中弱西强时代特征的一个机构。海关虽然处于政府序列，但为洋员把控，华员在洋关者多为下层工作人员，工作语言亦为英语。日本人在福州创办的《闽报》声称，“夫清国开港场三十五处，税额达七亿万两，关员约五千人左右，而各海关之有洋员也，统计其数，仅占职员中十分之二，然权利所在，重要之职，悉洋员主之”。海关总税务司为英国人，所用人员多为其国人，“乃竟呈反客为主之现象”，“对海关之称谓，每曰洋关，或曰英国关，几若不知为清国有也者”[①]。因此，初入海关试用的倪文修，月薪 35 海关两，相较国人已经相当优厚，但与担任高级主管、薪水动辄数百上千的洋员相比，则不可同日而语。

1899 年，倪文修立业后成家，迎娶林和平为妻。其实，在倪文修中秀才，取得功名后，倪家就为其张罗结亲。在科举时代，秀才是士子进入仕途的起点，有一定的社会地位，若是初展科举天赋的少年英才，更是投资分子眼中的潜力股，嫁女的上佳选择。如 1896 年，安庆陈独秀 17 岁时即榜列案首，地方显贵纷纷登门提亲，以图闺阁之女有个好的归宿。在与陈家联姻的角逐中，安庆营统领高登科地位显要，加上身为知县的陈独秀养父也有趋炎附势之心，遂由两位家长做主，订下儿女终身。翌年，陈独秀与高晓岚成婚。为了炫耀门楣，两家大操大办，十分排场。然而，倪文修既非科举世家，又非凭借极高的才气骤然及第的寒门士子，加之宗教家庭与教会学校的出身，以及任职洋关的复杂背景，使其成为正统士绅眼中的另类。因此，倪文修在婚姻上处于高不成低不就的尴尬状态，数次提亲皆不了了之。

林和平是在福州南台福利洋行任职的林姓富商养女。1886 年，林父大病，其老板鹤龄英华书院大金主张鹤龄提议请牧师祈祷。林家只求病好，“余非所计，加之主人如此提议，经理哪敢说什么呢?”病愈后，林父因为美以美会靠近洋行，跟随张鹤龄到美以美会受洗；林和平与母亲则到距家较近的圣公会受洗，林家成为基督教家庭。据此，林家信教既有张鹤龄的影响，也有中国人有事万神皆拜的族群特性，而不同成员因距离原因在不同的教派受洗，很难说其对教义的了解有多深，信仰有多虔诚。

---

① 《半主国》，《闽报》1906 年 6 月 14 日第 2 版。

其后，林和平进入毓英女塾接受新式教育，她的两个哥哥则与倪文修同校学习。19 世纪 90 年代后期，林和平为去美国学医，远赴上海中西女塾学英文。据林和平回忆，因为在上海中西女塾考试总是第一，“从此我就起骄傲，并且注重服装”。每月零花钱父兄共给 17 元，每月还克扣钢琴费 5 元，加上圣诞节、复活节和过新年“一年之中加了几十元钱的零用，我就尽量地装饰”。同时又由于“对于宗教方面漠不关心”，被校长 Miss Haygood 约谈。

1898 年，倪家在为倪文修提亲数次无果后，托媒到同为基督教背景的商人林家提亲。林母说服林父，要求林和平放弃学业，回福州订亲。倪文修在汕头给因承父母之命订亲、被迫放弃学业而纠结痛苦的林和平写信，称早就见过林和平。1899 年 10 月 19 日，双方举行婚礼。在夫家深深感受到中国大家庭关系之复杂和“为媳的痛苦”[①] 的林和平，随即与倪文修南下汕头定居。

倪文修每月虽有 35 海关两即大洋 53 元的薪水，但要寄给福州本家 25 元，加上房租 5 元，月余 23 元，尚不及林和平在上海求学期间的零花钱。1901 年 1 月，倪文修在潮海关由试用转为正职的四等后班，月薪上涨到 40 海关两，[②] 家庭经济困境有所缓解。

1903 年，已经生产两个女儿的林和平再次怀孕，“有重男轻女之陋习”的婆婆抱怨林只能生女孩，“于是就把我的心愿倾吐于听人祈祷的神面前。心里也相信他一定答应了我的祷告，接受了我的奉献。到了产期，果然生了一个男孩子”。倪文修立刻跑到林和平的耳边说：“真的，是男孩子，感谢神。”多年后，林和平追忆此事称“我听了心里欣喜，谢谢神听了我的祷告，为我除去羞耻。心中觉到说不出的快乐”。[③] 基督教家族倪家不改中国重男轻女的陋习，神在林和平的眼中则承担了送子娘娘的职责。

随着倪氏夫妻子女渐多，抚养与教育费用大增，加上倪文修身体欠

---

① 《倪林和平师母传记》，https：//www.douban.com/group/topic/4691954，最后访问日期：2019 年 1 月 17 日。

② 广东省档案馆藏：全宗号 101，《潮海关呈总税务司文》卷 76 第 2674 号《送职员题名录所需项目》，1902 年 10 月 4 日呈报。

③ 《倪林和平师母传记》，https：//www.douban.com/group/topic/4691954，最后访问日期：2019 年 1 月 17 日。

佳，在1904年2月19日请病假“空头离职”，至11月10日始复原上班。[①] 虽然倪文修在1906年4月7日升职四段前班，工资增加到50海关两，[②] 同年又调高到60海关两，[③] 但家庭的经济越来越窘迫。为解决财源，林在汕头靠父亲帮忙做抽纱生意，获利甚多，培养儿女的费用就不困难了。

1908年底，倪文修调任苏州海关。林和平放弃汕头的生意，举家搬迁。1909年，倪文修的母亲因“家中老少需要人看顾”，要求其“请假回闽”[④]。倪文修是个孝子，遂向税务司请假，举家迁回福州。回到福州后，倪文修购置了三处房产，一处在海关巷，房屋和空地的面积约有600平方米；一处在中洲，房屋和空地的面积约有350平方米；一处在玉林山馆，房屋和空地的面积约有300平方米。林和平则因与婆婆关系欠佳，大半时间住在娘家。回乡定居后，虽然科举已经停止，但倪文修仍请秀才为孩子启蒙，学习毛笔字、三字经、百家姓、四书等。至于西化的教育，则有钢琴以及在主日接受老师与母亲林和平的圣经教育。

三　参加革命出任海关委员

在福建的教会学校，特别是鹤龄英华书院与格致书院，学生得以接受较为纯粹的美式教育，极易产生民主革命的新思想。早在19世纪80年代，他们就组织了青年会等新式社团，学习新知识，宣扬新思想。1905年，为反对美国排斥华侨，中国以新式学堂学生为主力掀起拒美运动，鹤龄英华书院与格致书院等教会学校的“学生闻讯后，群情激奋，进行罢课”[⑤]。1909年，早在1866年就加入美以美会的黄乃裳被选为福建谘议局常驻议

---

① 《送人事动态报表》（1904年3月1日），广东省档案馆藏潮海关呈总税务司，档案号：78/2960。

② 《送人事动态报表》（1906年4月7日），广东省档案馆藏潮海关呈总税务司文，档案号：80。

③ 《职员表》，广东省档案馆藏潮海关呈总税务司，档案号：80。

④ 《倪林和平师母传记》，https：//www. douban. com/group/topic/4691954，最后访问日期：2019年3月3日。

⑤ 郑瑞荣编著《榕城格致书院——福州私立格致中学简史（1848—1952）》，格致中学，1995，第22页。

员，留居省城。因出身及背景相似，黄乃裳与倪家交好。据说倪文修就是在他的介绍下加入了同盟会。

1911 年 4 月 1 日，倪文修被福州将军朴寿委任为闽海关委员。闽海关委员是受福州将军委派督理海常关税务及鸦片厘金事务的代表。在 1908 年 3 月之前，闽海关委员、厦门关委员皆由满人出任，其后始有汉人被委派。倪文修即清季四名汉人闽海关委员之一。

1911 年 10 月 10 日，武昌起义爆发，席卷南中国。在福建的革命潮流中，不仅同盟会会员倪文修积极参与，其夫人林和平亦迸发出革命激情。在光复后，闽都督孙道仁为她向北京政府申请到二等勋章。林和平则借势组织妇女爱国会，邀请孙道仁的夫人为会长，潘寿松的夫人为副会长，自己为总干事掌控会务。林和平自称："此时我多与不信的人接触，不期然而然从有名无实的基督徒落到一个无信仰的地步中，爱名誉、地位、势力、服装等……"甚至"此时颠倒在竹林及电影院中。三朋四友，应酬无暇"。"可是还是醉生梦死地爱国、交接朋友，礼拜也不做了，祈祷早丢在背后。最坏的一点就是对公会里的人吹毛求疵。偶有去做礼拜，牧师讲得好，我就说他能说不能行；讲得不好，我就说他这样太不自量的人不怕羞耻，一点理性都没有，胡涂到极。"①

1911 年 11 月 9 日，孙道仁等在福州起事，经费匮乏。在了解到海关在汇丰银行福州分号存有大笔盈余后，革命党的学生就护送海关银号的负责人到海关，欲接收这笔款项，但被老练的闽海关税务司单尔"一哄就把他们哄回去了"。单尔在致安格联的信中写道，下午四点"将这笔款暂时用我的名义存入特别税款账户"，"这个处理税款的办法此后顺利进行着，没有受到任何干预"②。

10 日，孙道仁以闽都督的名义委任倪文修为闽海关委员，主持接收福建省新旧各海关。为此，孙道仁致函单尔，要求"所有贵税务司辖下闽省

---

① 《倪林和平师母传记》，https：//www. douban. com/group/topic/4691954，最后访问日期：2019 年 3 月 3 日。

② 《1911 年 11 月 16 日闽海关税务司单尔（P. von Tannar）致安格联第 17 函》，载中国近代经济史资料丛刊编辑委员会主编《帝国主义与中国海关资料丛编之九：中国海关与辛亥革命》，中华书局，1964，第 179 页。

新常各海关，其监督权归关务处者，今应暂归本都督监理；贵税务司并在各关人员前此对于清政府所负之责任，此后须一律改向本都督府所承担同等之责任。至各海关附设之官银号，其收课委员，兹特派定倪文修前往接管，并随同贵税务司会商办理各项榷务”。此后，各海关税款除官银号及税务处经费外，“其余税款均应按期以中华海关之名义汇缴福州汇丰银行暂贮一时，俟中华民国中央政府成立后与各关系国商妥如何拨抵赔款，再行照拨可也。”闽省新常各关“对于中华军政府并都督所发之命令，亦须一一遵守”。①

11 日，单尔回函谓“税务司意以为莫如即由汇丰银行自行征收存贮，深冀贵都督允如所陈，免使贸易有阻碍之虞”。② 15 日，孙道仁再次致信单尔，称北京总税务司为清政府任用，“并未宣布中立，此项课款碍难用该总税务司名义寄存”③。

同日，倪文修与单尔面谈接收海关各项事务与税款事宜。单尔向总税务司报告，谓孙道仁“不同意用您的名义存放税款”，只有各国公使委托您或“在本口岸委托我”成为各债权国的代理人“才能消除都督的反对”。至于福建军政府欲接收闽海关，“我看这是办不到的”。又称“我深信，事情很可能得到满意的解决”，因为“据说孙道仁只有很小的权力，因为现在各社团的台面人物和那些毛头小伙子正在发号施令，争夺地位”。事变事实上已经结束了，“据我了解，地方绅士在这次斗争里大部分不积极，让那些没有地位的血气方刚的青年学生去积极参加”。④

倪文修接收海关的行动受阻，但在民国建立后继续担任闽海关委员，

---

① 《附件 1：1911 年 11 月 10 日（黄帝纪元四千六百零九年九月二十日）都督孙道仁致单尔札》，载中国近代经济史资料丛刊编辑委员会主编《帝国主义与中国海关资料丛编之九：中国海关与辛亥革命》，中华书局，1964，第 180～181 页。

② 《附件 2：1911 年 11 月 11 日（宣统三年九月二十一日）单尔致孙道仁申呈》，载中国近代经济史资料丛刊编辑委员会主编《帝国主义与中国海关资料丛编之九：中国海关与辛亥革命》，中华书局，1964，第 181 页。

③ 《附件 3：1911 年 11 月 15 日（黄帝纪元四千六百零九年九月二十五日）孙道仁致单尔札》，载中国近代经济史资料丛刊编辑委员会主编《帝国主义与中国海关资料丛编之九：中国海关与辛亥革命》，中华书局，1964，第 182 页。

④ 《1911 年 11 月 16 日闽海关税务司单尔（P. von Tannar）致安格联第 17 函》，载中国近代经济史资料丛刊编辑委员会主编《帝国主义与中国海关资料丛编之九：中国海关与辛亥革命》，中华书局，1964，第 180 页。

并在 1912 年 1 月 24 日至 4 月 28 日以及 7 月 12 日到 11 月 28 日短暂兼任厦门关委员。1913 年 11 月，袁世凯派李厚基挥师入闽，孙道仁被迫辞去都督之职，入京接受袁世凯的审查。失去奥援的倪文修，亦于 1914 年 5 月 4 日离职，据说进入了与闽海关新常各关业务联系极多的船业公会。

1920 年，余慈度到福州开布道会。林和平反思自己的信仰，决心悔改，向丈夫、儿子、小姑“悔改认罪”。倪文修因看到妻子因忏悔痛哭得不成样子，就说“人家去做礼拜都是欢喜，你去了，回家几夜不能睡，饭也不能吃，此后不必去了”。后来，林和平献身宗教，辗转福建各地及南洋开展宗教活动，身体疼痛呻吟，倪文修就骂她说：“谁叫你去呢？回来病得吵搅人，真讨厌……”[①] 其后，林和平为了宗教事业，不愿在家主持二女儿的出嫁礼，倪文修对此亦颇有微词。抗战爆发后，日军轰炸福州，并在 1941 年 4 月 21 日攻占福州。倪文修避居香港，同年底因病客死异乡。

纵观倪文修的一生，限于科举与西式教育兼习的出身及时代的中西新旧杂糅，其观念与行事介乎中西之间。

---

① 《倪林和平师母传记》，https：//www.douban.com/group/topic/4691954，最后访问日期：2019 年 3 月 3 日。

图书在版编目(CIP)数据

领先阁史学文萃. 第四辑，信仰文化卷 / 叶青主编
. -- 北京 : 社会科学文献出版社，2020.6
(福建师范大学史学文库)
ISBN 978-7-5201-6551-8

Ⅰ.①领… Ⅱ.①叶… Ⅲ.①文化史-福建②信仰-民间文化-福建-文集 Ⅳ.①K295.7②B933-53

中国版本图书馆 CIP 数据核字(2020)第 063296 号

· 福建师范大学史学文库 ·
领先阁史学文萃第四辑（信仰文化卷）

主　　编 / 叶　青

出 版 人 / 谢寿光
责任编辑 / 宋淑洁

出　　版 / 社会科学文献出版社 · 经济与管理分社（010）59367226
地址：北京市北三环中路甲 29 号院华龙大厦　邮编：100029
网址：www. ssap. com. cn
发　　行 / 市场营销中心（010）59367081　59367083
印　　装 / 三河市尚艺印装有限公司

规　　格 / 开　本：787mm × 1092mm　1/16
本辑印张：14. 75　本辑字数：227 千字
版　　次 / 2020 年 6 月第 1 版　2020 年 6 月第 1 次印刷
书　　号 / ISBN 978-7-5201-6551-8
定　　价 / 598. 00 元(全四辑)

本书如有印装质量问题，请与读者服务中心（010-59367028）联系